【广东省马克思主义理论研究文库】

马克思自然范畴的
本体论解读

郑丽娟 著

The Ontological Interpretation Of the
Concept of Marxist Nature

SPM
南方传媒 广东人民出版社
·广州·

图书在版编目（CIP）数据

马克思自然范畴的本体论解读／郑丽娟著. —广州：广东人民出版社，2022.9

ISBN 978 - 7 - 218 - 13999 - 9

Ⅰ. ①马…　Ⅱ. ①郑…　Ⅲ. ①马克思主义—自然哲学—本体论—研究　Ⅳ. ①A811.63

中国版本图书馆 CIP 数据核字（2019）第 242548 号

MAKESI ZIRAN FANCHOU DE BENTILUN JIEDU

马克思自然范畴的本体论解读

郑丽娟　著

出　版　人：肖风华

责任编辑：廖智聪
封面设计：李桢涛
责任技编：吴彦斌　周星奎

出版发行：广东人民出版社
地　　址：广州市越秀区大沙头四马路 10 号（邮政编码：510199）
电　　话：(020) 85716809（总编室）
传　　真：(020) 83289585
网　　址：http://www.gdpph.com
印　　刷：广东虎彩云印刷有限公司
开　　本：787mm×1092mm　1/16
印　　张：15　字　　数：190 千
版　　次：2022 年 9 月第 1 版
印　　次：2022 年 9 月第 1 次印刷
定　　价：40.00 元

如发现印装质量问题，影响阅读，请与出版社（020 - 85716849）联系调换。
售书热线：020 - 87716172

序

一、问题的提出及意义

自然范畴是马克思主义哲学中的重要范畴，对此进行不同理论视角的研究有助于深刻理解马克思主义哲学的本真意义，并彰显其当代价值。然而，以往学界关于这一范畴的解读大多停留于表层，即乏有本体论解读的范式及其努力，因而亟待进入深层解读的视域，呼唤本体论的究问。郑丽娟副教授这部《马克思自然范畴的本体论解读》，无疑是关于马克思自然范畴的本体论深层解读的重要成果。从问题的提出来看，在四个方面切近了马克思的自然观：

第一，阐明了人的存在的二重性，求解了人与自然之间的矛盾。马克思主义强调人的社会性和个体性，强调人的自然存在和社会存在。马克思认为，"人直接地是自然存在物"。认为人的社会属性是在改造自然的过程中形成的，认为人的解放只能是在对自然规律认识的基础上去积极地顺应自然，这种对自然的积极顺应只能是"社会化的人……将合理地调节他们和自然之间的物质变换"，"靠消耗最小的力量，在最无愧于和最适合于他们的人类本性的条件下来进行这种物质变换"。关于人与自然之间的矛盾，马克思不是采用理性的形式而是采用实践的方式来解决。在《1844年经济学哲学手稿》中，马克思指出："我们看到，主观主义和客观主义，唯灵主义和唯物主义，活动和受动，只是在社会状态中才失去它们彼此间的对立，从而失去它们作为这样的对立面的存在；我们看到，理论的对立本身的解决，只有通过实践方式，只有借助于人的实践力量，才是可能的；因此，这种对立的解决绝对不只是认识的任务，而是现实生活的任务，而哲学未能解决这个任务，正是因为哲学把这仅仅看作理论的任务。"

第二，重释了劳动是人与自然之间的纽带，没有自然界，人类就"什么也不能创造"的经典论述。马克思认为，在资本主义社会，生产资料的私人占有不可避免地要彻底摧毁以劳动为中介实现个体之间相互承认的社会秩序。随着劳动者与生产资料的完全分离，生产过程中的劳动者无法把劳动视为证明自己、愉悦自身的生活需要，也无法把劳动看作理解他者、承认他人的实现过程。劳动再也不能成为实现个体之间相互承认的社会形式，甚至成了严重障碍，即劳动被异化了。人类正是在利用自然界提供的外部条件中不断发展着，自然的生态环境是人类生产和生活的前提，但劳动在资本主义社会里变成"只是一个幽灵"，"只不过是一个抽象"，被异化了，产生了"资本—利息，土地—地租，劳动—工资这些异化的不合理的形式"，"这是一个着了魔的、颠倒的、倒立着的世界"。在资本主义的生产过程中，出现由"活劳动"变成"死劳动"的现象，当资本家"把活的劳动力同这些商品的死的对象性合并在一起时，他就把价值，把过去的、对象化的、死的劳动转化为资本，转化为自行增殖的价值，转化为一个有灵性的怪物，它用'好象害了相思病'的劲头开始去'劳动'"的折磨，出现了一个无法回复的异化自身。由此我们想起恩格斯的告诫："我们统治自然界，决不像征服者统治异族人那样，决不是站在自然界之外的人似的"，因为像征服者统治异民族一样统治自然界，人与自然以及人与自然之间的劳动就会发生异化现象。

第三，新解了马克思主义自然观是"实现了的人道主义"的"生态审美观"，其核心就是要实现人、自然与社会的和谐共存。马克思深刻指出，人与自然的关系也就是人与人的关系，正像人与人的关系也是人与自然的关系一样。社会是由人生产的，自然也在按"人化"的方式同人发生关系，成为"人化的自然界"。马克思说："自然史和人类史就彼此相互制约"，因为自然史反映的是人与自然的关系，人类史反映的是人与人关系。人与自然发生关系时，总是以社会的形式出现，人改造自然的状态，受到人与人关系的影响；而在人与人的关系中，物质关系又是基础。因此，人与人的关系与人与自然的关系互为中介，也互为制约："整个所谓世界历史不外是人通过人的劳动而诞生的过程，是自然界对人来说的生成过程"。在我看来，对马克思的自然范畴进行本体论解读，突显自然的生态审美价值是很有意义的。首先，在理论层面上，对该问题的梳理、汇编与提炼有助于对人与自然关系理论的理解和把握，使马克思自然观中所蕴含的有助于化解生态环境危机的内在价值和当代意义彰显出来；有助于我们重新建构马克思哲学的自然观，清除旧唯物主义自然观的谬误，保持马克思自然观与时俱进、反映时代精神的品质；有助于人们正确地理解和辨析西方学者对马克思自然观的论述，复议他们的诘难，为我们观察、认识和透析全球化问题的实质提供思想资源；有助于生态哲学的理论建构和发展，为人们建立生态自然观提供理论上的说明。其次，在实践层面上，马克思自然范畴及其审美意蕴对我们按照自然生态及审美的规律办事，保持人与自然的生态审美关系，"五位一体"地建构经济社会、全方位地践行中国梦具有"自然而生态"的指导意义。

第四，面对人类生态环境问题，拷问人的生存境遇，凸显马克思主义哲学自然范畴研究的当代价值。在当代人类实践中，日渐凸显的生态环境问题已至不容忽视的地步，人类不加约束的控制行为引发和导致了一系列生态失衡现象与后果，成为世界共同关注和应对的问题。在如此严峻的生存环境问题面前，实际地反思我们自身的生存方式和价值观念，反思技术专制传统，重新审视人与自然的关系，呼唤生态环境意识的觉醒，重塑新的生态文化理念，矫正人与自然相处模式，已经成为重要课题。在此实践和时代话语体系下，马克思的蕴含着生态审美境界和诗意生存智慧的自然观，在经过一个相对冷清的阶段后成为当前哲学研究中的一个热点问题，受到众多学者的青睐。

二、研究的主要创新点

第一，突破传统模式，重启人与自然关系问题的思考。由人与自然关系理论的研究现状可见，对人与自然关系问题的思考日渐成为热点，从法兰克福学派、生态学马克思主义到环境保护主义，从西方发达资本主义国家到社会主义国家，都在将此类问题纳入基本的议事日程。当前，除施密特及其《马克思的自然概念》外，针对马克思自然理论的专门研究论著尚较少，在本体论视域从实践原则来研究的人员和著作更少。一个根本问题就是把马克思自然观看作普遍的世界观在社会历史领域进行推广和运用，遮蔽马克思自然观的理论本质，混淆自然与历史的关系。另外，对马克思自然范畴所具有的人文价值维度的思想挖掘不够，因而彰显不出马克思自然观所具有的与人的生存状况密切相关的审美价值和意蕴。

第二，在本体论的意义上揭示马克思主义哲学自然范畴的逻辑内涵。在哲学史上，马克思对传统哲学的革命性变革既在其历史观中被奠定，也在其自然观中被传承；它以一种新的历史观与新的自然观的融合，显现了本体论、认识论和方法论的融通一致。不言而喻，马克思的自然范畴也意味着一种对自然深刻的本体论解读。所言"本体论解读"，就是在"本体论"作为思维范式的意义上而言的。那么，与马克思所开启的生存本体论比肩并立的本体论原则或思维方式是怎样的呢？马克思的生存本体论原则就是在批判和超越传统本体论原则或知识论路向思维方式的过程中确立的。马克思哲学将现实的人的感性活动作为历史和逻辑的起点，进而研究由此活动所构成的结构：现实的自然、人和社会。它实现了对自然范畴理解的三个转变：即主客二分向主客交融思维的转变，自然界"是什么"的思维方式向"什么"是自然界的思维方式的转变，而这两个转变某种程度上归因于传统本体论思维方式（传统"本体论"哲学的根本错误在于它使"本体论"知识论化）向现代本体论思维方式的转变。在这种思想背景下，《马克思自然范畴的本体论解读》主要阐释马克思自然范畴的本体论意蕴和内涵，揭示人与自然及其关系在人的感性实践活动中的生成与源始关联，这是一种考察自然范畴新视域的开启，一种思维方式的转换，一种生态审美意义与价值的挖掘与彰显。

第三，首次提出关于自然范畴解读的三维路向。马克思主义哲学的革命性变革，是本体论上的变革，开启了本体论由传统旧形态向新形态的转化，确立了以感性实践活动为主导的本体论原则。实践，作为人本源性的生命存在，作为一种生成性的思维方式，作为理解对象、现实和感性的平台，它既使人处于与自然的一体关联中，又使人处于与他人的关联中，正是在这种意义上，实践构成了"自然—人—社会"这一体系生成、演变和统一的基础和桥梁，因此具有丰富的本体论内涵。在感性实践活动中，人和自然及其关系首先实现了本体论上的指证，自然生成与发展的趋向是"自然界对人说来的生成"或"自然界生成为人"，在实践生成结构中，社会是人同自然界完成了的本质统一，社会历史性是马克思自然范畴的显著特征。自然存在的本体论肯定、人与自然的交互生成过程、自然存在的本质显现，构成了从实践本体论层面对自然范畴解读的三维路向。

第四，自然范畴的本体论解读与生态审美观的契合。在资本主义生产方式中，人与自然产生了关系的疏离和错置，生态危机的实质凸现为自然的异化；异化和异化的扬弃行进在同一条路上，只有将人与自然被扭曲和错置的关系加以整合，重置于人的感性活动之原初境遇中，生态危机才会缓解。马克思的自然范畴除具有"客观的外部世界、客观事物的集合体"等物质层面的意义外，还具有超越物质层面的意义和价值，即自然的精神价值和美学境界，马克思自然范畴的本体论内涵一定程度上隐含着生态审美观，或者说马克思的自然范畴本身就是绿色生态观与审美价值观的内在统一。

郑丽娟副教授是我国马克思主义哲学界的青年才俊，也是我最得意的开门弟子。她的博士论文致力于马克思自然范畴的本体论解读，以彰显马克思主义的生态审美观，这在马克思主义哲学界属于前沿问题研究，也属于解读独辟、学理深湛、观点创新的研究成果。在付梓出版之际，作为她的导师，我欣然作序。一是为她的学术成果即将面世而高兴，二是坚信她的学术成果在我国马克思主义哲学界将引起关注并产生影响。

旷三平

目　录

摘　要

哲学史上，马克思对传统哲学的革命性变革既在其历史观中被奠定，也在其自然观中被传承；它以一种新的历史观与新的自然观的融合，显现了本体论、认识论和方法论的融通一致。不言而喻，马克思的自然范畴也意味着一种对自然深刻的本体论解读。

在这种思想背景下，《马克思自然范畴的本体论解读》主要阐释马克思自然范畴的本体论意蕴和内涵，揭示人与自然及其关系在人的感性实践活动中的生成与原初关联，这是一种考察自然范畴新地坪的开启、一种思维方式的转换、一种生态审美意义与价值的挖掘与彰显，旨在呈现人与自然的本真存在与交融共生关系，促使人反思当下自然异化与生态危机的实质，昭示人们敬畏生命、尊重自然并且生态地生存、诗意地栖居。

本文的基本观点是：马克思哲学的革命性变革，是本体论上的变革，开启了本体论由传统旧形态向新形态的转化，确立了感性实践活动为主导的本体论原则，这种转化标志的是一种哲学观自觉，是哲学根本性质的改弦更张，是以理论的方式表达的对人与自然本真存在的哲学诉求，因此，从本体论层面解读自然范畴具有首要的和根本的意义。实践，作为人本源性的生命存在，作为一种生成性的思维方式，作为理解对象、现实和感性的平台，它首先具有本体论意蕴。感性实践活动，是一种把人、自然和社会有机地联系在一起的活动，它既使人处于与自然的一体关联中，又使人处于与他人的关联中，三者共同构成人在世存在的生存本体论结构。正是在这种意义上，实践构成了"自然—人—社会"这一体系生成、演变和统一的基础、桥梁和纽带，实践因此具有丰富的本体论内涵。在感性实践活动中，人和自然及其关系首先实现了本体论上的指证，自然生成与发展的趋向是"自然界对人说来的生成"或"自然界生成为人";在实践生成结构中,社会是人同自然界完成了的本质统一,社会历史性是马克思自然范畴的显著特征。然而,在资本主义生产方式中,人与自然的关系产生了疏离和错置,生态危机的实质凸现为自然的异化;异化和异化的扬弃行进在同一条路上,只有将人与自然被扭曲和错置的关系加以整合,重置于人的感性活动之原初境遇中,生态危机才会缓解。马克思的自然范畴除具有"客观的外部世界、客观事物的集合体"等物质层面的意义外,还具有超越物质层面的意义和价值,即自然的精神价值和美学境界。马克思自然范畴的本体论内涵在一定程度上隐含着生态审美观,它启示我们在现实生活中重视人的精神需求,敬畏世界、亲近自然,生态诗意地生存和栖居。

导　言

一、问题的提出及意义

当今时代，工业文明凯歌高奏，日新月异的科学技术作为自然界自身的运载力量被人类用来征服和统御一个以其为中介的巨大体系；对自然认识和改造能力的娴熟把握，创造出人类历史上前所未有的社会经济的繁盛景象。由此，在人的主体性从神学禁锢中被释放时，原来充满神性和未知力量的自然开始受到藐视，它开始被看作被技术统摄、被奴役和正在失去反抗机制的受宰制的对象。然而，一旦人类对自然界的放任无忌和肆意征服演变为一种自负而无节制的恶习以及难以修正的愚昧，人类自身也将陷入一种作茧自缚的困境和危机。

在当代人类实践中，日渐凸显的生态环境问题已至不容忽视的地步，人类不加约束和不以理性控制的行为引发和导致了一系列诸如极端异常性气候、环境污染、植被破坏、自然资源枯竭、物种濒临灭绝等的生态失衡现象，成为世界共同关注和必须应对的问题。在如此严峻的生存环境问题面前，实际地反思我们自身的生存方式和价值观念，反思技术专制传统，重新审视人与自然的关系，呼唤生态环境意识的觉醒，前瞻和重塑新的生态文化理念，矫正人对自然贪得无厌的索取和自毁其路的短视之见，已经成为全人类刻不容缓却任重道远的课题。

为解决人类生存危机中出现的关乎人类生存与发展的世界性难题，人类殚精竭虑，寻求化解之道。那么，马克思哲学是怎样看待这一世界性难题的，或者说，马克思关于自然的思想能否为化解危机提供思想资源和哲学依据？学者们纷纷到马克思的著作中去考讯，其关注点就由现实问题变成了马克思关于自然的思想及其价值究竟是怎样的这一理论探索问题。马克思的自然范畴在经过一个相对冷清的阶段后成为当前哲学研究中的一个热点问题，受到众多学者的青睐。

由人与自然关系理论的研究现状可见，对人与自然的关系问题的思考日渐成为热点，从法兰克福学派、生态学马克思主义到环境保护主义，从西方发达资本主义国家到社会主义国家，都在将此类问题纳入基本的研究日程。当前，除施密特及其《马克思的自然概念》外，针对马克思自然理论的专门研究论著尚少，在本体论视域从实践原则来研究的人员和著作更少，甚至当前中国有些学者对马克思自然观的研究还没有超出苏联传统教科书模式。一个根本原因就是把马克思自然观看作普遍的世界观在社会历史领域进行推广和运用，遮蔽马克思自然观的理论本质，混淆自然与历史的关系。另外，对马克思自然范畴所具有的人文价值维度的思想挖掘不够，因而彰显不出马克思自然观所具有的与人的生存状况密切相关的审美价值和意蕴。

在笔者看来，对马克思的自然范畴进行本体论解读，凸显自然的生态审美价值是很有意义的。首先，在理论层面上，对该问题的梳理、提炼与汇编有助于对人与自然关系理论的理解和把握，使马克思自然观中所蕴含的有助于化解生态环境危机的内在价值和当代意义彰显出来；有助于我们重新建构马克思哲学的自然观，纠正旧唯物主义自然观的谬误，保鲜马克思自然观与时俱进、反映时代精神精华的品质；有助于人们正确地理解和辨析西方学者对马克思自然观的论述，复议他们的诘难，为我们观察、认识和透析全球化问题的实质提供思想资源；有助于生态哲学的理论建构和发展，为人们建立生态自然观提供理论上的说明。其次，在实践层面上，马克思自然范畴及其审美意蕴对我们按照自然生态及审美的规律办事，保持人与自然的生态审美关系具有直接的指导意义。

二、基于本体论对自然的研究

何以对马克思自然范畴进行本体论解读？本体论原则，作为解读自然范畴诸多方式之一，具有何种优越之处？

（一）知识论解读的偏误

马克思在批评黑格尔的思辨思想时说："在黑格尔的体系中有三个要素：……第一个要素是形而上学地改了装的、同人分离的自然。第二个要素是形而上学地改了装的、同自然分离的精神。第三个要素是形而上学地改了装的以上两个要素的统一"①，马克思描绘了三种相异的旧哲学形式，亦是指出了知识论路向下自然观的偏误和缺陷。

何为知识论路向？有学者指出："知识论路向乃显现自身为一由来已久之原则、枢轴、'普照之光'，它几乎涵盖了自苏格拉底、柏拉图以来的整部西方哲学史；在这个范围内，虽说局部的例外、偏离和小规模的'叛逃'仍然是可能的，但知识论路向和原则仍然牢固地、强有力地贯彻到哲学思想之最遥远的边缘，以至于可以这样说，它几乎就是西方哲学惟一存在方式，是形而上学之构成的惟一路径；而且，如果迄至黑格尔的整个西方哲学可以恰当地称之为柏拉图主义的话，那么知识论路向之哲学几乎就是柏拉图主义的代名词。"②如果从哲学家怀特海"全部西方哲学史不过是为柏拉图的思想作注脚"及海德格尔"形而上学就是柏拉图主义"的言论为理解背景，将知识论路向之哲学理解为柏拉图主义的代名词是颇能说明知识论哲学的一般原则的。知识论原则提出的问题是"存在是什么"，这是知识论的提问方式，提出的亦是一个知识论的问题，其追求的是"多中之一""变中之不变""现象中之本质"等。在此思维方式下，自然作为本质先定的僵化的物质堆，是与人二元劈分的、非历史之抽象物。具体说来，知识论路向解读自然的偏误体现为三个方面：

1. 严格决定论内涵。严格决定论的两个方面：其一，自然界是决定一切的唯一来源，是所有事物产生的基础和根据，万物由此开启复又被决定地重归于它，人和社会亦不例外，亦被归结为自然存在，自然具有逻辑和时间的先在性，它强调自身的自我运动性，剔除任何目的的干预，坚持从自然本身来说明世界。其二，自然界是被决定和被创造的，一种超自然的目的和意志注入自然之中，自然才得以存在，自然中的目的性

① 马克思恩格斯文集（第1卷）［M］，北京：人民出版社，2009年版，第341-342页。

② 吴晓明、王德峰：马克思的哲学革命及其当代意义——存在论新境域的开启［M］，北京：人民出版社，2005年版，第185页。

和变化是超感性世界中意识、精神或上帝安排和推动的结果。恩格斯认为这是一种"浅薄的沃尔夫式的目的论",整个自然界被创造出来是为了证明和显示造物主的智慧。关于自然界决定论内涵的两个方面看似直接对立,实则只是构成了抽象的对立。马克思一针见血地指出了这种抽象对立之实质:抽象的唯灵论是抽象的唯物主义;抽象的唯物主义是物质的抽象的唯灵论。

2. 知识还原论原则。在严格决定论下,人是自然的一部分,不仅人之本质是自然的,人之社会、历史和国家也归诸自然,所谓历史不过是关于人自身的生理特征、人所处的地质条件、地理条件、气候条件及其他自然条件的演化史,人及其历史被还原于自然。在知识还原论下,对人的理解归结为对人的自然本质的终极追究和还原。还原的最终结果就难免出现所谓的"神创说"或"沃尔夫式的目的论"。人和自然虽同是被创造的,但二者相互疏离,不仅如此,人还以尘世自然界的主人和管理者自居,常以一种狂妄自大的眼光来看待自然,加剧人与自然间的疏离与对立。

3. 主客二分的思维方式。知识论路向的哲学范式表现为"主客二分"的思维方式,其提问的方式是要回答"存在是什么"、自然界"是什么"的问题。在这种思维方式的具体运用下,自然界不管是自因的还是被创造的,都意味着其本质源于既定的、预成的和先在的东西,即已"是其所是"。也就是说,自然界"是什么"这一追问本身就蕴含了一个前提预设,所追问的对象自然界必然"是其所是",要证明的东西已包含在前提中了。

上述知识论自然观的三个方面是以"主体和客体、人和自然界的二元劈分、无限疏隔和抽象对立为前提的;而马克思的本体论原则恰恰是要超出这种二元分裂、并且瓦解这种抽象对立"①,实现"对事物、现实、感性"理解的思维方式的重大变革。

---

① 吴晓明、王德峰:马克思的哲学革命及其当代意义——存在给新境域的开启 [M],北京:人民出版社,2005 年版,第 169 页。

（二）何种意义下作本体论解读

对马克思自然范畴作本体论解读，无法回避的理论前提是对"本体论"的理解，这是一个背景式的问题。

马克思哲学的革命性变革，从根本上说是本体论的变革，开启了本体论向现代新形态的转化。有学者认为生存本体论是本体论哲学的现代新形态，是本体论经由传统本体论向现代本体论这一新形态的转化。笔者认同这一观点。生存本体论作为本体论哲学的现代新形态，它"所标志的双重的哲学观自觉，表明这种'转向'与我们通常所概括的'实践转向'是一致的"①。那么，为什么称马克思哲学的"实践转向"为"生存论转向"呢？马克思的哲学革命之所以被称为"实践转向"，"就在于马克思把哲学的目光'转向'了人的生存方式——实践活动及其历史发展，""就在于马克思开拓了关于'现实的人及其历史发展'的哲学道路。而人们之所以在坚持马克思所开拓的'实践转向'的哲学道路的理论进军中又提出所谓的'生存论转向'，就在于'实践'作为人类特有的'生存'方式"，"需要从人的'生存'出发而获得全面的、深入的理解，以避免把'实践'视为某种抽象的'客观活动'"②。所以，可以说马克思的哲学革命就是实现了向感性实践生存本体论的转向，凸显了当代哲学的价值取向。正如学者对马克思哲学的这一生存本体论转向所概括的那样："马克思哲学在哲学史上所造成的革命变革是从本体论层面上发动并展开的。这一变革的实质就在于，它使哲学发生了'生存论转向'，即使哲学关注的焦点从超验世界转向'感性世界'，从宇宙本体转向人的生存状态，从'寻求最高原因'转向探究人的生存实践活动。对于马克思哲学来说，'全部问题都在于使现存世界革命化'，消除人的生存的异化状态，从而'把人的世界和人的关系还给人自己'（马克思语）。这样，马克思哲学便终结了'形而上学'，使西方哲学从知识论形态转向生存论形态，从而展开了一个新的思想地平线。"③

---

① 孙正聿："生存论"转向的哲学内涵［J］，哲学研究，2001（12），第8页。
② 孙正聿："生存论"转向的哲学内涵［J］，哲学研究，2001（12），第8页。
③ 杨耕：马克思哲学与生存论转向［J］，哲学研究，2001（12），第11页。

而本体论，不管是传统本体论形态，抑或是现代本体论形态，作为哲学研究的主要理论部分，它总是与一定的思维范式相联系。也就是说，作为研究对象和研究领域的"本体论"，在深层次上它更代表一种思维方式和解释原则。换言之，"本体论"的思维范式与"本体论"理论比肩并立，是"本体论"理论的重要支撑点和构架图式，它代表着一种看待问题、理解世界的哲学原则和解释框架；在哲学史上二者不可分割地纠缠在一起。

哲学本体论的质性和方式意味着理论思维的一种追本溯源，意味着从无限性中寻求确凿的界限和存在方式，意味着人超越性存在的内在诉求；它象征着人存在的安身立命的方式，只要人存在着，对本体论的祈求就不会停息；它是知识论、认识论等理论和学说存在的基础和依据，因此，本体论作为寻求"终极存在""终极解释"和"终极价值"的思维方式和解释原则也就具有其他思维方式所无法比拟的基础性和深刻性。

本文所言的"本体论解读"，就是在"本体论"作为思维范式的意义上而言的。那么，与马克思所开启的生存本体论比肩并立的本体论原则或思维方式是怎样的呢？

马克思的生存本体论原则就是在批判和超越传统本体论原则或知识论路向思维方式的过程中确立的。马克思哲学将现实的人的感性活动作为历史和逻辑的起点，进而研究由此活动所构成的结构：现实的自然、人和社会。它实现了对自然范畴理解的三个转变：即主客二分向主客交融思维的转变，自然界"是什么"的思维方式向"什么"是自然界的思维方式的转变，而这两个转变某种程度上归因于第三个转变，即传统本体论思维方式（传统"本体论"哲学的根本错误在于它使"本体论"知识论化）向现代本体论思维方式的转变。马克思在《关于费尔巴哈的提纲》第一条明确指出了这种思维方式的变革——"对对象、现实、感性"诉诸人的实践活动的理解，这是本体论原则在哲学根基处的改弦更张，由此它也从根本上扭转了一种视角——以自然界为研究对象，而同时开启了一种新的视角——把自然界当作人的感性活动，当作实践去理解，而非仅从"客体的或直观的形式去理解"。可以说，在马克思那里，人与自然及其关系已被纳入作为理解自然范畴的形而上学视域。

（三） 自然范畴本体论解读之路向

1. 自然存在的本体论肯定。

人与自然的存在及其关系问题，马克思认为是一个关于"自然界的和人的通过自身的存在"而存在，具有直观的、无可辩驳的证明的问题，因为"人和自然界的实在性，即人对人来说作为自然界的存在以及自然界对人来说作为人的存在，已经成为实际的、可以通过感觉直观的，所以关于某种异己的存在物、关于凌驾于自然界和人之上的存在物的问题……实际上已经成为不可能的了。"① 马克思强调：谁提出自然界和人的创造问题，谁无疑就是把人与自然界抽象掉了，这种设定它们不存在，却希望证明它们存在的问题，是一个包含着对自然界和人的非实在性的承认问题，它揭示出了这样一种实情，"封闭于知识论路向中的全部形而上学（特别是近代哲学）最终都在进行着这种抽象，最终都在设定它们（或其中之一）不存在的前提下要求证明它们的存在。"②

人与自然界作为通过自身的存在而存在的存在物，亦是一种对象性的存在物，"非对象性的存在物是非存在物"。所以，马克思指出：人作为对象性的、感性的存在物，它的第一个对象——人——就是自然界、感性；人的普遍性正是表现在把整个自然界作为对象变成人的无机的身体。故此，人与自然界的关系寓于对象性，各自以对方作为自己存在的条件，对象性关系表征着人与自然的存在及其关系的原初性。同时，在费尔巴哈止步不前甚至倒退的地方，马克思超越了他，将对象性的存在物直接理解为对象性的活动，深层地揭示了人与自然作为互为对象的存在物与对象性的活动之间的本真关联：对象性的活动是对本质自然界和人的真正本体论的肯定。

2. 人与自然的交互生成过程。

与知识论路向对自然范畴的解读相左，"我们在马克思的全部著作

---

① 马克思恩格斯文集（第1卷）[M]，北京：人民出版社，2009年版，第196－197页。

② 吴晓明、王德峰：马克思的哲学革命及其当代意义——存在论新境域的开启 [M]，北京：人民出版社，2005年版，第196页。

里，找不到有什么地方把相关的思想用绝对化的方式加以公式化，"① 自然不是固定化的诸事物的复合，不是一成不变的事物的集合体，而是过程的集合体。人与自然不仅存在着，而且是生成地存在着。

人与自然生成地存在着，而且进行着交互生成的活动，即自然向人生成和人向自然生成。

在最初的层次上，人靠自然界生活，不仅要把自然界作为科学和艺术的对象，而且要将之作为人直接的生活资料；不仅要将自然界作为人无机的身体，而且要将之作为人精神的无机界和精神食粮；"自然界是人为了不致死亡而必须与之处于持续不断的交互作用过程的、人的身体"②。但是，超出最初的界限，自然界就无法直接地满足人全部的需要，而只能为人更深层次的生存和发展提供某种可能性。为了使自然界提供的可能性成为现实，人不仅按照自己所属的那个种的尺度创造对象世界，改造无机界，再生产整个自然界，而且还按照任何一个种的尺度、按照美的规律来构造自然界。通过这种生产和构造，自然界才表现为人的作品和人的现实，表现为"感性存在的另一个人"及"人本身"。

当人参与在自然中对自然进行把握和塑造使之向人生成时，人亦因着这种参与和构造而成就了自身。马克思说，人通过"所处的自然环境的变化，促使他们自己的需要、能力、劳动资料和劳动方式趋于多样化"③，"人的感觉、感觉的人性，都是由于它的对象的存在，由于人化的自然界，才产生出来的"④，甚至连人的智力也是按照人如何改变自然界而发展起来的。

质言之，人与自然的交互生成过程是双方透过把握与塑造而进行相互转化和生成、彼此建构与互塑意义的运动过程。

3. 自然存在的本质显现。

诚然，马克思并不否认外部自然界对人存在的优先地位，但"把马

① A. 施密特：马克思的自然概念［M］，欧力同、吴仲昉译，北京：商务印书馆，1988 年版，第 115 页。
② 马克思恩格斯文集（第 1 卷）［M］，北京：人民出版社，2009 年版，第 161 页。
③ 马克思恩格斯文集（第 5 卷）［M］，北京：人民出版社，2009 年版，第 587 页。
④ 马克思恩格斯文集（第 1 卷）［M］，北京：人民出版社，2009 年版，第 191 页。

克思的自然概念从一开始同其他种种自然观区别开来的东西，是马克思自然概念的社会—历史性质"①。一如马克思所言，人作为对象性的存在物进行对象性的活动，而这种活动实质上是一种社会的活动，对象化的人从根本上来说不是自然存在物，而是社会存在物，是社会的人。历史的第一个活动就表现为个人以共同体的形式对对象世界的共同使用、占有和改造，进而所有的实践活动都是同别人联系在一起的劳动，劳动在其得以进行的场所，就是共同生命活动的领域。这样，社会既是实践活动的前提，又是在实践活动中生成，社会生活在本质上是实践的。而所谓历史不过是人通过人的实践活动而诞生的过程，是人类社会的生成史，如此看来，历史、社会和人的实践活动具有本质的一致性。那么，人的实践的对象化，即人的对象性世界也就表现为一个"社会—历史性"的世界。

由上观之，马克思的自然范畴展现了人与自然的本真存在及其原初关联，揭示了人与自然界互为生成的过程，展示了自然存在的本质显现，从而在本体论基础上达到了对自然范畴的形而上解读。

（四）自然范畴本体论解读的生存意义

有学者指出："哲学的本体论是一种追本溯源式的意向性追求，一种理论思维的无穷无尽的指向性，一种指向无限性的终极关怀。它以寻求'终极存在'、'终极解释'和'终极价值'的方式，为人类自身的存在寻找'根据'、'标准'和'尺度'；它又以自己所承诺的'本体'作为根据、标准和尺度，批判地反思人类一切活动和全部观念的各种前提，为人类的'生活'提供'安身立命之本'或'最高的支撑点'。"② 马克思自然范畴的本体论意蕴在于，它警示我们审视周遭的自然环境，审视当下的生态危机，昭示我们生态地与自然相处，诗意地栖居。某种程度上而言，马克思自然范畴的本体论意蕴就是其自然范畴的生态审美内涵。

---

① A. 施密特：马克思的自然概念［M］，欧力同、吴仲昉译，北京：商务印书馆，1988 年版，第 2 页。

② 孙正聿：解放何以可能——马克思的本体论革命［J］，学术月刊，2002（9），第 97 页。

诚然，"生态审美观是 20 世纪 70 年代以后出现的一种崭新形态的审美观念"，但是，马克思和恩格斯"作为当代人类精神的导师和伟大理论家，他们以其深邃的洞察力和敏锐的眼光对人与自然的生态审美关系已有所分析和预见……"①在《1844 年经济学哲学手稿》中，马克思揭示了人是自然存在物，并懂得以美的规律与自然进行物质交换。人与自然的交融关系超越了主客二元对立的思维模式，表现出了高超的生态美学智慧。马克思《1844 年经济学哲学手稿》中关于生态审美观的隐义，使得人们能够在其生存视野中重新审视和判定自然界在审美活动中的当代价值。

---

① 曾繁仁：马克思、恩格斯与生态审美观 [J]，陕西师范大学学报（哲学社会科学版），2004（5），第 62 页。

第一章 马克思自然范畴的源始与延展

第一节 马克思自然范畴的德国古典渊源

一、康德"哥白尼革命"下的自然范畴

（一）康德自然观发展的历史前提

正如有人所言，在哲学问题上，可去认同康德，抑或反对康德，但不可无康德。的确，康德在哲学史上的成就和作用是显赫的，可以说他承续了哲学、变革了哲学和开启了哲学。除康德自身因素外，"西方哲学思想发展所形成的积累，为康德的突破做好了'能量'上准备。这'能量'就好像是几个连接在一起的蓄水地的'势能'关系，而'突破'就是蓄水池之间的落差：每一个蓄水池蓄满水之前，水的流动都是平缓的，但一旦蓄满水而向下游的蓄水池流动时，则过程是剧烈的，甚至像瀑布一样从天而落。所不同的是，有的哲学家处在蓄水池的静态位置，有的哲学家处在瀑布的动态位置。……康德是处在西方哲学发展的动态位置，所以说，若要全面理解康德，就还要看瀑布之前那个蓄水池是怎样蓄满水的，亦即要思考催生康德哲学的能量或推动力量。"① 暂且不论这比喻恰当与否，它说出了康德思想形成的历史积淀及其在哲学史上的地位，为我们提供了一条研究康德自然观的路径：若要理解康德自然观，首要之举是考量其自然观形成的推动力量。

在欧洲思想史上，自然观念一直是被关注的焦点，被反思的对象，

① 刘晓竹：康德《纯粹理性批判》评析［M］，北京：中国妇女出版社，2002年版，第12页。

尤其是在古希腊，自然是科学家和哲学家共同研究的对象，哲学家同时又是自然科学家。希腊早期思想史的权威人士亚里士多德就称希腊早期思想家为自然哲学家，恩格斯也曾说过类似的话。希腊早期哲学家对哲学问题的研究主要就是对自然问题的研究，一旦说起什么是自然，问题就变成了事物是由什么构成的，什么是宇宙的始基，人处于其中的自然系统的运动规则是怎样的等诸如此类的问题。他们希望找到自然界变化之下不变的实体，用以解释自然界及其构成，解释自然现象运动变换的实质。以泰勒斯为代表的自然哲学家和以毕达哥拉斯为代表的数学家分别将水、无限者、气和数作为自然界变化之后不变的实体，赋予它们始基的意义，将整个自然界作为有机整体来研究。这种单纯以自然为研究焦点的行为到苏格拉底时出现了转变，在苏格拉底及其后继者那里，研究的重心从自然领域转移到了精神领域。从苏格拉底的"认识你自己"到柏拉图的理念王国再到亚里士多德对心灵的认识，他们更多地都在关注精神领域，但这并不意味着人的精神和灵魂具有超越一切的优越性，自然的精神和灵魂仍是首要被关注的对象。"由于自然界不仅是一个运动不息从而充满活力的世界，而且是有秩序和规则的世界，他们理所当然地就会说，自然界不仅是活的而且是有理智的；不仅是一个自身有灵魂或生命的巨大动物，而且是一个自身有心灵的理性动物。"① 也就是说，从苏格拉底开始的古希腊哲学研究的中心虽转移到精神领域，但这精神仍主要地是指自然的精神。在希腊人的观念中，人并未出离自然而是本然地作为自然的一部分，人的最高目的和理想并不是控制自然将之置于自身的奴役之下，相反而是作为自然的一部分深入自然之中去领悟其奥秘和创造生命的内在活力，这种有机整体自然观贯穿于希腊哲学发展过程中，深刻地影响着世代西方自然哲学。

到文艺复兴时期，出现了与希腊自然观相对立的情况，这个时期理性成了科学和哲学的权威，人开始凭借理性研究自然事物。希腊哲学的有机整体自然观被打破了，自然界是个巨大的生命机体、是有生命和活

---

① 柯林武德：自然的观念［M］，吴国盛、柯映红译，北京：华夏出版社，1999年版，第4页。

力的观念被摒弃了，自然被认为是既没有理智也没有生命，更不可能自我运动的机器。柯林武德认为这个时期的自然"所展现的以及物理学家所研究的运动是外界施与的，它们的秩序所遵循的'自然律'也是外界强加的。自然界不再是一个有机体，而是一架机器：一架按照其字面本来意义上的机器，一个被在它之外的理智设计好放在一起，并被驱动着朝一个明确目标去的物体各部分的排列"①。这就是文艺复兴时期自然观的基本概况。

科学家伽利略主张将自然送进实验室，以科学技术将其分解成简单的形式和可度量的对象，将人类的需要作为目的，宣称一切全称命题都应具有观察和实验的基础。英国经验主义哲学家培根认为人了解自然不是目的本身，利用对自然的认识来干预、支配、征服它，把得到的真理用到人类福利上，才是最终目标。如果说人与自然二分对立的思想在培根那里表现得还不甚明显，那么法国理性主义哲学家笛卡尔则明确用身心二元论来解释自然，认为自然中同时存在着心灵和物质两个实体，二者互不依赖，互不决定和互不派生。斯宾诺莎反对笛卡尔的二元论，认为世界只存在一个实体——上帝，精神和物质只不过是上帝这个实体的两种属性而已。他采用了泛神论使自然与上帝实现统一，这样一来就使实体的二元论曝出弊端，但并没有终结属性的二元论。不过斯宾诺莎却进一步强化了人类理性的力量，认为人的理性可以超越感性经验界去追问无限的形而上学问题。后来的莱布尼兹在此问题上更是起了推波助澜的作用，他认为真正的知识是普遍和必然的，自然是一个数学和逻辑的体系，只有理性的力量才可以阐明。笛卡尔、斯宾诺莎、莱布尼兹和沃尔夫等唯理主义独断论者关于知识起源问题及理性超越经验认识的形而上学问题的能力引来了经验论者的批判。经验论者强调经验的权威，反对天赋观念，认为诸如实体、本源、本质等形而上学的问题是不能被认识的，它们存在与否是没有任何意义的，因而循洛克经贝克莱到休谟这条经验主义路线发展的经验论者，都从认识论的角度对形而上学的问题

---

① 柯林武德：自然的观念［M］，吴国盛、柯映红译，北京：华夏出版社，1999 年版，第 6 页。

展开了激烈的批判。洛克认为主体在研究问题前，应先审视其理智能力，判断其认识的界限，洛克对人类认识能力的审判对康德有很大的影响。在诸多经验论者中休谟对康德哲学的影响是最重要和最直接的，他首先对事物自身的因果必然性进行解构，认为自然掩藏了自身借以作用的原则，使我们无法得到任何关于事物及其必然性联系的印象，在人的经验中也无法找到足以证明必然联系或因果必然性的正当理由，所谓事物间的联系不过是感觉和想象的产物，是主观的和不确定的，不存在因果必然性的科学知识，存在的只是作为经验的想象力的产物。对于感觉和想象力是否有其存在的外在原因，休谟则保持沉默，认为对于最后的实体、本体等形而上学的世界我们更是一无所知。科学知识借以存在的必然性和普遍性在休谟这里被瓦解了。

综上所述：文艺复兴时期出现了与希腊自然观相对立的观念，自然是有机整体的观念被打破了，理论界到处充斥着二元对立的情况，如形而上学中身与心的对立，宇宙论中自然与上帝的对立、自然与人的对立，认识论中经验主义与理性主义的对立等等。如何消除对立，尽管康德的前辈们一直做着不懈的尝试，这个问题依然留给康德去思索。这就是历史和时代为康德哲学及其自然观的发展打下的丰厚积淀和驱使康德继续思考和开拓问题的历史起点。"康德承担了这个任务，力求公平地对待他那时代的各种思潮……他的问题是'一方面限制休谟的怀疑论，另一方面限制古老的独断论；反驳和摧毁唯物论、宿命论、无神论以及唯情论和迷信。'"休谟的怀疑论把康德从独断论的睡梦中唤醒，"他感到迫切地需要考察或批判人类理性……"康德认为哲学一直到他那个时代都是独断的，"它往前进行而没有预先批判它自己的能力。现在必须批判，或开始不偏不倚地考察理性一般的能力"①。康德的自然观就是在对理性能力批判的过程中体现出来的。

（二）自然范畴及其划分

何谓"自然"？爱奥尼亚学派先哲们会提供这样的答案：事物是由

---

① 梯利、伍德：西方哲学史［M］，葛力译，北京：商务印书馆，2004 年版，第 433 页。

什么组成的，什么是始基或不变的实体。亚里士多德会提供更为详细而丰富的含义：自然是起源或诞生；是事物所由以生长的种子；是自然运动和变化的源泉；是构成世界的基质；是自然事物的本质或属性等。文艺复兴时期则认为自然是上帝的创造物，是僵死的机器。这些认识的一个共同特性是从自然本身来考察自然。

而康德所理解的自然是我们认识所构成的自然。对于这种自然，康德从不同的角度对它进行了论述：其一，"从质料方面来说，自然就是经验之一切对象的总和"①。了解何为经验之一切对象是理解自然的关键。康德的知识来源理论提供了一种视向：一方面后天的感觉经验源自直接的感官活动和作用，另一方面先天的普遍性、必然性的认识能力和形式为人的意识所固有。人的感性直观认识能力在外部对象刺激人的感官时便开始进行活动，最初形成反映外物的表象，并以时间—空间的先天"纯形式"对表象进行整理，使之构成为感性经验；接着，在知性思维能力的进一步作用中将其自身具有的先天范畴与感性经验相结合，感性经验受到知性能力的综合统一，由此形成了科学知识，以及一种观念化的经验认知。由此我们可以看出，经验之一切对象就是外物刺激我们的感官而形成的反映外物的表象，这一对自然的认识角度是相对于认识的感性阶段而言的，对于这种自然我们不能说它是绝对主观的或绝对客观的，它是主客结合的结果，不具有规律性和确定性，而具有个人感官反映的多样性，因此是杂乱无章的。其二，"自然就是物的存在，这是就存在这个词的意思是指按照普遍法则所规定的东西来说的"②。其实这里的自然也就是通过感性上升到知性范畴统筹规定的结果，它对应认识的知性阶段；这时的自然，是有规律可遵循的，相应地我们对自然的认识所获得的知识也具有普遍性和确定性。被休谟所摧毁的科学知识的大厦在康德这里重新找到了存在的根基。休谟否认自然的普遍必然性，认为那

① 康德：未来形而上学导论［M］，庞景仁译，北京：商务印书馆，1997 年版，第 60 页。

② 康德：未来形而上学导论［M］，庞景仁译，北京：商务印书馆，1997 年版，第 57 页。

不过是主观经验的联想而已，康德则认为普遍必然性规律是我们加在事物之上用以规定事物存在的，这种法则或规律虽来自主观规定，但却是依照先天的知性范畴，在任何时候、任何条件下对任何主体都表现如一的东西，因而是客观的、确定的。

通过上述两个角度的论述，也许会得出康德有两种自然观念的结论，其实康德对自然的定义要狭窄一些，他所言自然只是指由普遍的法则加以规定的物的存在，或者表述为处于知性的必然规律联系之中的现象。即："康德所说的自然，它是物理学家的自然，伽利略和牛顿的物质世界——描写成一种产物，一种根本上是理性和必然的看待事物的人类方式的产物，而不是任意的或者非理性的产物。"① 上述对自然两个方面的论述，是康德自然范畴形成的必然过程，我们只是将其展开以进一步揭示自然本质而已，一旦二者缺一，康德的自然就无法形成。虽然把握了康德自然概念的本质，但是我们似乎还不觉得完满，因为在考察自然实质的形成时，自然形成的起点是外物对感官的刺激。没有外物的刺激，康德所言之自然也是无法形成的。那么，这个外物是什么？如柯林武德所言："当我们问这些事物本来是什么的时候，康德简单地回答说，我们不知道。"② 我们所能知道的是："作为我们的感官对象而存在于我们之外的物是已有的，只是这些物本身可能是什么样子，我们一点也不知道，我们只知道它们的现象，也就是当它们作用于我们的感官时在我们之内所产生的表象。因此无论如何，我承认在我们之外有物体存在，也就是说，有这样的一些物存在，这些物本身可能是什么样子我们固然完全不知道，但是由于它们的影响作用于我们的感性而得到的表象使我们知道它们，我们把这些东西称之为'物体'……"③ 因此，物自体对康德自然的形成也是必不可少的，但是物自体到底是什么，由于康德批判地审

---

① 柯林武德：自然的观念［M］，吴国盛、柯映红译，北京：华夏出版社，1999 年版，第 128 - 129 页。

② 柯林武德：自然的观念［M］，吴国盛、柯映红译，北京：华夏出版社，1999 年版，第 129 页。

③ 康德：未来形而上学导论［M］，庞景仁译，北京：商务印书馆，1997 年版，第 50 - 51 页。

视人的理性能力而限制了它的认识范围和界限；要不偏不倚地对待经验主义和唯理主义，他认为理性只能认识现象界，而不能超越现象界直抵物自体，物自体是不可知的。

由此，我们可以看到，物自体和感性与知性两个阶段的现象，是自然形成的因素，从广义上说，它们都是康德自然范畴的内容；从狭义上言，自然只是指由普遍的法则加以规定的物的存在，或是处于知性的必然规律联系之中的现象。物自体不属于现象界，因而具有不可知性，而现象界则是可以被理性认识的，是可知的。现象界自然为何可知、又如何可知，是康德通过人为自然立法揭示出来的。

（三）人与自然之相向而行：人为自然立法

纵观认识论历史，围绕主体如何可能认识客体，二者怎样可能达到统一，客体的情况如何反映给主体，主体对客体的认识结果是否具有合理性等这些问题，就相关解答而言，流射说、符合说以及朴素的反映论相继问世，关于这些问题的争论，发展到近代演化成经验论与唯理论的敌对状态。但是康德既不赞成经验论认识与对象直接同一的观点，又不赞成唯理论否认认识起源于经验、肯定认识可以直抵本体界的看法。

康德在《纯粹理性批判》中提出"人为自然立法"的著名命题，通常被形容为一场认识论的革命。他对传统认识中认识必须与对象一致、真理是对客观对象的符合等问题进行了根本的改造，实现了"哥白尼式逆转"，把认识的中心从自然对象转移到主体人上来了。他认为自然界的普遍必然性规律不是以客观存在的自然事物本身为依据，而是从主观上以认识主体及其先天观念为依据，自然的普遍必然性规律不是自然本身所具有的，而是人的先天观念赋予给它的，不是认识符合对象，而是对象符合认识。为什么对象会符合我们的认识？在康德看来是因为我们具有关于对象的先天知识。康德认为自然规律性、科学知识的普遍性和确定性主要得力于人具有先天的认识能力，即感性、知性和理性的三阶段或三形式，其中感性是指主体借助感觉经验而形成感性直观知识的能力，它包括时间和空间两种先天形式；知性是指主体对感性直观知识进行思维、综合，使其连接成有规律的自然科学知识的能力。而真正知识的形成就是感性与知性的有机结合。当外部事物刺激人的感官，人的感性直观认识能力形成反映外物的表象，由于表象是外物留在感官中的印象，它是杂乱无章的，这就需要先天的"纯形式"时间和空间对这些表象进行整理，形成感性经验。感性经验虽不像表象那样杂乱无章，但是它具有个体主观多样性，不具有客观有效性；它还需要人的知性思维能力进一步将之进行综合统一，用自身先天具有的范畴对感性经验进行统筹规定而形成科学知识，这样起源于感性经验同时又具有必然性和普遍性的客观知识便形成了，这就是康德"人为自然立法"内容的简要概述。此处尤为关键的一点，康德所言的"人为自然立法"中的"自然"，并非物本身，也不是通常意义上人们所言说的那种实体化的物质自然或自在的秩序，而是指由主体结构中介的现象或现象界之总和，即我们心中的主观感觉表象的总和。"人为自然立法"中的"法"，即自然的普遍法则，归根到底，不过是存在于主体之中或者说是主体内在标准的投射，而且正是主体的这个内在的标准使科学知识成为可能。不过这里的主体指的是先验自我，而不是经验的主体。

从康德"人为自然立法"的观点中，我们看到：它虽然解决了自然的规律性、知识的普遍有效性，达到了主体对客体的认识、主体与客体的统一。但这个自然客体不是外界实在的客观事物，客观性也不是外界事物如实存在的客观性，而是先验主体所赋予的每个个体都具有的普遍有效性，因而是客观的，即主观的客观性。康德虽然克服了经验主义所无法解决的人类感觉经验的有限性及其与外部世界的一致性何以能够保障知识的客观必然性和普遍有效性的问题，也解决了理性主义所不知的人类理智究竟来源于经验还是上帝的问题。康德解决这些问题的核心是先验自我赋予感性、知性与理性以及与之相应的一系列先验形式和范畴，但是先验自我是什么，康德并没有论证，这是一个悬置或自明的东西，可是自明的先验自我并不自明。因而康德对问题的解决是抽象的，但是他确立了在认识过程中主体的能动性原则，认识对象符合主体观念的原则，这些对其后继者有很深的启示意义。

（四）物自体及其复杂性

在论述康德狭义自然概念的形成时，我们看到了物自体的不可或缺性，因之将其归于广义的自然体系；在"人为自然立法"上，没有物自体的作用，认识活动无法进行；"从感性到理性的进展，物自身的概念一直起着条件、背景和解释关键的作用。认识由物自身起而至物自身终。康德之所以能在现象领域保证着科学知识具有普遍必然性的一个重要原因就是设置物自身及其指示的不可知世界。"① 即使是在康德整个批判哲学中没有物自体的存在，其他部分也就缺少了基础和解释的前提，物自体及其重要性贯彻始终。这无疑增加了考察物自体问题的难度和复杂性，对物自体课题进行深刻研究和详细考察，显然偏离本文主旨，这里只就物自体作一肤浅理解和粗略概述。

关于物自体，康德有明确的表述："作为我们的感官对象而存在于我们之外的物是已有的，只是这些物本身可能是什么样子，我们一点也不知道，我们只知道它们的现象，也就是当它们作用于我们的感官时在我们之内所产生的表象。……我承认在我们之外有物体存在，也就是说，有这样的一些物存在，这些物本身可能是什么样子我们固然完全不知道，但是由于它们的影响作用于我们的感性而得到的表象使我们知道它们，我们把这些东西称之为'物体'，这个名称所指的虽然仅仅是我们所不知道的东西的现象，然而无论如何，它意味着实在的对象的存在。"② 这是众多研究康德物自体者必引述的一段话，用以揭示物自体的如下特征：第一，作为感觉经验的来源，物自体表征着一向使得认识发生的经验对象的客观基础。自然作为现象的基础是主体由感性和知性主观建构的结果，然而，感性和知性只能反映现象而不能反映物自体的性质。如果只坚持认识形式的主观性的观点，物自体就完全没有必要存在，那么康德哲学和贝克莱的极端唯心论也就没有本质的差别了。由此可将其等同于贝克莱哲学，但康德为表明自己与贝克莱极端唯心论的区别，他着重强调了感官之外"物"的存在，如果没有物自体刺激感官产生感觉，没有经验材料，感性就成为那种空无的形式，认识也就成为一种不可能的事情。因而，物自体是指不依赖意识、如实存在的客观物质世界，它是后

① 韩水法：康德物自身学说研究［M］，北京：商务印书馆，2007 年版，第 19 页。
② 康德：未来形而上学导论［M］，庞景仁译，北京：商务印书馆，1997 年版，第 50 - 51 页。

天认识材料的提供者，作为感觉经验的本体性、源出性的来源。第二，物自体并不直接现身，而是作为认识无法达到之物，处于人的认识能力之外，是现象界之外的存在，因而它意味着认识在其前折回的那种东西。"它的存在意味着认识的一种界限，是认识不可逾越的标记，而这就是所谓的'本体'"①。

由此，我们发现康德所说的物自体并不是只有一个维度的特征：在某种同一性意义上，物自体作为认识经验对象的客观基础且又作为感觉经验的本体式来源，它是感性的物自体，它是如实存在着的客观世界。得出这种结论，主要是基于康德认为我们认识到的对象只是现象，只限于现象界，那么否认现象背后基础的存在是不可能的，现象的存在本身就预示着一个相应的物的存在。康德明确指出"提供了现象的物，它的存在性并不因此就象在真正的唯心主义里那样消灭了，而仅仅是说，这个物是我们通过感官所决不能按照它本身那样来认识的。"② 列宁因此评价康德这一思想是唯物主义的。其实康德的唯物主义倾向主要是体现在感性的物自体上。作为本体的物自体，它是超越现象界的，是认识和科学知识的界限，超越现象界认识物自体是不可能的，否则就会自相矛盾或陷入荒谬和独断。由于物自体的复杂性，我们同样不能笼统地说物自体不可知，而只能说物自体作为本体或作为本体的物自体不可知，因为感性物自体的不可知不是绝对的不可知，而是指人的认知程度，它有一个从尚未认识到认识、从不可知到可知的发展过程。

物自体除了具有上述两层含义，还具有一层更为重要的含义，即物自体作为先验理念，具有调节性作用，因其与自然范畴无直接联系不再详细论述。

总之，康德批判哲学所要努力解决的问题就是审视人的理性认识能力，寻求自然的因果必然性，确证客观知识成立的根据，重新为科学奠

① 李泽厚：批判哲学的批判———康德述评 [M]，天津：天津社会科学院出版社，2003 年版，第 235 页。

② 康德：未来形而上学导论 [M]，庞景仁译，北京：商务印书馆，1997 年版，第 51 页。

基。为此，康德利用人的先验认识形式感性和知性建构现象界，建构自然，人为自然立法。这里自然的法则是主体凭借先天认识能力建构的结果，法是客观的，它是内化于个体主体中的一种普遍有效性。

自然和知识普遍必然性和有效性的形成，与康德将世界二重化为现象界和物自体是分不开的。人的理性能力，只能认识现象界，知性只能为现象界自然立法，科学知识的界限也只限于现象界。因而，现象界、自然以及自然界的普遍必然性联系，都是主体建构的结果，本质上都是主观的，虽有客观的主观性，这是康德自然范畴的实质。

二、黑格尔的自然观念

康德哲学由于将世界划分为可知与不可知或者现象界和"物自体"两重世界，致使其哲学体系中出现了不可跨越的二元对立的鸿沟。虽然康德意识到这种对立的存在，并试图解决它，但物自体如实存在、能被思考又不可知以及由此产生的矛盾是客观存在而又无法消除的。"康德承认我们能够并且可以思考自在之物，但我们事实上是如何必须且确实在思考它呢？"① 康德把这一问题留给了他的后人，正如柯林武德所言有人将这项任务承担下来了，这人就是黑格尔。

在黑格尔看来，要解决康德哲学中出现的问题，关键是解决自在之物。黑格尔否认了科学思维对知识称号的排他性要求，也就是说他否认了将科学知识的界限限制在现象界，这也就否认了自在之物是不可知的观念。在康德那里，自在之物并不意味着预设性，它是实存的而不是一种被预设的对象，是通过对人的认识能力的批判推论出来需要加以证明的东西。黑格尔对它的解决是将其设置为逻辑自明的起点，认为自在之物是所有事物中最容易认识的，是最抽象、没有任何特殊规定性的存在，看起来不可知只是因为它没有东西被描述而已，而不是因为其本身的奥秘而不可被认识。也就是说，自在之物不过是最抽象的无的概念，在黑格尔那里被称为"绝对概念"或"绝对精神"；所谓"绝对"就是最纯

---

① 柯林武德：自然的观念［M］，吴国胜、柯映红译，北京：华夏出版社，1999 年版，第 133 页。

粹、最抽象的，它物就是在这最抽象的概念本身逻辑地演绎出来的。关于这个演绎的过程，柯林武德是这样评价的："它是个客观的转化，一个真实的过程。在这个过程中，一个概念从另一个作为它先决条件的概念中逻辑地演变出来"；"这个过程，不是时间的过程或空间中的运动，更不是精神的变化或思维的过程，而是概念的过程，是概念本身固有的逻辑运动"。① 这一评价道出了黑格尔绝对概念演化过程的实质。而黑格尔的自然范畴及其特征就是在这一背景下展现出来的。

（一）"自然界是自我异化的精神"

绝对观念作为一种最抽象的概念，它要逻辑地发展和展现自身为具体的自然万象，具体化是其自我实现的目标。"自然"就是绝对精神自我实现和展现自身的一个阶段，在黑格尔著作中，如《小逻辑》，尤其是《自然哲学》，关于这种思想，都有明确的表述。

绝对精神，"把作为自己的反照的直接理念，把作为自然的理念，从自身自由地释放出来"②，而"在自然界中所认识的无非是理念，不过它是在外在化的形式中的理念"③。在《自然哲学》中，他更是明确地宣称自然就是绝对精神的异在状态，是自我异化的精神，"自然是作为他在形式中的理念产生出来的。……外在性就构成自然的规定，在这种规定中自然才作为自然而存在。"④

这就是说，在黑格尔的视界中，自然被表征为精神的创造物，意味着精神的某种异在，是精神的一种物质的因而是不完善的表现。所以黑格尔所言之自然不是客观的感性世界，而是抽象的绝对精神自我发展的外化，自然自身并不独立，也不具有独立的意义，它不过是精神表现自身的一种外在的形式或物质阶段。对于黑格尔这种对自然的认识，费尔巴哈、马克思和恩格斯都给予了中肯的评价，即在黑格尔的体系中自然

---

① 柯林武德：自然的观念［M］，吴国胜、柯映红译，北京：华夏出版社，1999 年版，第 134 页。

② 黑格尔：小逻辑［M］，贺麟译，北京：商务印书馆，2010 年版，第 428 页。

③ 黑格尔：小逻辑［M］，贺麟译，北京：商务印书馆，2010 年版，第 60 页。

④ 黑格尔：自然哲学［M］，梁志学、薛华、钱广华、沈真译，北京：商务印书馆，1986 年版，第 19 - 20 页。

界作为绝对精神的"外化"，表征了这个观念的退化；归根结底，观念意味着作为思维及其思想产物的本原的东西而存在，反过来自然界作为派生之物，出于观念的下降和轮回才存在。费尔巴哈、马克思和恩格斯都抓住了黑格尔自然概念的本质，自然本身不是客观存在的物质世界，它是派生的，是精神的异在表现，因而是一种唯心主义的自然观。按照黑格尔的思想，"自然不是人可以感觉到的，也不是经济分析能认识的事物和现象的体系，而是通过理性推演出来的纯粹的概念和抽象观念的体系"①，这就是黑格尔自然概念的本质含义。

（二）理念的性质在自然中的体现：自然的辩证化

黑格尔从绝对精神发展出了一个概念的体系，一个能动的世界。黑格尔将之统称为理念（精神），它是自然界的直接来源和创造者。既然自然界是其逻辑发展和呈现自身的外化，那么，与其说自然界与这个作为其内在本质的概念体系具有相似的发展过程，不如说理念的能动性质及其变化发展的过程就直接通过自然的辩证化特征体现出来了。

在黑格尔看来，自然作为理念的外化，首先就表现为一个发展的过程，表现为一个有机的整体。黑格尔认为"自然必须看作是一种由各个阶段组成的体系，其中一个阶段是从另一阶段必然产生的，是得出它的另一阶段的最切近的真理"②。这就是说自然的发展表现出一个逐渐扬弃的过程，不仅前一阶段是后一阶段发展的基础，而且每一阶段除了自身所具有的发展特性外，还包含被扬弃的他在的特性。这其中既有作为量的发展的积累，又有作为质的发展的变化，正如黑格尔自己所言"永恒的神圣的过程是一种向着两个相反方向的流动，两个方向完全相会为一，贯穿在一起。"③ 黑格尔这种将自然界作为一个发展的过程来理解的思想，是他的最大的功绩。但是这并不意味着自然本身具有运动的本性，

① C·Ф. 奥杜耶夫：论黑格尔的自然哲学［J］，宣燕音摘译，哲学译丛，1979（5），第21页。

② 黑格尔：自然哲学［M］，梁志学、薛华、钱广华、沈真译，北京：商务印书馆，1986年版，第28页。

③ 黑格尔：自然哲学［M］，梁志学、薛华、钱广华、沈真译，北京：商务印书馆，1986年版，第36页。

其运动是"因为它内部具有通过逻辑的必然从自身演变出生命和精神的力量"①，也就是说，自然的发展和变化是由其内部的、体现其本质的理念发展与变化促成的。自然本身并不具有自己发展的动力，"一个自然领域到另一个自然领域的转化并不是以自然的方式完成的，而是在寓于自然之内的理念中产生的。"②

对于黑格尔自然的辩证化特征及自然辩证发展的内在动力的揭示，苏联哲学家奥杜耶夫的评述是再准确不过了，"在黑格尔看来，自然运动的各个阶段，不是物质世界发展过程的各个环节，而是精神在突破粗糙的外壳而达到自己的最高目的——自我认识时所留下的痕迹"，"自然本身始终是'静止的'、不变的。发展着的不是自然，而是自我实现的精神，精神在通过自然时犹如通过自身的异在"，"绝对精神透过自然而开始把自身显现为一个无穷无尽的混合体，一个由各种成分组成的机械汇集，而后，授予自然以质的规定性，最后，授予自然以天然的、有生命的个体——直接按照表现为普遍、特殊、个别三个范畴运动的三段式，不过具有如下区别：在自然界中这些阶段既互不依赖，也无联系。物质世界的统一性不在物质世界自身之中，而在自然概念之中；而每一个物质对象的真实性又在其概念之中。所以，自然的发展阶段是自然概念的发展阶段。这就是说，观念、精神成了在自然的背后起作用的真正动因。"③

（三）人与自然的关系及考察自然的方式

在黑格尔看来，自然是以他者状态表现出来的绝对精神，就它作为绝对精神自我实现展现出来的一种具体性的物质外壳而言，乃是一种实有的存在，是对绝对精神作为纯无的一种否定和外化。就自然作为物质性外壳而言，它不是精神性的存在，故而不具有绝对精神的自由和生命

① 柯林武德：自然的观念［M］，吴国胜、柯映红译，北京：华夏出版社，1999 年版，第 140 - 141 页。

② 梁志学：论黑格尔的自然哲学［M］，上海：上海人民出版社，1986 年版，第 48 页。

③ C·Φ. 奥杜耶夫：论黑格尔的自然哲学［J］，宣燕音摘译，哲学译丛，1979（5），第 21 页。

活力，不具有发展变化的特征，只是受偶然性和必然性法则驾驭和束缚的孤立性的存在，正如黑格尔所言：没有理念的自然就像僵尸，只有具有理念的自然才是真实的。自然作为绝对精神的外化，它内部具有通过逻辑的必然从自身演变出生命和精神的力量，所以它就要扬弃自然的物质性外壳，展现绝对精神有生命、具有活力的特征，形成自然的阶段性发展。

自然按照三个阶段发展：绝对精神之普遍、抽象化的外在表现，即空间和时间；真实的、物质性的存在即无机的自然世界；对无机自然的扬弃，表现为活生生的有机自然界。根据黑格尔自然阶段性发展的特征，自然发展的每一阶段之间并不存在绝对分割状态，前一阶段蕴含着后一阶段的发展，后一阶段含有前一阶段发展的特征。根据绝对精神发展的轨迹，自然发展的最终目的是消灭自己，以精神的形态摆脱直接性和感性的表面存在，向着人类辩证发展的历史前进。而人或主体是处于自然的有机发展阶段，人的意识和精神乃是自然蕴含和发展的目标。对于自然向人的意识和精神转化和发展的过程，柯林武德认为这不是一个时间性运动，而是概念和逻辑的转变。这是符合黑格尔哲学特点的，在黑格尔那里，自然、历史和精神运动、变化及发展的整个过程都是逻辑的和概念的，而非时间的，恩格斯对此也作出过揭示。同时，柯林武德还揭示在黑格尔那里自然与人的意识和精神的关系，"照黑格尔看来，永远不会存在一个时刻，那时整个自然变成心灵；反过来，永远也不会存在一个时刻，那时自然丝毫也没有成为心灵。心灵永远是且从来是生长于自然的……"① 柯林武德所揭示的自然向着心灵发展的这种过程性思想特征，不仅适用于此，它在整个黑格尔发展体系中都是适合的，这体现了黑格尔关于事物发展的过程性特征。

通过以上论述，我们可以揭示出，在黑格尔那里人及其意识与自然的关系：人不是外于自然的，它本身就是自然的组成部分，是自然发展的结果；而人的意识也是由自然发展而来的，但是我们不能由此而推

---

① 柯林武德：自然的观念 [M]，吴国胜、柯映红译，北京：华夏出版社，1999 年版，第 143 页。

论出自然是本原，意识是派生的，因为在黑格尔那里本原的东西是推动自然、社会和精神发展的逻辑动因，即理念。理念是自然的直接来源和创造者，并通过自然这个中间环节，成为人类意识和精神的来源和创造者。根据黑格尔关于自然与意识或心灵的关系的思想，他反对康德关于先验力量是自然的先决条件和创造者的思想，在黑格尔看来它颠倒了二者的关系；在此观点上黑格尔倾向于唯物主义关于自然是意识的来源的思想，但是在对自然的理解上黑格尔与唯物主义者却有着本质的区别。

那么，人能否认识自然及如何认识自然呢？黑格尔的答案是肯定的。"他的基本观点在于，作为认识的对象的存在是作为理念的外化的现实世界，从存在到思维的转化就是思维要认识那个构成现实世界的本质的思想内容，从思维到存在的转化就是要把这样得到的思想内容变为现实，而且这样的相互转化是经过矛盾发展的过程进行的。"① 这里表达的核心观念就是主体人的思维或精神如何认识客体自然的内在本质的问题。我们知道在黑格尔那里自然和人的精神都是理念的自我展现，二者的本质都是理念或绝对精神，因此主体精神认识客体中的精神，说到底就是精神认识自身而已，所以这种可认识性就是自明的。基于认识过程中从存在到思维及思维到存在的矛盾转化过程，黑格尔认为认识自然的方式既是理论的，又是实践的，他主张用理论与实践相结合的方式来认识和考察自然。在黑格尔看来考察自然的理论态度和实践态度，不是两种不同的认识自然的方式，而是一个方式的两个环节，二者是有机地结合在一起，缺少每一环节都不能达到如实理解自然的目的。

三、费尔巴哈：从批判黑格尔哲学走向人本学唯物主义的自然观

休谟的怀疑是致命的，它不仅打破了理性独断者的迷梦，而且摧毁了以确定性为基础的科学大厦。康德就被惊醒了，重新审视了人的

---

① 梁志学：论黑格尔的自然哲学 [M]，上海：上海人民出版社，1986 年版，第 59 页。

认识能力，审视了理性，为人的认识划定了范围，认为在现象界，人为自然立法，人与自然是统一的，自然事物间的联系是普遍的有规律的，对事物的认识也是具有确定性的，因此，休谟的怀疑论所摧毁的科学大厦被康德在现象界又重新竖立起来了。但康德却无法真正解决现象界与物自体及由此而引申出的一系列对立和矛盾。黑格尔以其哲学的逻辑起点"绝对精神"置换了康德的"先验自我"，绝对精神是客观的、普遍的，它具有逻辑的辩证发展过程，从纯粹的抽象到自我展现为物质自然界和人类社会，绝对精神返回到自身而成为丰富客观的统一体，康德哲学面对的困惑在黑格尔绝对精神的辩证发展过程中都被消解了。在绝对精神圆圈式的循环辩证发展中，黑格尔哲学不仅自身达到了完满，而且其人被尊称为形而上学的完成者和终结者。黑格尔哲学如此之完满，为什么受到批判，尤其是费尔巴哈的批判？费尔巴哈认为对黑格尔哲学的批判就是对一般哲学的批判或是说对整个哲学的批判，费尔巴哈发现了黑格尔哲学的什么"瑕疵"呢？他又是凭借什么发现的呢？

（一）感性—对象性：费尔巴哈批判黑格尔哲学的武器

之所以如此表述感性—对象性这一范畴，是因为在费尔巴哈"光明正大的感性哲学"中，感性就意味着事物的对象性存在，而对象性也指证着事物的存在是感性的，二者在本体论上内涵是同一的，表征着费尔巴哈哲学的本体论属性。当然，在费尔巴哈哲学中的感性和对象性与形而上学思想中的感性与对象性是不同的。费尔巴哈的感性是指客观事物的存在及其现实属性，而形而上学思想的感性只是一种思维能力。感性—对象性作为费尔巴哈哲学的本体论特征（很多学者认为费尔巴哈的哲学就是以感性—对象性为本体的哲学，这也是合理的，费尔巴哈本人也称自己的新哲学为"光明正大的感性哲学"），作为费尔巴哈批判黑格尔哲学的武器，它对于费尔巴哈而言不是偶然出现的，而是其哲学运思的结果，是费尔巴哈对传统哲学尤其是黑格尔哲学的现实性、出发点和研究对象的批判思考。"确切地说，只是到了要对哲学由之出发的那个对象以及哲学要面临的整个对象世界进行其'现实性'存在的根据拷问时，感性本体论才呼之欲出。"①

费尔巴哈对黑格尔哲学的批判主要体现在三个方面：

首先，是对黑格尔哲学的开端或逻辑起点的批判。黑格尔整个哲学演化的逻辑起点是纯粹抽象的、毫无规定性的存在。对此，费尔巴哈提出了自己的质疑和反驳。他提出疑问，"为什么一般地要有这样一个开端呢？……难道它是直接真实并且普遍有效的吗？为什么我就不能在开始的时候抛弃开端的概念，为什么我就不能直接以现实的东西为依据呢？黑格尔是从存在开始，……是从存在的概念或抽象的存在开始。为什么我就不能从存在本身，亦即从现实的存在开始呢……"② 费尔巴哈进一步反问：直接从现实的存在开始进行哲学的研究，那又有什么坏处呢？费尔巴哈的质疑直击黑格尔的要害，他没有从黑格尔哲学中找到合理的答案，这就激起了他对自己新哲学开端的思考，不满黑格尔哲学以存在概念为出发点，那么费尔巴哈也就一般地反对以概念性的"有"与"无"为其新哲学的起点，他要以感性存在否定逻辑上的概念性存在。"哲学的开端不是上帝，不是绝对，不是作为绝对或理念的宾词的存在。哲学的开端是有限的东西、确定的东西和实际的东西。没有有限者，无限者是根本不能设想的。……最初的东西不是不确定的东西，而是确定的东西；因为确定的性质不是别的，仅仅是实际的性质；实际的性质是先于思想中的性质的。"③ 这样，费尔巴哈就确定以现实的、有限的、确定的存在本身为自己哲学的开端或者出发点。那么，这种现实的存在或开端是什么呢？就是以自然为基础的人，它是感性的、现实的、具体的存在，其一切性质都体现在对象性上，没有对象，人就成为无，人作为主体，其存在确证着其对象—自然的存在，对象性在本体论上确证着人与自然存在的现实性；如果主体与某个对象发生本质关系，

---

① 刘兴章：从费尔巴哈到马克思 [J]，吉首大学学报（社会科学版），2006 (5)，第 2 页。

② 费尔巴哈哲学著作选集（上卷）[M]，荣震华、李金山等译，北京：商务印书馆，1984 年版，第 51 页。

③ 费尔巴哈：关于哲学改造的临时纲要 [M]，洪潜译，北京：生活·读书·新知三联书店，1958 年版，第 7 页。

这种关系就应被视作这个主体固有而又客观的本质，这就是说，现实主体的对象正是这个主体的本质，其本质正是通过对象并且在对象中被反映和确证的。

其次，是对黑格尔哲学逻辑外化过程的批判。黑格尔哲学以纯粹抽象的存在即绝对精神为逻辑起点，这种纯粹的抽象、无任何规定性的"有"，通过逻辑的演绎来发展和展现自己，否定自身的抽象性和无规定性；绝对精神在圆圈式的逻辑发展中最初以外化为自然界的形式来否定其抽象性和无规定性，而后在人类历史及人类精神中回归完善自身。对于黑格尔绝对精神逻辑演化和外化的观念，费尔巴哈指出其荒谬性，认为这是精神创造自然界的学说。费尔巴哈认为绝对精神之为"绝对"和"纯粹"就是"无对"，就是无物作为其对象，而无对象的存在物，就是非存在物，就是"无"，而抽象的"无"如何转化为具体现实的"有"，外化为自然界呢？费尔巴哈认为如果不是自然界本身客观地存在着，黑格尔的脱离了物质的纯粹概念无论如何也生不出自然界。费尔巴哈批判地指出"思辨哲学一向从抽象到具体、从理想到实在的进程，是一种颠倒的进程。从这样的道路，永远不能达到真实的、客观的实在，永远只能做到将自己的抽象概念现实化，正因为如此，也永远不能认识精神的真正自由；因为只有对于客观实际的本质和事物的直观，才能使人不受一切成见的束缚。"[1]

最后，是对黑格尔哲学思维与存在统一基础的批判，这是前两点批判的综合。绝对精神作为黑格尔哲学的逻辑起点，它是抽象的、思辨的概念而不是感性的、现实的存在自身。绝对精神经过逻辑的演化尤其是外化而生出自然界，而这个自然界不是客观的物质世界，而是自然界的思想物，是物质的概念形式。绝对精神扬弃抽象的自然界又回到它的开端，经由这种逻辑的运动，绝对精神回到起点时已不再是当初无规定性、无内容的抽象物，而是扬弃了自然界的物质性与意识的精神性于自身之内的具体的、客观的存在物，在绝对精神回归到其逻辑的起点时，所有

---

① 费尔巴哈：关于哲学改造的临时纲要［M］，洪潜译，北京：生活·读书·新知三联书店，1958年版，第8页。

的诸如思维与存在、物质与意识等对立和矛盾都在其身得到了统一和和解。费尔巴哈针对黑格尔绝对精神的这种表现，指出其本质不过是"呈现的、显示出来的思想与思想本身亦即内在思想的关系。"① 思维与存在、物质与意识的统一不过是思维在自身内的统一，是取消了对立的一方的统一。

而对于费尔巴哈的新哲学而言，现实的以自然为基础的人是其哲学的开端和起点，感性—对象性就是人的现实性，人的存在及其现实性确证着自然的存在及其现实性。在费尔巴哈看来，黑格尔的绝对精神是人的意识和精神的神圣化，意识不过是现实的、以自然为基础的人的属性。因此，在费尔巴哈那里，思维和存在、物质和意识在以自然为基础的现实的人上，达到了对立双方的统一。

从上述论述看到：当费尔巴哈批判地审视黑格尔哲学的开端时，把新哲学的出发点和对象，引向有限的、确定的存在，引向感性的、现实的存在，引向以自然为基础的人；当费尔巴哈批判黑格尔哲学逻辑的运动及其思维与存在的统一不过是意识自身的运动及其内在统一的关系时，他把意识理解为以自然为基础的人的属性，把人理解为思维与存在、人与自然等诸如此类二元对立的统一体时，这里起关键作用的是费尔巴哈在思考哲学的开端与对象时对感性—对象性范畴的理解与运用，它是费尔巴哈批判黑格尔哲学的武器，是费尔巴哈建立其新哲学的关键。

（二）感性—对象性就是现实的人—自然界

在费尔巴哈批判黑格尔哲学时，将直接的、确定的和有限的东西当作其哲学的开端、出发点和对象，这是现实的、感性的出发点，而"只有那种不需要任何证明的东西，只有那种直接通过自身而确证的，直接为自己作辩护的，直接根据自身而肯定自己，绝对无可怀疑，绝对明确的东西，才是真实的和神圣的。但是只有感性的事物才是绝对明确的；只有在感性开始的地方，一切怀疑和争论才停止。直接认识的秘密就是

---

① 费尔巴哈哲学著作选集（上卷）［M］，荣震华、李金山等译，北京：商务印书馆，1984 年版，第 53 页。

感性。"① 这里的感性就是指感性的存在、具体的存在和现实的存在，是一种能感受到痛苦的实体和有需要的存在，这种存在就是现实的人，而人的现实性就体现在其对象性上。对于感性、对象性及现实性之间的关系，费尔巴哈这样说道："具有现实性的现实事物或作为现实的东西的现实事物，乃是作为感性对象的现实事物，乃是感性事物。真理性，现实性，感性的意义是相同的。只有一个感性的实体，才是一个真正的，现实的实体"②，而"一个对象，一个现实的对象，只有当我们遇到一种对我发生作用的东西时，只有当我的自我活动……受到另一个东西的活动的限制、阻碍时，才呈现在我们面前。对象的概念，……只不过是另外一个'自我'的对象……用费希特的话说：对象并不是呈现于'自我'之中，而是呈现于'自我'中的'非我'之中，亦即另一个'自我'之中；因为只有当一个'自我'转变为一个'你'的时候，只有当我被动的时候，才产生一种存在于我以外的活动性亦即客观性的观念。但是只有通过感觉，'自我'才成为'非我'。"③ 从这个角度，在费尔巴哈看来，现实性、感性和对象性具有相同的含义。这里的"感性"就是指感性的存在，是能够感受痛苦和爱的存在，就是指以自然为基础的现实的人，而人的现实性又是通过对象性体现出来的，总的说来人的存在就指证着其对象—自然的存在。故此，感性—对象性就直接确证着现实的人—自然及其关系，费尔巴哈也明确指出其新哲学是"将人连同作为人的基础的自然当作哲学唯一的，普遍的，最高的对象"④，说他的新哲学的基本内容有两个，一个是自然界，一个是人。

关于自然，费尔巴哈认为自然是物质的、不以人的意志为转移的客

---

① 费尔巴哈哲学著作选集（上卷）［M］，荣震华、李金山等译，北京：商务印书馆，1984 年版，第 170 页。

② 费尔巴哈哲学著作选集（上卷）［M］，荣震华、李金山等译，北京：商务印书馆，1984 年版，第 166 页。

③ 费尔巴哈哲学著作选集（上卷）［M］，荣震华、李金山等译，北京：商务印书馆，1984 年版，第 166 页。

④ 费尔巴哈：未来哲学原理［M］，洪谦译，北京：生活·读书·新知三联书店，1955 年版，第 77 页。

观存在，它是自因的、没有开端和终端的永恒的实体，在自然界和人以外再没有什么东西了。费尔巴哈认为唯一真实的东西是自然，自然不是被创造的，它不需要超乎自己以外的东西作为存在的原因，它是自己的原因。"自然界从何而来呢？"费尔巴哈明确回答为："它是来自自身，它没有始端和终端。"① 也就是说，"自然界这个无意识的实体，是非发生的永恒的实体，是第一性的实体。"② 费尔巴哈在批判黑格尔哲学中精神外化为自然时直接指出其哲学的出发点和立论基础："我的这个学说是以自然界为出发点，并且立足于自然界的真理之上……"③ 可以看出，费尔巴哈对自然的认识是站在唯物主义的立场之上的，从而使唯物主义得到了恢复。

自然除了是物质的、客观性的、自因的存在外，还是感性的、现实的、丰富多样的具体存在，费尔巴哈不仅反对将自然看作是精神和上帝的产物，也反对那种将自然和物质看作为"自然的自然"和"物质的物质"的观念，即将自然和物质看成自然和物质的概念，他认为只有感性的实体才是真正的、现实的实体。而自然唯独在感性—对象性的真理之光中，才能成为现实的自然；同时，对象性必然关联着人的主体性，因而费尔巴哈的唯物主义是与其对人的热烈关注密不可分的，费尔巴哈说道："只有那成为现实而完整的人的对象的、从而其本身就是完整而现实的事物，才是真正的事物。"④ 自然的现实性与现实的人是必然关联的，将人作为主体提升为唯物主义哲学的核心地位，也是费尔巴哈的重大贡献，是对十七八世纪不重视人，甚至蔑视人的机械唯物主义的超越。

这就是说，费尔巴哈以唯物论原则论述自然之时，并没有舍弃人，

---

① 费尔巴哈哲学著作选集（上卷）［M］，荣震华、李金山等译，北京：商务印书馆，1984 年版，第 355 页。

② 费尔巴哈哲学著作选集（下卷）［M］，荣震华、王太庆、刘磊译，北京：商务印书馆，1984 年版，第 523 页。

③ 费尔巴哈哲学著作选集（下卷）［M］，荣震华、王太庆、刘磊译，北京：商务印书馆，1984 年版，第 523 页。

④ 费尔巴哈哲学著作选集（下卷）［M］，荣震华、王太庆、刘磊译，北京：商务印书馆，1984 年版，第 13 页。

而且他也无法做到舍弃人，否则其新哲学的特征将无法得到彰显，其光明正大的感性学说就是将"以自然为基础的人"作为研究对象和立论基础的。

费尔巴哈在论述自然界是无意识的第一性的实体时，认为人在发生学上是第二性的实体，也就是说，自然界是人的前提，是人产生和生存所依赖的基础，而人则是自然界发展到一定阶段的产物。费尔巴哈宣称自己憎恶那种将人与自然分离开来的唯心主义。

虽然费尔巴哈认为在根源上，自然具有第一性，但在地位上，人却比自然重要，占据第一性。自然界规定人，人反过来也规定自然界，人是对象性的存在，感性—对象性不仅确证人的现实性，同时确证着自然的现实性及人与自然的对象性关系。这样，费尔巴哈就把人本主义和唯物主义结合在一起，与先前敌视人的机械唯物主义相比具有了巨大的优越性。费尔巴哈说，"观察自然，观察人吧！在这里你们可以看到哲学的秘密"，与旧哲学尤其是黑格尔哲学相比，"新哲学将人连同作为人的基础的自然当作唯一的，普遍的，最高的对象"，费尔巴哈声称，他的哲学是"作为人的哲学的新哲学"，其核心"主要的也是为人的哲学"。费尔巴哈的自然观，就是人本学唯物主义的自然观，他紧紧抓住现实的人与自然，以"以自然为基础的人为研究对象"，在费尔巴哈光明正大的感性哲学内，"以自然为基础的人"绝不是十七八世纪唯物主义那种将人简单归结为自然的还原论视野中的人，他已经将人的本质从自然本质中抽离出来但却不丢掉自然基础，将人视作人的作品，视作历史和文化的产物。

由上所述，我们看到费尔巴哈新哲学的自然观不仅反对精神、意识或上帝创造自然的学说，也反对将自然看作自然的概念的学说。总之，费尔巴哈主张一种感性，反对仅仅在观念和意识内研究自然，他要研究与思想客体不同的感性客体。感性—对象性、现实的人与自然在其哲学中起着重要作用，甚至可以说感性—对象性、现实的人与自然就是其哲学立论的根据，感性—对象性、现实的人与自然不是含义根本不同的两个研究对象，而是意义相同的、共同构筑费尔巴哈感性哲学基础的范畴。

如果，仅将研究停留在费尔巴哈"想要研究跟思想客体不同的感性客体"的愿望上，他确实在自然观上体现了对旧哲学在本体论上的批判和颠倒。但是当费尔巴哈走向现实，从活生生的现实世界中寻找道路来瓦解和颠覆意识的内在性时，他却使其新哲学，使其人本学自然观陷入了与其预想相反对的倒退困境。

我们知道，感性—对象性、现实的人和自然界在费尔巴哈哲学中具有重要的地位，以自然为基础的人是其哲学研究的开端和最高对象。当费尔巴哈以其哲学的开端走向现实，来把握人与自然的对象性关系时，他诉诸直观，诉诸感性的直观、生命的直观和爱的直观，以直观来把握人与自然的对象性关系时，人就是人的世界，人就是自然界，以直观的方式看到的人的世界只能是自然界，人的历史、国家和社会也只能归诸自然界。费尔巴哈哲学紧紧抓住自然界和人，他的关注点多投放在自然范畴上，而较少注目于社会政治和历史，他只是将人看作对象性的存在，直观地把握人与自然的关系，不能将人看作对象性的活动，不能从对象性的活动出发考察人与自然的关系。那么，他就只能将人的本质直观地理解为自然，抽象为自然，不能从活动的角度看到人的本质体现在其生存活动中，不能看到人的历史、社会和国家是人活动的结果。由此，费尔巴哈人本学唯物主义的自然观倒退到了十七、十八世纪抽象唯物主义自然观那里去了。

虽然费尔巴哈哲学最终没有摆脱意识的内在性的束缚，没有找到通向现实的道路，但是他的将"以自然为基础的人"作为研究对象的人本学思想，在"狂飙时期"的影响却是不可忽视的。

第二节　马克思自然范畴的延展

一、博士论文：一种非黑格尔主义的转向

博士论文是青年马克思最早对哲学探索和研究的成果，它既含有黑格尔哲学的立场，也在一定程度上超越了其观点。从逻辑上讲，马克思在逃离了一度投入其中的康德哲学而转向黑格尔哲学之后，理应成为黑格尔主义者，可是当马克思在奔向黑格尔哲学的同时，一场非黑格尔主

义转向的运动便也开始了。犹如马克西米利安·鲁贝尔和玛格丽特·玛娜丽对马克思博士论文的评价："一种非黑格尔主义的转向……马克思的注意力被伊壁鸠鲁的自然观以及他关于心灵和肉体自由的阐述所吸引……"①

（一）自然双重含义的变奏

认为世界起源于自然，起源于实体性的基质，是古希腊早期自然哲学的一般性特点，它的一个主要的观点是认为自然是原子规定性中不可或缺的一个因素，朴素的原子论唯物主义哲学是这种自然哲学的最高成果。一定意义上讲，伊壁鸠鲁是古代原子论哲学的集大成者。伊壁鸠鲁的原子论是对德谟克利特原子论继承和发展的结果，在原子作为世界的起源或始基、作为永恒的具有独立性的抽象物质与虚空这一点上，二者观点是一致的。如马克思所说："除了历史的证据之外，许多情况也说明德谟克利特和伊壁鸠鲁的物理学的同一性。原子和虚空这两个本原无可争辩地是相同的。"②

原子作为物质的抽象，是世界的始原，是最普遍和最抽象的独立自存的实体，因而不具备任何特殊的、感性的、物理的性质，在伊壁鸠鲁那里，原子就是对可感物质世界的一种抽象，但是这只是理论的假设和逻辑的规定，伊壁鸠鲁的原子论没有停留于此。他要揭示世界创生的过程，原子要由概念显现出来，要由应有走向实有，由本质显现为现象。自然作为感性事物的集合是原子自身运动的结果，对此，德谟克利特和伊壁鸠鲁是没有疑义的，关键是原子如何运动和运动的方式是怎样。

马克思指出原子直线式下落、原子偏斜及原子的相互排斥运动是伊壁鸠鲁原子运动的三种形式，其中原子偏斜运动是德谟克利特原子论所不具有的，也是当时伊壁鸠鲁原子论哲学的标志性存在。德谟克利特认

① 马克西米利安·鲁贝尔和玛格丽特·玛娜丽：没有神话的马克思：马克思生平和著作的编年研究［M］，转引自福斯特：马克思的生态学［M］，刘仁胜、肖峰译，北京：高等教育出版社，2006年版，第39页。

② 马克思恩格斯全集（第1卷）［M］，北京：人民出版社，1995年版，第20页。

为世界是由虚空和对虚空作否定性运动的原子组成的，原子由于重量和大小不同，运动的速度也不同，因而原子发生碰撞而偏离，原子的聚合与分离带来了事物的产生和灭亡。伊壁鸠鲁对德谟克利特的这种原子运动理论提出了质疑，认为原子在直线式下落中做匀速运动，因而原子不会因碰撞而偏离，因而不会有感性世界的产生与灭亡。为了保持原子的独立性和普遍性，伊壁鸠鲁引入了原子偏斜概念，原子的偏斜运动否定了自身的直线式运动方式并确认了自身在直线式运动中的物质存在形式，此时一种纯粹的原子概念才最终形成；它包含着物质与形式或物质与自我意识的矛盾，表现在单个原子本身内，它就具有了质和特性，感性的自然界就是在具有了质的原子的相互排斥中聚合而形成的，也就是说，感性自然界是具有了质的原子相互排斥而生成的事物的集合体。那么，这种感性世界是不是客观的、真实的呢？

德谟克利特一方面认为感性自然界不是真实的客观现象，而是主观的假象，唯一具有真实性的是原子和虚空，其余的一切都是意见和假象；另一方面他又认为感性自然界是丰富、变化和真实的现象。马克思将德谟克利特的这种矛盾现象称为"二律背反"，它是原子的概念和感性直观相互冲突的结果，是本质和现象对立混淆的结果。在本体界，德谟克利特认为感性世界是假象，因为只有原子才是真实的；而在现象界，感性自然界是丰富变化的物质世界，当然也是客观真实的，在德谟克利特深陷矛盾的地方，正是他和伊壁鸠鲁之间差异最远的地方。

伊壁鸠鲁认为："一切感官都是真实东西的报道者"，"没有什么东西能够驳倒感性知觉"①，即当德谟克利特把感性自然界当成主观假象时，伊壁鸠鲁把它看成客观现象。

二者之间的差别还体现在对个别自然现象的解释方式上。

在对个别自然现象的解释方式上，德谟克利特强调必然性，轻视偶然性，认为必然性是法则和天意，这也是他在承认了感性自然界是假象之后，又矛盾地承认客观世界真实性的原因所在；而伊壁鸠鲁强调偶然性的价值和作用，他认为在对一个自然现象的解释和认识上所有的意见

---

① 马克思恩格斯全集（第1卷）[M]，北京：人民出版社，1995年版，第22页。

都可能是对的，认为抽象的可能性是开放的、无限的，至于它能否依据一定的条件转化为客观的必然性、转化为现实，这个不是问题的关键，关键是主体在思维中是否体现出了自由。

伊壁鸠鲁哲学所体现出的意志自由思想是马克思所看重的，但是马克思也看到了伊壁鸠鲁在此所表现出的极端性，伊壁鸠鲁"到处只看见偶然，而他的解释方法无宁说是倾向于否定自然的一切客观实在性"①。马克思认为德谟克利特与伊壁鸠鲁二者在对立中似乎存在着某种颠倒的情况。这里体现出了马克思对客观世界与主观意识之关系的认识，体现他对能动地认识客观世界之思想的重视。

以上论述，揭示了马克思在博士论文中所反映出的对自然或物质的两重含义的理解。在原子世界，原子内含物质性和意识性于一身，自然是构成原子概念的一个因素，是原子内与自我意识对立的一极，因而自然是抽象的自然；而在现象界，自然因扬弃了自我意识于自身，因而是具体的、客观的事物，是客观事物的集合体。在马克思的博士论文中，原子的这两重含义是相互联系的，原子概念中的自然是客观自然的基础，是客观自然产生的依据和本源，客观自然又体现着原子的物质性。而在黑格尔哲学中，自然界不过是绝对理念的异在形式，体现着精神和理念的特征，是纯粹主观的东西。这就是说，在写作博士论文时期，马克思在对自然的认识上并非绝对地是黑格尔思想的影子，二者的差异折射出一种非黑格尔主义的转向。

（二）自然与自我意识的关系

德谟克利特和伊壁鸠鲁自然哲学的差别，反映了两种不同的对自然的认识和理解模式。在德谟克利特哲学中，自然居中心地位，人服从于自然及其必然性，无法摆脱规律的束缚；而在伊壁鸠鲁哲学中，自然是通过自我意识显现出来的，自然充满偶然性和开放性，对一个自然现象的解释和认识是有多种可能性的。相比之下，马克思较为认同伊壁鸠鲁的自然哲学，"同德谟克利特的决定论和机械唯物主义相反，伊壁鸠鲁既注意到原子的精神特性，也注意到原子的物质特性，并且强调了行动自

① 马克思恩格斯全集（第1卷）[M]，北京：人民出版社，1995年版，第29页。

由的可能性"①。可以说，既关注原子的精神特性，也关注原子的物质特性，是马克思研究伊壁鸠鲁哲学的直接原因，也是他转向非黑格尔主义的直接思想表现。

那么，原子的物质特性与原子的精神特性，即自然与自我意志二者是什么关系呢？

伊壁鸠鲁凭借着原子偏离直线的运动实现了原子的形式规定，凭借着原子的物质特性与原子的精神特性内在地统一于原子而实现了原子的概念规定，这样对于单个原子而言就具有了完整的质的规定性。原子实现了概念的规定，还需从概念化状态过渡到现象界，从潜在的原子状态走向感性世界，完成原子作为始基生产出现象世界的逻辑过程。在伊壁鸠鲁哲学内，这是原子历经偏斜运动后的必然趋向。"原子概念中所包含的存在与本质、物质与形式之间的矛盾，表现在单个的原子本身内，因为单个的原子具有了质。由于有了质，原子就同它的概念相背离，但同时又在它自己的结构中获得完成。于是，从具有质的原子的排斥及其与排斥相联系的聚集中，就产生出现象世界。"②在这种从本质世界向现象界的过渡中，原子概念中的矛盾得到了解决和和解，"原子按照它的概念是自然界的绝对的、本质的形式"，"现在降低为现象世界的绝对的物质、无定形的基质了"③。这就是说，在现象界，原子的矛盾得到了和解，自我意识完全扬弃在其对立面物质中了，按照伊壁鸠鲁原子论逻辑，这应是他得出的必然结论。然而，当伊壁鸠鲁意识到自我意识被扬弃在物质中，其能动性受到束缚和限制时，他反而宣称"原子不会在现象领域显现出来，或者在进入现象领域时会下降为物质的基础。"④ 这充分体现了伊壁鸠鲁原子论重视意志自由的思想，但也暴露了其思想的矛盾性与意志自由的缺陷。

于是马克思对伊壁鸠鲁意志自由或精神自由的思想作出了评判，他

① 奥古斯特·科尔纽：马克思恩格斯传（第1卷·1818—1844）[M]，刘丕坤、王以铸、杨静远译，北京：生活·读书·新知三联书店，1963年版，第210页。
② 马克思恩格斯全集（第1卷）[M]，北京：人民出版社，1995年版，第49页。
③ 马克思恩格斯全集（第1卷）[M]，北京：人民出版社，1995年版，第49页。
④ 马克思恩格斯全集（第1卷）[M]，北京：人民出版社，1995年版，第50页。

说那是"脱离定在的自由，而不是在定在中的自由"①。马克思的这一评判表达了：其一，伊壁鸠鲁哲学中自然与自我意识的关系；其二，伊壁鸠鲁哲学中意志自由的特征；其三，暗含了马克思关于自然与意志、自然与自由思想发展的趋向。

那么，在博士论文时期，马克思对这一思想发展趋势是否有所展开和论述呢？或者说，对于自我意识与自然在更高的逻辑层面上的关系问题，马克思是怎样解答的呢？

有学者认为马克思在博士论文中对此问题没有回答。研究者杨生平在《论马克思主义意识形态理论的形成和发展》中讲道：既然马克思十分强调自我意识与实体、应有与实有、思与有的相互统一，那么，它们统一的基础是什么？对于这个问题，与其说马克思在博士论文中未作回答，毋宁说马克思在写作博士论文期间尚未找到正确答案，作为思与有统一的基础是一个缺失的概念。杨生平认为马克思一方面保留了黑格尔哲学中绝对统一性原则，但同时意识到其统一的基础——绝对精神是有局限性的。但是，实有与应有、思与有统一于何处的问题，"马克思当时未能回答这一问题"②。

对于同样的问题，研究者鲁路却说："马克思并未停留在这一点上，因为仅仅停留在这一点上，就会遗留下一个问题：自我意识哲学同自然哲学从根本上说到底是一种什么样的关系？将这个问题进一步表述出来就是：是否可以说，由于自我意识哲学在更高逻辑层面上为自然哲学提供了根据，所以自我意识哲学实质上取消了自然哲学？还是说自我意识哲学就是同自然哲学截然对立的？所以，马克思有必要进一步阐述自我意识同自然的关系，或者说阐述自我意识的归宿。只有为自我意识寻找到最终归宿，自我意识同自然才能取得和解"。接着他说："关于自我意识与自然的和解，马克思是在博士论文的最后一部分，即关于天象的章节中论述的。"③

①　马克思恩格斯全集（第1卷）[M]，北京：人民出版社，1995年版，第50页。
②　杨生平：论马克思主义意识形态理论的形成和发展 [M]，北京：首都师范大学出版社，1998年版，第58页。
③　鲁路：马克思博士论文研究 [M]，北京：中央编译出版社，2007年版，第138页。

根据马克思当时的思想发展状况及其对研究伊壁鸠鲁哲学所做的充分准备程度，进一步揭示出自我意识与自然的和解，或者说对自我意识与自然统一的基础作出判断，是完全在马克思掌握之中的事，因此研究者鲁路对此问题的解释是符合事实的。马克思在天体现象一章中指出"整个伊壁鸠鲁的自然哲学是如何贯穿着本质和存在、形式和物质的矛盾。但是，在天体中这个矛盾消除了，这些互相争斗的环节和解了。在天体系统里，物质把形式纳入自身之中，把个别性包括在自身之内，因而获得它的独立性。但是，在达到这一点后，它也就不再是对抽象自我意识的肯定。在原子世界里，就像在现象世界里一样，形式同物质进行斗争；一个规定取消另一个规定，正是在这种矛盾中，抽象的、个别的自我意识感觉到它的本性对象化了。那在物质的形态下同抽象的物质作斗争的抽象形式，就是自我意识本身。但是现在，物质已经同形式和解并成为独立的东西，个别的自我意识便从它的蛹化中脱身而出，宣称它自己是真实的原则，并敌视那独立的自然。"① 马克思在这段结论中，揭示了隐含在伊壁鸠鲁天体现象中自我意识与自然和解于天体这一现实自然中的思想，揭示了伊壁鸠鲁在此问题上论证结果与论证目的及其思想意旨间的内在矛盾。但是马克思却评价说这种矛盾是伊壁鸠鲁哲学体系所达到的"最深刻的认识，最透彻的结论"。同时，马克思也说："他的解释方法无宁说是倾向于否定自然的一切客观实在性"② 他对偶然性和能动性原则的强调在某种程度上使其陷入了否认自然的客观实在性的困境。对于伊壁鸠鲁哲学的这种偏离唯物论倾向，马克思是看得很清楚的，正如科尔纽所说："马克思和伊壁鸠鲁不同，伊壁鸠鲁认为个人只有脱离世界才能实现其自由，马克思则指出，这种做法会使人陷入孤立状态，因而不能对自己的外部环境发生作用。"③ 这种对物质自然界的强调，对自然与意识统一基础的思索，难道不是对黑格尔绝对精神的叛离，难道不是向非黑格尔主义的转向吗？

---

① 马克思恩格斯全集（第1卷）[M]，北京：人民出版社，1995年版，第61页。
② 马克思恩格斯全集（第1卷）[M]，北京：人民出版社，1995年版，第29页。
③ 奥古斯特·科尔纽：马克思恩格斯传（第1卷·1818—1844）[M]，刘丕坤、王以铸、杨静远译，北京：生活·读书·新知三联书店，1963年版，第193页。

二、《1844 年经济学哲学手稿》："只有通过火流才能走向真理和自由"

正如马克思在 1842 年对思辨神学家和哲学家的告诫：先前的思辨哲学的概念和偏见只有通过火流才能最终走向真理和自由。事实上，费尔巴哈哲学的这种影响对马克思也是存在的，他吸纳了费尔巴哈人本学自然观对感性、自然和以自然为基础的人的强调的基本思想，并在此立场上，清除了有关自我意识的各种幻想，热烈地赞扬费尔巴哈对黑格尔体系的批判和决裂；但是，对于"费尔巴哈的警句"，马克思仍然深刻地洞察到"他过多地强调自然而过少地强调政治"。而《1844 年经济学哲学手稿》，正是马克思批判性地研究英国政治经济学和法国社会主义理论而得的一部综合成果，在费尔巴哈没有涉足或涉足很少的领域，他进行了批判性的研究，马克思自然观在其中已初见端倪。

（一）对象性关系：人与自然客观存在的确证

马克思在手稿中对人与自然及其关系的认识，受到了费尔巴哈的影响，这主要体现在人与自然的对象性关系上。

马克思抛弃了对自然和人的思辨认识，明确指出人是有生命的、能动的自然存在物。这种存在物把自然界作为它生命活动的材料、对象和工具，自然界就它不是人的身体而言，是人为了不致死亡而必须与之不断交往的人的无机的身体。同时，人作为自然的、肉体的、感性的、对象性的存在物，也是受动的、受制约的和有限的存在物，他的欲望的对象是作为不依赖于他的对象而存在于他之外的存在物。但是，"这些对象是他的需要的对象"，"是表现和确证他的本质力量所不可或缺的、重要的对象"。说人是对象性的存在物，就等于说，"人有现实的、感性的对象作为自己本质的即自己生命表现的对象；或者说，人只有凭借现实的、感性的对象才能表现自己的生命"[1]。人是对象性的存在物，他依靠对象而存在，对象是其不可或缺的生命表现和存在确证。因为"非对象性的

---

[1] 马克思恩格斯文集（第 1 卷）[M]，北京：人民出版社，2009 年版，第 209 - 210 页。

存在物是非存在物"，是一种非现实的、非感性的、只是思想上的即只是想象出来的存在物，是抽象的东西。

所以，人与自然通过对象性关系而互为确证对方的存在是很自然的事，正像马克思所言："一个有生命的、自然的、具备并赋有对象性的即物质的本质力量的存在物，既拥有它的本质的现实的、自然的对象，而它的自我外化又设定一个现实的、却以外在性的形式表现出来因而不属于它的本质的、极其强大的对象世界，这是十分自然的。这里并没有什么不可捉摸的和神秘莫测的东西。"①

那么，人如何才能保持自身、使对象确证他的存在、体现他的个性呢？正如马克思进一步指出的："只有当对象对人来说成为人的对象或者说成为对象性的人的时候，人才不致在自己的对象中丧失自身。只有当对象对人来说成为社会的对象，人本身对自己来说成为社会的存在物，而社会在这个对象中对人来说成为本质的时候，这种情况才是可能的"②。就是说，对象性关系，不仅确证了人与自然的客观存在，它还体现着人与对象的现实性、社会性和实践性特征。

（二）对象性的活动：人与自然界发生关联的方式

如果说马克思的自然观仅在于说明人与自然是对象性关系，那么，他和费尔巴哈的人本学自然观并没有本质的不同。然而，正是在人与自然界发生关联的方式上，马克思以对象性活动替代了对象性直观，从而超越了费尔巴哈的感性和直观。

在费尔巴哈那里，当其把握人与自然的对象性关系时，他诉诸直观——感性的直观、生命的直观和爱的直观；在费尔巴哈直观的视野里，人的世界只能是自然界，人的历史、国家和社会也只能归诸自然界。然而，马克思认为人并不是抽象地栖息在世界以外的东西，人就是人的世界，就是国家、社会。跃出费尔巴哈的限度，马克思批判性地提出"对象性活动"这一概念，"对象性的存在物进行对象性活动，如果它的本质规定中不包含对象性的东西，它就不进行对象性活动……它的对象性

---

① 马克思恩格斯文集（第1卷）[M]，北京：人民出版社，2009年版，第208页。
② 马克思恩格斯文集（第1卷）[M]，北京：人民出版社，2009年版，第190页。

的产物仅仅证实了它的对象性活动，证实了它的活动是对象性的自然存在物的活动"①。于是，马克思在自然观上的一个极为重要的发现，就是将人与自然及其对象性关系放到对象性的活动中，放到它们的历史发展进程中加以理解。

（三）共产主义：人与自然本质的实现与复归

虽说社会和实践是人同自然界连接双方的纽带，是人与自然界完成了的本质的统一，但是，在私有制制度下，"异化劳动从人那里夺去了他的生产的对象，也就从人那里夺去了他的类生活，即他的现实的类对象性，把人对动物所具有的优点变成缺点，因为人的无机的身体即自然界被夺走了。"② 那么，如何消除异化，消除私有制，消除人与自然关系的异化状态？马克思寄希望于实践的未来，认为根本的解决途径就是建立共产主义新社会。

马克思说："共产主义是对私有财产即人的自我异化的积极的扬弃，因而是通过人并且为了人而对人的本质的真正占有；因此，它是人向自身、也就是向社会的即合乎人性的人的复归，这种复归是完全的复归，是自觉实现并在以往发展的全部财富的范围内实现的复归。这种共产主义，作为完成了的自然主义，等于人道主义，而作为完成了的人道主义，等于自然主义，它是人和自然之间、人和人之间的矛盾的真正解决，是存在和本质、对象化和自我确证、自由和必然、个体和类之间的斗争的真正解决。它是历史之谜的解答，而且知道自己就是这种解答。"③ 一旦自然本体和人的本质的统一得以实现，自然科学和人的科学，就将是一门科学。

可以看出，在《1844 年经济学哲学手稿》中，马克思主要是以对象性为原则，以对象性活动为基础来阐述其自然观的，也正是在这一原则和基础上，马克思对黑格尔自然观进行了批判。

---

① 马克思恩格斯文集（第 1 卷）[M]，北京：人民出版社，2009 年版，第 209 页。
② 马克思恩格斯文集（第 1 卷）[M]，北京：人民出版社，2009 年版，第 163 页。
③ 马克思恩格斯文集（第 1 卷）[M]，北京：人民出版社，2009 年版，第 185 – 186 页。

马克思首先肯定了黑格尔的辩证法，认为它的伟大之处就在于"把人的自我产生看做一个过程，把对象化看做非对象化，看做外化和这种外化的扬弃"①，马克思认为黑格尔抓住了劳动的本质，"把对象性的人、现实的因而是真正的人理解为他自己的劳动的结果。"②

可是，在黑格尔那里，唯一被认识和受到承认的劳动是"抽象的精神的劳动"，那么，人的本质也就归结为精神，而劳动的外化或对象化不过表现为精神和思维的外化。"自然界对抽象思维来说是外在的，是抽象思维的自我丧失"，而"抽象思维也是把外在的自然界作为抽象的思维来理解"，这就是黑格尔人与自然界的本质特征，它的现实的存在是抽象的精神的自身等同。于是，马克思批判性地指出：被抽象地理解的自然界，对人来说是无。

马克思在整个手稿中是以感性对象性原则来反对黑格尔的人与自然之抽象的，肯定并接受了其劳动和历史的过程性思维原则，初步完成了对唯心主义自然观的批判。而对费尔巴哈，马克思基本上采取了认同的态度，在一定程度上仍受其人本学唯物主义自然观的影响，虽然对其明确的批判有赖于后来的《关于费尔巴哈的提纲》和《德意志意识形态》，但是，即使在手稿中，马克思以对象性活动思想和历史性生成原则也超越了费尔巴哈直观的、静止的、非历史和非社会的思想。

三、《德意志意识形态》：抽象自然观的摒弃

在《1844 年经济学哲学手稿》中，马克思通过对象性关系确证了自然与人的感性存在，奠定了其自然观的唯物主义性质；通过对象性活动，论证了人与自然社会的和历史的统一及其运动的发展过程。虽然这一思想明显超出了费尔巴哈唯物主义自然观的直观性和非历史性特征，但对于费尔巴哈自然观的缺陷，马克思并没有给予明确的批判，而且还肯定了费尔巴哈对黑格尔哲学批判的意义，认为"只有费尔巴哈才是从黑格尔的观点出发而结束和批判了黑格尔的哲学"的人，惟其将形而上学的

---

① 马克思恩格斯文集（第 1 卷）[M]，北京：人民出版社，2009 年版，第 205 页。
② 马克思恩格斯文集（第 1 卷）[M]，北京：人民出版社，2009 年版，第 205 页。

绝对精神归结为"以自然为基础的现实的人"。在费尔巴哈批判的基础上，马克思进一步分析和揭示了黑格尔自然观的实质："在黑格尔的体系中有三个要素：……第一个要素是形而上学地改了装的、同人分离的自然。第二个要素是形而上学地改了装的、同自然分离的精神。第三个要素是形而上学地改了装的以上两个要素的统一，即现实的人和现实的人类。"① 马克思明确地揭示了黑格尔自然观的唯心论特征。

对于费尔巴哈自然观的缺陷，马克思在《关于费尔巴哈的提纲》（以下称《提纲》）中才开始对其实施全面清算。在《提纲》第一条中，马克思明确确立了其哲学的批判原则：感性的人的活动、现实的感性活动、对象性活动或实践。这不是几种不同的活动，而是本质上相同，标志其哲学新路向的活动。从此，马克思哲学开启并走向了一个新的形态：立于实践而改变世界。马克思哲学新形态的开启和走向反应在自然观上就表现为：将自然、人及其关系作为实践的、人的感性的活动来理解和考察。马克思体现在《提纲》中的这些思想，在《德意志意识形态》（以下称《形态》）中得到了具体的实现和完善的表述。

马克思指出：首先，开始要谈的前提，是现实的个人，"是他们的活动和他们的物质生活条件"；是"进行物质生产的，因而是在一定的物质的、不受他们任意支配的界限、前提和条件下活动着的"② 人；而且是一些可以"从他们的现实生活过程中""描绘出这一生活过程在意识形态上的反射和发展"的人。马克思正是以"这些人"批判了黑格尔唯心主义者以绝对抽象的精神为前提和起点的思想，又批判了费尔巴哈以离群索居的、纯粹自然物的人为哲学起点的旧唯物主义思想。

其次，人类生活的自然界，决不仅仅是一个外在于人的历史的世界，也决不能被了解为一个先于人类历史而存在的自然界。马克思在《1844年经济学哲学手稿》中就已明确提出，现实的自然界是被对象性活动占有的自然界，是人化的自然界。在《形态》中，马克思对这一自然的认

① 马克思恩格斯文集（第1卷）［M］，北京：人民出版社，2009年版，第341－342页。
② 马克思恩格斯文集（第1卷）［M］，北京：人民出版社，2009年版，第524页。

识，得到更进一步的阐明和完善，直接将与人关联的自然作为人类历史的物质前提。马克思在批判费尔巴哈对感性世界作单纯直观的理解时说：我们周围的感性世界不是开天辟地以来就直接存在的、始终如一的东西，而是工业和社会状况的产物，是历史的产物，是世世代代活动的结果。当然，马克思并非不加区分地说整个自然界就是人的产物，是人类实践中介的产物，而是说我们所面对的感性自然界或者我们周围的感性世界才是在社会实践发展中的自然界。当然，马克思也并不认为超出人类实践范围的自然界就不存在，而是认为在人类历史的发展进程中，自在自然正在人的世界到来之际逐步消隐，每当科技、工业和新发明前进一步，自在自然的领域就向后一步缩小和隐去。

因此，马克思指出，费尔巴哈以单纯直观和单纯感觉对待感性世界，必然导致自然与历史的分裂，即当他"是一个唯物主义者的时候，历史在他的视野之外；当他去探讨历史的时候，他不是一个唯物主义者。"①

最后，历史的两个方面不可分割。马克思认为："历史可以从两方面来考察，可以把它划分为自然史和人类史。但这两方面是不可分割的；只要有人存在，自然史和人类史就彼此制约。"② 马克思批判了那种将自然与历史——历史的自然和自然的历史对立的观点。

马克思这种强调人类与自然之间历史地相关联的思想，在《1844年经济学哲学手稿》中就已提出，在《形态》中，得到更全面和完善的论述，批判了包括费尔巴哈在内的任何对自然非历史的、抽象的理解。

综观《形态》，马克思立足于感性"实践"原则的基础上，对旧哲学自然观进行了批判，对其新自然观进行了阐发，由此，呈现了自然观的新形态：将人与自然及其关系放入感性活动和历史的过程中去理解。

---

① 马克思恩格斯文集（第1卷）[M]，北京：人民出版社，2009年版，第530页。
② 马克思恩格斯文集（第1卷）[M]，北京：人民出版社，2009年版，第516页。

第三节　马克思自然范畴本体论解读的提出及其针对性

一、何种意义上作本体论解读

对马克思的自然范畴作本体论解读，无法回避"本体论"被以怎样的范式来审视这一理论前提，唯有如此，我们才能够提出并讨论马克思的本体论，才能够对马克思自然范畴作本体论解读。

20 世纪 80 年代，哲学界曾热烈地讨论过如何理解本体论及什么是马克思的本体论的问题，从本体论层面对马克思哲学所作的讨论意义重大。然而，这一问题并没有一个最终共识或定论，多种本体论观点相持的局面一直持续至今。

一种观点认为，"本体论是西方哲学特有的一种形态。从其充分发展的形态看，它是把系词'是'以及分有'是'的种种'所是'（或'是者'）作为范畴，通过逻辑的方法构造出来的先验原理体系。"[1] 其主要特征表现为在"理论实质"上与经验世界相分离或先于经验而独立存在，在"研究方法"上注重形式逻辑，在"表现形式"上强调最高、最普遍的逻辑规定性。从这个意义上而言，马克思哲学没有本体论。

另一种观点认为，本体论的含义主要通过三个方面体现出来：第一，哲学作为关于世界本原、普遍性或存在发生的学说；第二，从逻辑发生上寻求哲学体系的逻辑起点，从逻辑出发点推演本质的抽象思维过程；第三，哲学方法论作为哲学的独特思维方式，体现哲学思维特征。[2] 这种对本体论含义的理解，并未区分出本体论的具体形态。

除此之外，哲学界对于"本体论"的理解，较具代表性的还有：所谓"本体论"就是指"哲学中研究世界的本原或本性的问题的部分"[3]；

---

① 俞宣孟：本体论研究 [M]，上海：上海人民出版社，1999 年版，第 3 页。

② 参见旷三平等主编：唯物史观前沿问题研究 [M]，北京：中国社会科学出版社，2004 年版，第 24 - 25 页。

③ 辞海 [M]，上海：上海辞书出版社，1980 年版，第 126 页。

本体论"研究一切实在的最终本性"① 等观点。

显然，马克思哲学是否具有本体论，这里的关键是如何理解和定位本体论的含义问题，如果本体论只是西方哲学特有的一种形态，即已经被现代哲学所摒弃的理论形态，那么，对作为现代哲学的马克思哲学及其自然范畴进行本体论的讨论便是对马克思哲学与本体论的双重误解；如果本体论是一学科概念，对这一学科的研究，形成了不同性质的学说或不同的哲学理论形态，传统本体论只是本体论学科的一个子科目，作为西方哲学传统对待本体论问题的一种历史性的特定处理方式及其哲学形态。实则，马克思哲学无法回避本体论这一学科或问题域，它终结了传统本体论此种特定的哲学形态，开启的是本体论的现代新形态，这也是对马克思自然范畴进行本体论解读的潜在条件。

本体论，不管是传统本体论形态，抑或是现代本体论形态，作为哲学研究的主要理论部分，它与一定的思维范式相联系。也就是说，作为研究对象和研究领域的"本体论"，在深层次上它更代表一种思维方式和解释原则。换言之，"本体论"的思维范式与"本体论"理论比肩并立，是"本体论"理论的重要支撑点和构架图式，它意味着一种哲学思维方式和解释原则，并以此考察本质性问题和审视世界，在哲学史上二者不可分割地纠缠在一起。

本文所言"本体论解读"，主要是在"本体论"作为思维范式的意义上而言的。

"本体论"，它主要指一种"人类思维在对终极实在的反思性思考中所构成的终极指向性，这种终极的指向性代表着人不断超越自我、不断反思自己的全部思想和行为，并寻求评价和规范自己的尺度的意向和努力，因而在人的生命活动中有着其内在的根据。"② 也就是说，哲学本体论作为一种追本溯源式的意向性追求，一种理论思维的无穷无尽的指向性，一种指向无限性的终极关怀，以其深层的内在根据显示了人作为超越性存在的必然诉求，是人存在的安身立命之所。只要人存在着，对本

① 哲学大词典［M］，上海：上海辞书出版社，1992 年版，第 167 页。
② 贺来："本体论"究竟是什么［J］，长白学刊，2001（5），第 52 页。

体论的祈求就不会停息，它是知识论、认识论等一切理论和学说的基础和依据，本体论作为寻求"终极存在""终极解释"和"终极价值"的思维方式和解释原则也因此具有其他思维方式所无法比拟的基础性和深刻性。

二、本体论解读的针对性

西方传统哲学主要的表达方式之一即"本体论"，经历了历史的组建和沉淀，它内在演变为一种理解世界存在的态度和思维方式。这种思维方式具有如下基本特点：

一则，追求终极实在的绝对论。传统"本体论"在实质上是与经验世界相分离或先于经验世界而存在的思辨体系，追求超验的、绝对和终极的彼岸世界是传统"本体论"思维方式的重要特征。

二则，追求"本质先定"的还原论。在传统"本体论"中，以"是"为中心的逻辑规定性被视为事物的"本质"，这种"本质"在逻辑上是先定的"是其所是"，规定着现实世界的存在和发展。因此，它在解释事物时，意味着从先定的"原则"和"规定"来观察世界本身及其存在。

三则，独断和一元论特征。传统"本体论"时常将事物分解成彼此对立的两极，用一方统领和吞并另一方；确立一种一元论的绝对真理体系，是其根本使命。

在这种思维方式和解释原则的支配之下，本来充满生机的自然界被设定为本质先定的僵死的物质堆，本来丰富多彩的人的生命被还原为单纯的理性本质。在这种思维方式下，现实的一切均被抽象化了。

而马克思的本体论原则欲超出这种二元分裂和抽象对立。马克思哲学将现实的人的感性活动作为历史和逻辑的起点，进而研究由此活动所构成的结构：现实的自然、人和社会；它实现了对自然范畴理解的三个转变，即主客二分向主客交融思维的转变，自然界"是什么"的思维方式向"什么"是自然界的思维方式的转变。而这两个转变某种程度上归因于传统本体论思维方式（传统"本体论"哲学的根本错误在于它使"本体论"知识论化）向现代本体论思维方式的转变。马克思在《关于费尔巴哈的提纲》第一条明确指出了这种变革——"对对象、现实、感性"诉诸人的实践活动的理解，这是本体论原则在哲学根基处的改弦更张。感性实践活动，作为人的对象性活动，体现和构成了人、自然和社会的内在关联；它把人、自然和社会有机地联系在一起，既使人处于与自然的统一关联中，又使人处于与他人的关联中，三者共同构成人在世存在的本体论结构。正是在这种意义上，实践构成了"自然—人—社会"这一体系生成、演变、分裂和统一的基础、桥梁和纽带，实践因此而具有丰富的本体论内涵。

那么，能否由此说马克思哲学就是以实践为本体的哲学，实践就是现象界背后的本原、基质或独立实体？对于这个问题，学界尚存有争议。

为了强调实践的本体论意义，有些学者提出了"实践本体论"。然而，由于对本体论含义存在不同理解，学者们对实践本体论的态度同样大相径庭。笔者认为：实践在马克思本体论中，绝非传统哲学意义上的ousia，不是现象背后的本原、基质和独立实体，而是现存感性世界生成、变化和存在的根基。实践是一种活动，是规定着人的本质的活动，人的"全部社会生活在本质上是实践的"；同时，实践是一种存在方式，是人所特有的存在方式。作为存在方式，实践构成人之存在的本体论结构，为人的活动提供了框架，为世界敞开了一种新的视域，为人的超越于现实层面的精神和意义追求奠定了现实的支撑点。所以，感性实践活动具有本体论的意蕴；但并非一定要将其定位为感性实践活动本体论，因为，物质、自然、社会或社会关系在马克思哲学中同样具有本体论的意蕴；同理，也不能将马克思哲学定位为物质、自然、社会等某一单个范畴为本体，否则就显示不出马克思哲学的丰富性内涵。可以说，"马克思主义哲学的本体论理论是一个包括许多重大问题的问题域。例如自然、物质、社会、时间、规律、运动、等等，都是它的重要范畴，把它们对立或割裂开来，都会歪曲马克思主义哲学本体论的本质。"①

鉴于这种情况，从系统的角度去理解马克思哲学本体论是较为合理

---

① 陈先达：马克思主义世界观科学性的客观依据——论马克思主义哲学本体论及其当代价值 [J]，当代国外马克思主义评论，2004（00），第27页。

的，系统可以被定义为处于相互作用过程中的诸元素和要素的集合体，这就会避免孤立地从一个视角理解马克思哲学本体论的片面性。而且，从系统论角度定位马克思哲学本体论的丰富性和多视角性，非但不会遮蔽感性实践活动或实践范畴的核心性地位，反而会在诸多范畴的映照中愈加凸显其重要作用和地位。它是现存感性世界生成、存在、变化的根基，是马克思哲学本体论中诸范畴相关联的纽带，为考察自然范畴廓清了理论地平线，它从根本上扭转了一种研究自然界的视角而同时敞开了一种新的视角——把自然界当作人的感性活动，当作实践去理解，而非仅从"客体的或直观的形式去理解"。可以说，在马克思那里，人与自然及其关系已被纳入作为理解自然范畴的形而上学视域。

三、新的考察自然视域的开启

马克思哲学革命，实质上是对本体论传统历史形态的扬弃，从诸如研究基点与对象、思维方式和追求的价值旨趣上看，马克思哲学超越了抽象思辨、追求终极实体的传统本体论哲学立论的视角，确立了关注人的现实生存状态与生存环境以及自由而全面发展的价值旨趣的意向。同时，笔者强调在把握和界定马克思哲学本体论内涵时，转换从一个方面或角度界定马克思哲学为诸如物质本体论、自然本体论、实践本体论、社会存在本体论等片面的思维态势，而确立从多角度、从系统的层面来理解马克思本体论内涵的趋向。在自然、物质、社会、关系、感性实践活动等元素组成的系统统一体中，感性实践活动作为人的本质的表现，是人的本源性的生命存在和活动方式；作为人的对象性的活动，它体现和构成了人与自然和社会的内在关联；它不仅把现实的人而且把现实的自然指认为一种历史的生成。通过考察感性实践活动形成与确立的发展过程可以看到：感性实践活动范畴的最终确立，标志着马克思理论探索的完成以及本体论新形态视域的呈现和开辟。故此，感性实践活动成了马克思本体论哲学的主导原则，《关于费尔巴哈的提纲》就是这一主导原则的宣言，只要认真研读一下这一文本，感性实践活动象征着的及由其所关联着的其他范畴所具有的本体论意蕴就会呈现出来。

自然观，作为马克思哲学的一个重要部分，其在本体论中所具有的崭新内涵也必定体现在感性实践活动这一主导原则和中心视域之中，感性实践活动成为理解马克思自然观本体论意蕴的契机。

（一）用生成性思维考察人与自然

马克思以人的感性活动为主导原则的本体论思想的新内涵之一，就是思维方式的根本扭转。与传统本体论哲学形态相对应的是完成性或现成性的思维方式，它的主要特征是追问"存在是什么"；而现代本体论哲学转变了这种追问存在的思维方式，存在不是预先确定的"是什么"；而是处于尚未完成和可能性状态中的"怎么是""如何是"，以此追问存在的思维方式被称为生成性思维方式。马克思哲学即是用生成性的思维方式取代了既定的、完成性的思维方式，确立了立足于感性活动原则之上的生成性思维。人的生命实践活动——这一生成性的运动是马克思哲学本体论的根本原则，对于理解马克思哲学诸多范畴、解决各种纷争有着重要启示意义。由于马克思自然观受到这一哲学思维和形式的规定，它就从脱离人的自然和脱离自然的人的对立思维中挣脱出来，开始从人与自然、主体和客体、主观和客观在人的存在活动中的相互关联出发去考察和理解人与自然，在此思维方式下，自然与人的本质不再是既定的和预成的，人和自然都是在人的存在活动中不断存在着和生成着的历史过程。

（二）一种考察自然向度的新地平线

马克思的以感性实践活动为主导原则的本体论哲学，在自然观上，不仅扬弃了"自然是什么"的思维方式，而且扬弃了传统本体论哲学直接将自然作为抽象、思辨、终极的本原及从此本原出发来推演自然的研究向度，开拓了新的地平线——把自然当作感性的人的活动，当作实践去理解，从主体方面去理解，也可以引申为以感性实践活动为切入点揭示"自然怎样"的本体论意蕴。

然而，遗憾的是，马克思在本体论上所开拓的研究自然的新地平线一度为近代哲学式的阐释模式所掩盖或遮蔽，致使马克思在自然观上的本体论意义蔽而不明。这种阐释方式的表现形式是多样的，本文归纳为三种：（1）只是从客体的或直观的形式去认识"自然是什么"，将自我运动看作自然的本质形式，将自然的受干预的目的论排除掉；（2）将自然与人的感性实践活动割裂开来，立根于自然本体论去描绘"世界总图景"或揭示"宇宙总规律"；（3）将自然仅仅看作人类实践活动的客观对象，主张通过实践认识自然、改造自然甚至是掠夺自然，而忽视自然的本体论意蕴。这三种阐述方式的实质都是将马克思自然观抽象化。而马克思本真自然观正是通过对抽象自然观不遗余力地批判而形成的。

《提纲》第一条，可以看作马克思对其哲学思想的立论根基和研究路径的公开坦言，同时也是对其自然观新路向的开启。从客体的或者直观的形式去理解自然而不把它当作人的感性活动即当作实践去理解的抽象自然观，也就是"用非实践的方式来看待自然观"，那么，是否只要用实践的方式来看待自然就一定能体现马克思自然观的本真内涵？面对这一问题，有必要揭示"用实践的方式看待自然"的隐含前提：首先，从本体论角度理解实践的本体论意蕴，进而澄清自然观的本体论内涵，因为马克思的哲学革命首先是本体论域的革命，确立的是实践本体论的哲学。其次，感性实践是马克思本体论哲学首要的或根本的主导原则；再次，本体论是认识论的前提和基础。人与世界的生存与实践关系优先于理论与认识关系，实践使现实生活世界直接地、本质地揭示人的真实生存，同时也实际地呈现人与世界的认识关系。最后，与自然的工具价值相比，人更关注自然对人的生存所具有的意义。如果说认识论是让我们去关注如何认识自然、改造自然，使自然变成打上人的烙印的作品，而本体论则引导人们从社会规范、人的尊严和人的自由等存在状态的角度去理解自然及其与人的关系。正是在这一视域内，自然为我们提供了一种超越性的存在旨趣，在这一领域人获得一种超越于现实的价值和意义。

（三）意义的转换：自然成为人的一种生存状态

与自然的工具价值相比，从本体论视域考察自然，人会更关注自然对人的生存所具有的意义和价值。在这一视域内，自然会为我们提供一种超越性的存在旨趣，使人获得一种超越现实的价值和意义。在此，自然的意义将发生一种转换，自然不再仅仅指客观事物的集合体，而成为人生存的一种状态，即"无意、无法、无工"之境界。也就是说，自然成了一种自然而然、"随心所欲"的自由的生存状态、人生态度和价值追求；自然，成了人的性情与精神的比附对象。

第二章 马克思自然范畴本体论解读的思想内涵

哲学史上，马克思对传统哲学的革命性变革"既贯彻在马克思主义的自然观中，也贯彻在马克思主义的历史观中；……它是一种新的自然观与新的历史观的统一，……是一种新的本体论、认识论和方法论的统一。"① 马克思哲学中的自然范畴依照本体论解读将呈现出新的形象和意义。

在这种思想背景下，笔者试从本体论维度对马克思自然范畴加以阐发便具有了话语体系和研究基础，正如西方马克思主义者卢卡奇所言："任何一个马克思著作的公正读者都必然会觉察到，如果对马克思所有具体的论述都给予正确的理解，而不带通常那种偏见的话，他的这些论述在最终的意义上都是直接关于存在的论述，即它们都纯粹是本体论的。"② 倘若不再停留于传统本本论内涵，而从全新的视域开启马克思思想中关于存在者的存在及其如何存在等问题，那么，卢卡奇的断言是不错的，马克思关于自然范畴的论述中具有丰富的本体论内涵。

第一节 对自然的理解

在本体论上解读马克思的自然范畴，首先阐明"自然"这个概念是至关重要的。在不同时期，人们对自然的理解是不同的，因此，我们必

---

① 林剑：关于马克思主义哲学"转向"的思考［J］，哲学研究，2003（11），第16页。

② 卢卡奇：关于社会存在的本体论（上卷）［M］，白锡堃、张西平、李秋零译，重庆：重庆出版社，1993年版，第637页。

须对自然这个概念做历史的探索。"纵观自然哲学史，'自然'的含义经历了一个由'生长'到'自然物之本性'（自然物的根据）、'自然物之集合'，再到'人化自然'、'生态自然'的演变过程"[①]。不管这种对自然含义演化过程的划分是否合理，它道出了自然意义的历史演变。

一、自然为何物的历史考证

汪子嵩等在《希腊哲学史》中有这么一个词义考证："在印欧语系中，'是'的词根有两个。一个是'es'，在希腊语中就是'eimi'，拉丁文写作 sum 及分词 esse。原来的意思就是'依靠自己的力量能运动、生活和存在'；说某物 es，就是说某物自然而然地出现在那里，生存在那里。可见这个词的本意就有显现、呈现的意思，包含后来'存在'的意思。另一个是'bhu'、'bheu'，在希腊文中就是 phyo，希腊文的意思就是 produce、成长 grow、本来就是那样 be by nature，拉丁文为 fui，fuo。Bhu，bheu 原来的意思是'依靠自己的力量，能自然而然地成长、涌现、出现'。（参看海德格尔：《形而上学导论》第 70 – 71 页）在希腊语中，es 词根的 eimi，后来演变成系动词'是'，而 phyo 后来指自然而然成长的、变化的东西，最后变成 physis（自然、本性），指本性上就有力量成为'如此如此'的东西。"[②] 根据这段引言，我们可以看到自然的原始含义由"成长""本来就是那样""依靠自己的力量，能自然而然地成长、涌现、出现"之意到"本性上就有力量成为'如此如此'的东西"之意的转化；自然的含义，由一种本性或状态过渡到拥有如此本性的物，这是自然原始概念演变的一个重要特征。其实，自然概念的这一转变，也可以看作是对自然本意"生长""本来就是那样""依靠自己的力量，能自然而然地成长、涌现、出现"的一种引申，因为"'自然'是生长，与其密切相关的就是要找出隐藏在事物内部并作为支配事物生长发育的

---

① 陈其荣：自然哲学［M］，上海：复旦大学出版社，2004 年版，第 35 页。
② 汪子嵩、范明生、陈村富等：希腊哲学史［M］，第 610 页，转引自宋继杰主编：Being 与西方哲学传统（上卷）［C］，保定：河北大学出版社，2002 年版，第 16 页。

原始力量，即自然物之本性和内在根据。自然的概念强调自己如此，这就涉及主体与外界的关系问题。自己如此的事物，或自然而然的事物，其存在的根据、发展的动因必定是内在的，而不是外在的，更不可能是外在力量强加的。"① 对于这一意义的引申，亚里士多德起了关键作用，他认为如果将自然理解为本源、本质就会引起一种逻辑上的缺陷，引起同义反复。比如，在前亚里士多德时期，"自然"自身的本质仍然被定义为自然，这是同义反复。亚里士多德对此类同义反复做了修正，把自然建构成了导致事物变化的内在"本性"。

关于自然的"生长"以及由此引申出来的事物的"本性"，柯林武德认为自然的这两层含义是统一的，并且"是作为贯穿希腊文献史的标准含义。但非常少见地且相对较晚地，它也富有第二种含义即作为自然事物的总和或聚集，它开始或多或少地与宇宙——'世界'一词同义"②。这就是说自然作为"自然事物的总和或聚集"的意义，在希腊较晚时期就已出现。

到了近代以来，欧洲语言中"自然"一词才主要地是指自然物的总和或聚集，自然，与宇宙、自然界、世界同义，甚至直接就指自然界、宇宙和世界。对此，不同的自然科学家和哲学家都有明确的言论。爱尔维修问道：什么是自然？自然乃为一切事物之总和；霍尔巴赫同样认为，自然显现为包括了所有认识内相关并发生作用的事物的集合体；费尔巴哈明确认为自然界就是一切感性存在物的总和。除此之外，一些现代的哲学家、自然科学家和生态环境学家，也都根据自己的研究领域对自然作出自己的理解和界定，但总体上并未超出自然作为存在物之总和的意义。

当然，即使在今天，我们也不能断言"自然"仅作为自然事物之总和的意义而被理解，还要关注自然作为本原和原则的意义，犹如柯林武德所言，自然作为自然物之集合体"还不是这个词常常用于现代语言的唯一意

---

① 陈其荣：自然哲学［M］，上海：复旦大学出版社，2004年版，第37页。
② 柯林武德：自然的观念［M］，吴国盛、柯映红译，北京：华夏出版社，1999年版，第48页。

义，还有另一个意义，我们认为是它的原义，……即当它指的不是一个集合而是一种原则时，它是一个 principium，或说本源（source）。"①

二、马克思的自然范畴

通过对自然含义的历史考证，我们知道自然经历了两种意义的演变，而直到目前，亦无法绝对地强调其中一种含义而遗忘和舍弃另一含义。确切地说，在我们更为普遍地将自然作为自然界或宇宙这个意义的时候，其先作为本性、原则和自然状态的意义并没有消亡。马克思在特定历史阶段对自然也作出了自己的理解，它诚然不可能超出自然总体意义的界限，但是，亦会出现一种属于特定历史阶段的意义。而马克思的自然观，不仅对自然在其总体意义上作出自己的界定，亦对其之前产生的自然观作出理论表态，即它们是抽象自然观。马克思明确表达过：被抽象地孤立地理解的、被固定为与人分离的自然界，对人而言是无意义的理念。

那么，在马克思那里，自然是怎样的，如何来理解或者说它包含怎样的内涵呢？明确说来，马克思的"自然"概念包含以下几层含义：其一，自然具有"本性""本质"和"规律"之意；其二，自然是指"客观事物的整体"或"物质世界自身"；其三，自然是一种可能性，是物将成为什么的一种可能性；其四，自然是一种"自然而然"的状态，对人而言就是自由。在马克思"自然"概念的四层含义中，关键是要理解第二和第三层含义，只有理解了它们，自然概念的其他含义才能有机地关联起来。在马克思文本中，"自然"作为"客观事物的整体"，其中客观事物是指什么样的事物，而整体的界限是什么，这是理解马克思"自然"的关键。马克思曾明言："被抽象地理解的、自为的、被确定为与人分隔开来的自然界，对人来说也是无。"② 这是否说明在马克思那里"客观事物"必须是与人联系在一起的事物？那么，又如何理解与人联

---

① 柯林武德：自然的观念 [M]，吴国盛、柯映红译，北京：华夏出版社，1999 年版，第 47 页。

② 马克思恩格斯文集（第 1 卷）[M]，北京：人民出版社，2009 年版，第 220 页。

系在一起？是从客体的或者直观的形式去理解，还是从主体方面去理解，抑或是把它们当作感性的人的活动，当作实践去理解？被当作实践去理解的客观事物，即"人化自然"，它包括哪些部分呢？"人的周围的自然"作为人化自然是指自然界自然还是指社会自然，这两者在人化自然范围内能区分开来吗？通过对马克思自然范畴的本体论解读，我们将得到的结论是：在马克思那里，"自然"作为"客观事物整体"的含义，就是指与人的感性活动相关联的"人化自然"，它包括人本身的自然、自然界自然和社会自然。有不少学者对马克思的自然在客观事物集合体层面的意义作出广义与狭义之分："广义'自然'指的是整个物质世界，它包括人的自然和人以外的自然。狭义的'自然'即是指人以外的自然界。'自然'或'自然界'是物质世界的总称。"① 如此理解马克思的自然概念，并不能凸显马克思的自然观与抽象自然观的区别，笔者认为我们更应该强调自然的生成本性在马克思自然范畴中的意义。

在马克思文本中，人化自然不是完成性的"是其所是"，它的本性是去生成，是将成为什么，是一种可能性，人化自然作为一种去生成的可能性，它本身具有生成的实践动力。这样，马克思"自然"概念内涵的前三层含义就有机地融合在一起了，而"自然"作为"自由"和"精神境界"是在无限的生成可能性中所要实现的现实性目标和精神状态。

马克思自然概念的这四层含义，是笔者行文的隐含前提，也是对其进行本体论解读所要达到的论证结论，下面就将其放入本体论中去进一步论证和彰显其意义。

第二节 自然范畴的本体论确证

一、自然存在的深层依据

自然范畴，作为一个特定的研究对象，不同的学科由于研究视角、

---

① 王友珍：论马克思主义自然观及其当代价值 [J]，武汉船舶职业技术学院学报，2004 (4)，第 67 页。

方法和目的的差异对其规定和理解是不同的。马克思哲学总是从主体方面而非单纯地从物的角度，依据自然的本来样子，即将事物、现实和感性当作感性的人的活动、当作实践来理解自然，因此，人与自然及其关系就成了理解自然范畴的主线。

人与自然的存在及其关系问题，马克思认为它是一个关于"自然界的和人的通过自身的存在"而存在，具有直观的、无可辩驳的证明的问题。因为"人和自然界的实在性，即人对人来说作为自然界的存在以及自然界对人来说作为人的存在，已经成为实际的、可以通过感觉直观的，所以关于某种异己的存在物、关于凌驾于自然界和人之上的存在物的问题……实际上已经成为不可能的了。"[①] 马克思强调，谁提出自然界和人的创造问题，谁无疑就把人与自然界抽象掉了，在设定它们不存在的情况下要求证明它们是存在的，这是一个包含着对自然界和人的非实在性的承认问题，它揭示出了这样一种实情："封闭于知识论路向中的全部形而上学（特别是近代哲学）最终都在进行着这种抽象，最终都在设定它们（或其中之一）不存在的前提下要求证明它们的存在。"[②] 对此，马克思明确告诫说：把自然界的和人的存在抽象掉，就没有任何意义了。这在《1844年经济学哲学手稿》中写得十分清楚：人与自然界作为通过自身的存在而存在的存在物，亦是一种对象性的存在物，"非对象性的存在物是非存在物"，人作为对象性的、感性的存在物，它的第一个对象——人，就是自然界、感性；人的普遍性通过其把整个自然界作为对象变成人的无机的身体得以体现和确立。也就是说，人与自然界的关系寓于对象性，各自以对方作为自己存在的条件，对象性关系指证着人与自然的存在及其关系的原初性。

如果马克思仅仅停留于将人与自然理解为感性的、对象性的存在物，将二者的关系理解为感性的、对象性的关系，那么，他并没有走出费尔

---

① 马克思恩格斯文集（第1卷）[M]，北京：人民出版社，2009年版，第196 - 197页。

② 吴晓明、王德峰：马克思的哲学革命及其当代意义——存在论新境域的开启 [M]，北京：人民出版社，2005年版，第196页。

巴哈感性自然观的囹圄。问题的关键是，当费尔巴哈于此止步不前甚至是倒退时，马克思超越了他，将对象性的存在物直接理解为对象性的活动。

在马克思看来："对象性的存在物进行对象性活动，如果它的本质规定中不包含对象性的东西，它就不进行对象性活动。它所以只创造或设定对象，只是因为它是被对象设定的，因为它本来就是自然界。因此，并不是它在设定这一行动中从自己的'纯粹的活动'转而创造对象，而是它的对象性的产物仅仅证实了它的对象性活动，证实了它的活动是对象性的自然存在物的活动。"① 很显然，马克思的这段话，不仅批判了任何"神"和"绝对精神"虚构和创造人与自然界的观念，而且深层地揭示了人与自然作为互为对象的存在物与对象性的活动之间的本真关联：对象性的活动是对本质自然界和人的真正本体论的肯定。对象性活动之所以可以成为自然界和人的本体论指征，关键是它在马克思哲学思想中首先具有本体论的意义，它是关于存在与非存在、存在的现实性、自然界和人的现实存在的基本规定。在《关于费尔巴哈的提纲》第一条中，马克思直接将"对象性的活动"提升为"感性的人的活动"，提升为"实践"，并将其作为区分传统哲学的标志。在《形态》中，马克思最为明确地确立了"感性的人的活动"或实践过程本身的本体论意蕴，将其理解为人的现实的本源性的生命活动本身。马克思说开始要谈的前提"是一些现实的个人，是他们的活动和他们的物质生活条件"②，即"全部人类历史的第一个前提无疑是有生命的个人的存在"③，而"人们的存在就是他们的现实生活过程"④，是他们的实践活动。所以，按照这种方式所理解的对象性活动或人的感性的实践活动，就是一种"关于存在的"特殊的人和自然界的确证，人与自然界的存在在其中得以实现和证实。

（一）自然与人的存在在人的感性实践活动中被确证的历史前提

然而，在从实践本体论角度论证自然与人的存在时，我们忽略了一

---

① 马克思恩格斯文集（第1卷）[M]，北京：人民出版社，2009年版，第209页。
② 马克思恩格斯文集（第1卷）[M]，北京：人民出版社，2009年版，第519页。
③ 马克思恩格斯文集（第1卷）[M]，北京：人民出版社，2009年版，第519页。
④ 马克思恩格斯文集（第1卷）[M]，北京：人民出版社，2009年版，第525页。

个前提，即自然与人的存在在人的感性实践活动中被确证的历史前提，这个历史前提是怎样的呢？

在马克思看来，对象性活动或者说人的感性实践活动是人与自然之间具有的互为对象、各自表现和确证对方的存在、对方的生命以及对方的本质力量的一种活动，意味着人在活生生的人的现实的生存活动中领悟着自己的存在，人和自然的原初关联正奠基于这一场所，以此作为人进行反思和概念性地把握人与自然存在及其关系的原初场域。

但是，这里值得注意的是，关注人的感性实践活动成为确证人与自然存在的历史前提是重要的，因为，我们不能一般地认为人的感性实践活动就能确证人与自然的存在。这里的前提是：感性实践活动不是一般的活动，而是现实的人的活动，是现实的人的类生活，作为把人同动物的生命活动直接区别开来的人"有意识的生命活动"；人也不是抽象的、一般的人，而是与动物具有本质区别的人，在其现实性上，它应是一切社会关系的总和；当然，自然也不是抽象的自然，而是真正的、现实的、人本学的自然，是"在人类历史中即在人类社会的形成过程中生成的自然界，是人的现实的自然界。"① 那么，在怎样的历史前提下，感性实践、人和自然才能成为现实的活动、现实的人和现实的自然呢？可以看出，这里的"人类社会的形成"就是关键，就是自然与人的存在在人的感性实践活动中被确证的历史前提。那么，这个"人类社会"又是一个什么样的历史阶段呢？

这里，马克思考察经济范畴历史作用的思维路向可以拿过来说明这个问题。他说"把经济范畴按它们在历史上起决定作用的先后次序来排列是不行的，错误的。它们的次序倒是由它们在现代资产阶级社会中的相互关系决定的，这种关系同表现出来的它们的自然次序或者符合历史发展的次序恰好相反。"② 同理，对自然范畴所表现的人与自然及其关系的理解也不应该按照符合历史发展的次序来把握，而应将它们放入现代资产阶级社会背景下来理解。这就是说，我们考察和确证自然与人的存

① 马克思恩格斯文集（第1卷）［M］，北京：人民出版社，2009 年版，第193页。
② 马克思恩格斯文集（第8卷）［M］，北京：人民出版社，2009 年版，第32页。

在的历史前提是现代资产阶级社会。换句话说，马克思对自然界的考察并没有遵循一个线性进化路线，即从自然和社会的最低级的发展阶段着手做一种追溯，而是从作为现实社会结构和状况的资本主义大工业时代的生产方式和条件着手，人与自然界的关系的审视基于人与周围世界实践交往的现实形式，即资本主义大工业形式。因此，它将历史过程了解为本质性的实践活动和历史，这也体现在对自然范畴的理解上，它遵循了"对对象、现实、感性"作实践理解的原则。马克思从资本主义生产方式这一最直接的事实出发，把人与自然描述为一个在实践中不断生成的历史过程。

资本主义生产方式的历史意义在于它形成了具有本质意义的人与自然的存在，马克思说："如果把工业看成人的本质力量的公开的展示"，那么，"工业的历史和工业的已经生成的对象性的存在，是一本打开了的关于人的本质力量的书"，"通过工业——尽管以异化的形式——形成的自然界，是真正的、人本学的自然界"[1]。而在资本主义生产方式之前，人与自然及其关系在本质上只是逐渐生成的过程。所以，只有在资本主义生产方式下，人的感性实践活动才能真正地从本体论层面确证人与自然的存在，在此之前，没有真正的人类社会和人的实践活动，更无所谓真正的人。正如恩格斯在写于1844年1月的《英国状况》一书中所言：直到18世纪"只有英国才有一部社会的历史。……法国人和德国人也在逐渐走向社会的历史，可是他们还没有社会的历史。"[2] 当然这不是说在资本主义生产方式之前就没有历史，而是说没有社会的历史，这是两种性质完全不同的历史。从人与自然关系来看，在资本主义生产方式之前没有真正的人本学的自然，并不是说没有客观的物质自然界，在此之前人与自然只是处于向真正人与自然不断生成的过程，人的世界本质上还是自然界，人只有服从自然界才能够生存。这一阶段人同自然界的关系反映了社会生活本身带有与动物对自然界的慑服相类似的倾向和性质。所以，正是在这个意义上，马克思和恩格斯才说历史是从资本主义社会

---

① 马克思恩格斯文集（第1卷）[M]，北京：人民出版社，2009年版，第193页。

② 马克思恩格斯文集（第1卷）[M]，北京：人民出版社，2009年版，第92页。

形态的生成开始的，而在人与自然的存在及其关系上尤其如此。不理解这一历史前提，就无法真正地理解人与自然的存在何以在感性实践活动中得到确证，就无法真正把握马克思自然观的内涵。

（二）外部自然的优先地位

感性实践活动是现实的人与自然存在的本体论肯定，是人与自然存在的原初场域，甚至从人与自然在人的感性实践活动中存在的历史前提中引申出只有在资本主义社会大工业的生产方式中，现实的、历史的人与自然才得以生成。这肯定会引起许多反对的意见，他们会认为在《形态》中，马克思虽然批判费尔巴哈没有看到感性劳动是现存的感性世界的基础的抽象论断，但他仍然作出了"外部自然界的优先地位仍然会保持着"的断言。坚持这种反对或质疑，只能说我们没有理清马克思作出这种看似矛盾论断的性质。明确地说，当马克思说先于人类历史而存在的那个自然界，不是费尔巴哈生活于其中的自然界，它是除去在澳洲新出现的一些珊瑚岛以外的今天在任何地方都不再存在的自然时，他是站在自然的历史性或社会性角度作出的判断，他认为这种自然界因不具有历史性而不存在，而不是因不具有客观性而不存在；相反，当马克思说自然界的优先地位仍然保持着时并没有关涉一种先验的优先性，而是强调自然界的客观性。诚然，自然界的历史性、社会性与客观性并不必然相脱离，但是自然的历史性或社会性必然是在经历了历史的生成之后才能与自然的客观性有机地统一起来。也就是说，人类以前的自然界不具有历史性却具有如实存在的客观实在性，而自然界具有历史性之始，也必然具有客观实在性。

那么，"外部自然界的优先地位仍然保持着"这一命题的具体内涵又该如何理解呢？这里的外部自然界是指什么？何为外部自然界之"外"，指人之"外"还是实践之"外"？

这里，对于"外部自然界的优先地位"的理解大体存在两种观点：一种观点认为它是先于人类历史而存在的那个自然界，费尔巴哈就曾强调这种自然的存在；一种观点认为是被"实践中介"的人化的自然界。西方马克思主义者基本上认为这种具有优先地位的自然界是人化的自然界。如卢卡奇认为"自然是个社会范畴"；施密特认为"一切这种优先地位只能存在于中介之中"①。

一定程度而言，这两种对马克思的"外部自然界的优先地位"的理解都是不全面的。诚然，在马克思看来，感性的世界不是"开天辟地以来就存在的，始终如一的东西"，而是工业和社会的产物。但是，这个以社会为中介的世界并不完全是一个工业和社会的产物，它同时也是一个就人类社会的存在而言先于其历史的自然界。因此，尽管承认了社会实践的中介作用，"外部自然界的优先地位"仍然保持着，"马克思所说的自然直接性与费尔巴哈所说的相反，它是打上社会烙印的，但在这种情况下，它也不是一种可被消除的假象，它对于人及其意识来说，仍然保持着它在产生上的优先性。"② 其实，在这里我们可以看到在对马克思关于外部自然界的优先地位的理解上，施密特是矛盾的。他认识到马克思坚持"外部自然界"（这里是指先于人类历史而存在的自然）及其规律对社会中介要因的先在性，对于人及其意识在生成上的优先性，但同时却矛盾地认为"这种优先地位只能存在于中介中"。施密特在他不自觉的意识中，坚持了马克思所言的外部自然界的优先地位不仅是指人化自然界，而且也包括人类社会产生以前的天然自然。这也是本文所认同的。

由上分析，我们可以看出：马克思的"外部自然界的优先地位"体现在两个方面：一是先于人类历史而存在的自然界的优先地位，一是社会中介过的自然界的优先地位。这就是外部自然界所指的全部形式。

1. 先于人类历史而存在的自然界的优先地位。

"外部自然界的优先地位"这一命题，虽然是马克思直至在《形态》中才明确提出来的，但是，这一思想的最早显露可以追溯到马克思中学时代所写的《青年在选择职业时的考虑》一文中。马克思这一时期的思想虽然带有神秘思辨的色彩，但已涉及自然及其与人的关系的问题。马克思说："自然本身给动物规定了它应该遵循的活动范围，动物也就安分

---

① A. 施密特：马克思的自然概念［M］，欧力同、吴仲昉译，北京：商务印书馆，1988 年版，第 14 页。

② A. 施密特：马克思的自然概念［M］，欧力同、吴仲昉译，北京：商务印书馆，1988 年版，第 17 页。

地在这个范围内活动，而不试图越出这个范围，甚至不考虑有其他范围存在。神也给人指定了共同的目标——使人类和他自己趋于高尚，但是，神要人自己去寻找可以达到这个目标的手段；神让人在社会上选择一个最适合于他、最能使他和社会变得高尚的地位"。① 这里，"自然"和"神"的权利和地位是同一的、同质的，它具有优先性，制约着动物和人的活动范围和活动目标。如果说马克思这时对自然的理解具有神秘思辨性，那么在《1844 年经济学哲学手稿》中，马克思则对此做了清算，认为任何唯物主义都必须承认先于人和人类社会历史的自然界作为实际的不以人的意志为转移的客观存在物，并尖锐地批判了黑格尔绝对精神产生自然界的先在性思想。

在《1844 年经济学哲学手稿》中，马克思首先肯定了实践之外"原始自然界"的优先地位，"没有自然界，没有感性的外部世界，工人什么也不能创造。自然界是工人的劳动得以实现、工人的劳动在其中活动、工人的劳动从中产生出和借以产生出自己的产品的材料。"② "自然界一方面在这样的意义上给劳动提供生活资料……另一方面，也在更狭隘的意义上提供生活资料，即维持工人本身的肉体生存的手段。"③ 同时，"植物、动物、石头、空气、光等等"，"首先作为人的直接的生活资料"④ 而存在。

从《1844 年经济学哲学手稿》的写作背景和目的而言，马克思的上述思想强调的是"原始自然"或天然自然的客观性，这种优先性是相对于黑格尔"精神创造自然""自然是绝对精神的外化"而论的。从发生学的意义上讲，马克思强调的"原始自然界"的优先地位体现在它对于人、人的意识、人的活动及劳动对象上的优先性地位。没有这种优先性，人就无法出现，无法劳动，无法延续至今。如果说马克思在《1844 年经济学哲学手稿》中对"原始自然界"优先性的强调有不成熟之嫌，那么

---

① 马克思恩格斯全集（第 1 卷）[M]，北京：人民出版社，1995 年版，第 455 页。
② 马克思恩格斯文集（第 1 卷）[M]，北京：人民出版社，2009 年版，第 158 页。
③ 马克思恩格斯文集（第 1 卷）[M]，北京：人民出版社，2009 年版，第 158 页。
④ 马克思恩格斯文集（第 1 卷）[M]，北京：人民出版社，2009 年版，第 161 页。

通过马克思的文本我们可以看出即使在《形态》和《资本论》中，马克思在强调人周围的感性世界是工业和社会状况的产物、强调自然的社会历史性时，仍没有否认"原始自然界"作为基础性地位的存在，没有否认人的劳动尚未触及到的未知自然的存在。"外部自然界的优先地位仍然保持着"这一观点就是在《形态》中明确提出的。

诚然，对天然自然或原始自然的强调并非马克思自然观革命性变革的实质，并非与一切旧唯物主义在自然观问题上的本质区别，但是我们要承认马克思自然观的创新不是空穴来风，不是欠缺前提和基础，也不是对一切旧唯物主义的断然抛弃，自然界的优先性和客观性是一切唯物主义的出发点，也是马克思新唯物主义所要坚持的客观性前提和基础。

2. 人化自然的优先地位。

马克思虽然肯定了人类以前的自然界为人的存在和人的意识的产生及人的劳动得以进行所奠定的基础和提供的前提，但他认为仅承认天然自然作为基础和前提的优先性地位是不够的。

人作为自然的产物，作为有生命的存在，必须能够生活，"但是为了生活，首先就需要吃喝住穿及其他一些东西，因此第一个历史活动就是生产满足这些需要的资料，即生产物质生活本身。"[①] 人通过这"第一个历史活动"，即人的感性的物质生产劳动，获得满足自身需要的生存资料，使自己与动物区别开来。这一过程，其实是"人与自然"的"物质交换"过程，是人认识和改造外部自然界使之被人化的过程，只有自然界首先成为实践的对象，"通过实践创造对象世界""改造无机界"，它才进一步成为人的自然界。马克思指出人的感性的物质生产活动，是人的能动的类活动，是人的存在方式，通过人的这种感性活动，"自然界才表现为他的作品和他的现实"。现实的自然界不是与人及人的活动彼此分离的自然界，它是对人和人类社会有意义的自然界，是在人的感性活动范围内被人的感性活动加工过的、滤过的社会劳动的产物。正是在这种角度和意义上，卢卡奇和施密特认为马克思的自然概念具有"社会的历

---

① 马克思恩格斯文集（第 1 卷）[M]，北京：人民出版社，2009 年版，第 531 页。

史的性质"，自然属于"社会范畴"。

我们可以看到马克思所言的自然饱含着原始自然或自在自然这一层面的意蕴，更饱含着人化自然的含义。某种程度上，马克思所说的"外部自然界的优先地位"中的"自然界"就含有这两个层面的含义，即人类社会产生以前的天然自然和人化的自然都具有优先地位。

"人的劳动实践创造着对象世界，改造着无机界，当这种劳动实践物化、对象化到劳动产品上以后，就成为外部自然界的一个组成部分，对于人们尔后的感性活动，对于下一代人来说，又作为预先存在的外部自然界而出现，又作为他们感性活动的物质前提而出现，从而具有'优先地位'"①。也就是说：作为人类感性活动中介和改造的结果——现实的自然界，一方面要在新的实践中再次作为实践的要素参与到人的感性活动中，体现其作为劳动对象的优先性地位，另一方面又要作为客观的、物质前提制约着劳动实践的延续。

所以，人类社会以前的自然界和人化的自然界都是马克思所言的"外部自然界优先地位"中的自然界，二者都具有优先性。同时，马克思认识到，自人类产生以后，随着工业的进步，人类社会以前的那个自在自然的范围在退缩，但不会从社会历史中彻底消失，也不会就此以绝对的"社会范畴"消融于社会历史，正如吉克弗列德·马尔克在其《现代哲学中的辩证法》中批判卢卡奇认为马克思的自然概念是个绝对的社会范畴时所提出的质疑那样，"难道自然的存在能丝毫不剩地完全作为社会的产物来把握？"② 在马克思看来，"自然不仅仅是一个社会范畴。从自然的形式、内容、范围以及对象性来看，自然决不可能完全被消融到对它进行占有的历史过程里去。"③"自然的社会烙印与自然的独立性构成统一，在其中主体方面完全不起像卢卡奇归诸给它的那种'创造的'作用。被人的劳动'滤过的'、并不是原本被创造的物质世界，仍然是

---

① 杨学功：如何理解马克思的自然观［J］，江汉论坛，2002（10），第48页。
② 转引自 A. 施密特：马克思的自然概念［M］，欧力同、吴仲昉译，北京：商务印书馆，1988年版，第67页。
③ A. 施密特：马克思的自然概念［M］，欧力同、吴仲昉译，北京：商务印书馆，1988年版，第67页。

马克思一再强调的上述'不借人力……存在的……基质'"。①

（三）与人无涉的自然不过是无

根据对马克思文本的理解，自然可分为自在自然和人化自然。在最初的意义上，人要以纯粹的自然为认识和实践对象，自然是人生存和活动的物质场所，因此这种自然的优先性是不可否认的。同时人化自然作为人类劳动的结果，它在人的无限螺旋上升的劳动过程中又重新作为人类劳动实践的对象和要素，作为人为满足自身需求而再次被改造的前提性基础来出场，因此人化自然也具有优先性地位。对于一个真正的历史唯物主义者来说，对于人化自然作为现实的自然始终保持着优先性，他会毫不犹豫地认同，但是得出先于人类历史而存在的自然界也具有这种优先性地位的论断总是令人无法接受。他们会认为强调先于人类历史而存在的自然界不过是理智主义的抽象反思，不过是黑格尔思辨哲学方法的遗迹。马克思在批判黑格尔的抽象自然观时，清楚地指出："被抽象地理解的、自为的、被确定为与人分隔开来的自然界，对人来说也是无。"②

应该说，对于这一论题，无论是在马克思哲学赞成者之间或是反对者之间，争议都是存在的。事实上，如果我们能够毫无偏见地面对争议，也许会发现所谓的争议只是讨论的角度或强调的维度不同而已，其实立论的根基是一致的。对这一问题，列出比较有代表性的看似对立的两种观点来加以简要的分析是必要的。

一种观点认为：在《1844年经济学哲学手稿》中，马克思虽然批判黑格尔逻辑外化的自然界为"抽象的自然界"，并深刻地指出被抽象地理解的、孤立的、被固定为与人分离的自然界，对人来说是无。但是马克思依然承认自然界是先于人类而存在的，而且强调如果人类在今天突然毁灭了，自然界的这种先在性仍然会保持下去。只是马克思做出这一论断的前提是：这种先于人类历史而存在的自然界，不是费尔巴哈生活

---

① A. 施密特：马克思的自然概念［M］，欧力同、吴仲昉译，北京：商务印书馆，1988年版，第67页。

② 马克思恩格斯文集（第1卷）［M］，北京：人民出版社，2009年版，第220页。

于其中的自然界，而是"除去在澳洲新出现的一些珊瑚岛以外今天在任何地方都不再存在的……自然界。"① 按照马克思的这种看法，他和费尔巴哈谈论的那个自然界，并非人类诞生之前就存在着的自然界，也不是人们所居住的、原始的、自然发生的自然界，而是在相当程度上已被人化的、现实的自然界。在现实的自然界之外谈论人类诞生之前的自然界，也就失去了意义。"即使是马克思对自然界的'先在性'的认定，也是以人类的一定的目的活动为前提的。因为人类并不是刚诞生的时候就有能力发现自然界的'先在性'的，事实上，只有当人类的发展达到一定的社会历史阶段后，才可能通过科学实验活动（如同位素的衰变），大致推算出地球的年龄和人类诞生的时间。由此可见，就连人类诞生前的自然界也是在后来人类改造自然界的目的性活动的基础上被发现出来的。显然，马克思自然观的出发点不是排除人的目的活动的抽象的自然界，而是被人的目的性活动中介过的'人化的自然界'。"②

另一种与之相似的观点认为：自然既非自在的，也不是虚无，而是一个与人的活动密切相关的世界。而"自在自然只具有应该被扬弃的外在性意义。对现实自然观而言，一个不容逃避的问题是，如何看待自在自然即尚未被纳入生活界、未与人发生对象性关系的'自然'？从问题的提出看，我们实际已经承认了它的'存在'。问题只在于，它是一种什么样的存在？它与现实的自然又是何种关系？自在自然之所以为自在自然，根本就在于它的自在性，即与人无关。既然与人无关，那么人又如何得知其存在呢？它实际上是人对生活世界的历史或自己的生活过程进行反思的结果。因为，若是人们纵观生活世界便不难看出，现有的生活是一个不断生成和拓展的过程，既然如此，若是在现实生活世界之外不再有存在，不再有潜在的或可能的对象，那么，生活世界将向何处去，又如何能拓展呢？所以，生活世界的生成史必然使人产生有自在自然的观念，这也是生活世界得以不断生成的信念支撑。也就是说，我们是承

---

① 马克思恩格斯文集（第1卷）［M］，北京：人民出版社，2009年版，第530页。

② 俞吾金：问题域的转换——对马克思和黑格尔关系的当代解读［M］，北京：人民出版社，2007年版，第445页。

认、相信自在自然的存在的，相信它是实在的存在，但也仅限于承认和相信，因为它只是我们推断、抽象或反思的结果。它只是一种观念和信念，并不与我们发生实在的对象性关系，并不是实在的存在。"①

研究者李文阁认为这种抽象的自在自然具有科学和现实的意义，"自在自然是一种'科学的抽象'，因为，它能与人发生实在关系：自在自然实际是人之实在活动的潜在对象，是生活世界的可能性空间，生活世界就是一个不断化自在自然为现实自然的过程。如此使自在自然与康德的自在之物区别开来：自在之物永远无法消除其自在性……与此物相比，自在自然倒具有某种'现实性'。正是由于这点，所以马克思在批判费尔巴哈的感性直观时，仍然承认'自然界的优先地位'，在把与人无关的自然归为无时，仍然承认那种自然的'意义'。"② 在强调自在自然的价值和意义上，马克思原话是这样说的："作为自然界的自然界，这是说，就它还在感性上不同于它自身所隐藏的神秘的意义而言，与这些抽象概念分隔开来并与这些抽象概念不同的自然界，就是无，是证明自己为无的无，是无意义的，或者只具有应被扬弃的外在性的意义。"③ 可以看出，马克思虽然把自在自然指为"无"，但还是承认了它的自在意义和存在的实在性。换言之，"'无'并未否定它的存在。所谓'无'，一方面是指自在自然未与人发生实在对象性关系，另一方面则意味着我们除了知道它的存在外，除了说它具有自在性或外在性外，再也无法对它作任何规定，一旦我们能够对它作具体规定，它便由自在变为现实。正是在这两种意义上，马克思才说自在自然是无。"④

上述两种观点基本一致，即承认在马克思哲学视域中，自然是指现

---

① 李文阁：回归现实生活世界［M］，北京：中国社会科学出版社，2002 年版，第 246 - 247 页。

② 李文阁：回归现实生活世界［M］，北京：中国社会科学出版社，2002 年版，第 247 页。

③ 马克思恩格斯文集（第 1 卷）［M］，北京：人民出版社，2009 年版，第 221 - 222 页。

④ 李文阁：回归现实生活世界［M］，北京：中国社会科学出版社，2002 年版，第 248 页。

实的、人的自然界，但同样不否认自然界先于人类历史而存在的意义。

一种比较有代表性的反对观点认为，人们似乎习惯于把自然界区分为人化自然和与之完全不同的非人化自然（天然自然、第一自然、原始自然等）。与此相应，在认识论领域就表现为：前者是进入人的实践和认知活动范围、同主体发生关系的那部分客观存在，后者则是尚未进入人的实践和认知活动范围、尚未同主体发生任何关系的存在。这种观点的持有者认为，人们如此区分自然是毫无实际意义的。因为，所谓非人化自然，或天然自然、第一自然、原始自然，以及尚未成为认识客体的存在，不过是抽象的、与人无关的、对人来说只能是"无"的自然。

这种观点的持有者对马克思之所以把这样的自然界（非人化自然）称为"无"，提供了三个方面的原因。

第一，这样的自然界是想象的，而非现实的。现实的自然界是人的感性活动和实践活动所及的自然界，是人在其中生活、实践和认知的自然界，我们能够切实地认识和了解的自然界。对于处在我们的实践和认知活动范围以外的自然界，以及那里的情形，我们是一无所知的。它只是我们立足于现实自然界的一种想象物，人们可以谈论这种想象的自然界，但他们无法向我们证实，也无法让我们感知。而一旦他们所谈论和想象的东西被证明、被感知，它实际上已进入我们的实践和认知范围，同主体发生了关系，成为现实的自然界，即人化自然。

第二，这样的自然界是抽象的，而非具体的。现实的自然界是千差万别、丰富多彩的。我们可以从各种不同层次、不同侧面说出它的具体特点或特质。而对于非人化自然，我们却说不出任何哪怕稍微具体一点的东西，至多只能笼统地说它是存在的。而这样的存在，不过是对所有现实的存在物的一种抽象罢了。实质上只是存在概念，是毫无具体内容的存在，所以，它实际上也是不存在，是无。

第三，这样的自然界是逻辑的，而非经验的。人类产生以前就存在着的自然界，无疑是非人化自然界。把那时的非人化自然说成"无"，似不易为人所接受。但实际上，这种非人化自然只是科学家对于现实的人化自然的理论回溯，是基于人化自然而做出的逻辑推论；它是一种理论，一种思想，是名为自然界的思想物，因而人们无法靠经验感知它。

作者强调他的这种观点并不代表他否认外部自然界对于人类的优先地位，也无意反对进化论，这里强调的只是问题的另一个侧面，人与自然界的这种区别，只有在人类出现并被看作某种与自然界不同的东西的情况下才有意义。没有人，就不会提出、也不存在人与自然界何者优先的问题。[①]

通过上述的对比，我们发现其实对于这个问题的争议并不关联到本质理解上的异同，只是有的学者强调了"无"的否定的意义，而有的强调了"无"的不可言说性。这并不妨碍对马克思自然观本质的理解，与本文上述得出的结论是相符的。

在本质上，人与自然界的关系意味着一种实践的关系，在物质生产活动即感性实践活动中形成作为现实的个人和作为感性的自然界，因而并无孤立存在的自然界或人。即使承认"外部自然界的优先地位"，也"只有在人被看作某种与自然界不同的东西时才有意义"。对于这一思想，法兰克福学派尤其表现出了丰富而深刻的理解。

霍克海默说："呈现给个体而且个体必须接受和考虑的世界，在其目前的和未来的形式中，都是一般社会实践的产物。我们知觉到的周遭对象——城市、村庄、田野、森林——无不带有人工雕琢的痕迹。人不仅仅在衣着和外貌、外在形式和情感方式方面是历史的产物，甚至人的视听方式也是与经过上万年进化的社会生活过程分不开的。"[②] 在霍克海默看来，我们所面对的一切，包括周围可感知的世界、现存的社会秩序、人的五官感觉甚至人本身都是社会实践的产物，是人类活动的产物，可以说人类的实践活动是整个现存感性世界存在的根据。他的学生施密特更是表现出了对马克思自然观理解上的真知灼见。施密特认为马克思把一切自然存在都看作是被人的劳动加工过的、滤过的社会存在物和社会劳动的产物。马尔库塞在论述自然时，认为真正的自然是"仅涉及进入

---

① 参见王其水："人化自然"新论［J］，求是学刊，1994（1），第15－18页。
② 曹卫东编选：霍克海默集［M］，渠东、付德根译，上海：上海远东出版社，2004年版，第176－177页。

社会再生产的历史过程的自然和成为社会再生产的历史过程的条件的自然"①，而不是与人无关的抽象的自然。哈贝马斯更是指出"我们只能在劳动过程所揭示的历史范围内才能认识自然界；在劳动过程所揭示的历史范围内，人的主观自然和构成人的世界的基础和周围环境的客观自然界是联系在一起的。"② 这一方面说明了只有在劳动过程即感性活动当中，对人和自然界的认识才成为可能，另一方面也说明了在劳动过程当中的人和自然界是交融统一的。

所以，只有在整体地理解了马克思所言的抽象的、与人无涉的自然是无的具体内涵的基础上，我们才更加确信不可回避和悬置人类实践活动视野之外自然的存在，否则，就架空了现实自然生成、拓展的可能性空间。即便是在否定的意义上认识这种自然也是必要和有意义的，至少"自在自然的观念所提示我们的是：（1）生活世界的生成是一个把自在自然不断化为现实自然的无限过程。（2）自在自然观念实际是一种现实观念或现实性思维：我们之所以区分自在自然和现实自然，之所以把自在自然归于抽象和无，正在于说明，人的活动不应从抽象自然出发，而应建立在实在的、现实的基础上，因为抽象的自然只是无，虚无化的无，它不是人可以现实地依赖的东西。"③

（四）现实的人化自然的生成与转化

在马克思哲学视野里，我们所谈论的、所言说的自然界是打上人的烙印、被人的感性实践活动中介了的现实的自然界，即人化的自然界。一个动词"化"字表达了这种自然的运动、变化和生成的过程，这又是一个怎样的生成过程呢？是从有到有，抑或是从无到有呢？马克思为我们动态地理解现实自然的生成提供了理论的根基，他说："人并没有创造物质本身。甚至人创造物质的这种或那种生产能力，也只是在物质本身

① 马尔库塞：理性与革命［M］，程志民等译，重庆：重庆出版社，1993 年版，第 284 页。

② 哈贝马斯：认识与兴趣［M］，郭官义、李黎译，上海：学林出版社，1999 年版，第 29 页。

③ 李文阁：回归现实生活世界［M］，北京：中国社会科学出版社，2002 年版，第 248 页。

预先存在的条件下才能进行。"① 这就是说，人类不是在自然界之外凭空创造出一个人化的自然界，而是在预先存在的对象中建造起人化自然，在预先存在的对象提供材料的基础上来体现和确证主体的本质力量。那么，弄清楚这个预先存在的对象具体指什么，这又是揭示现实自然生成的重要环节。

人化自然是一个相对的概念，它是相对于自在自然而言的，否则就没有必要强调自然的"人化"特征了。另外，人的本质力量所创造并为社会的人所占有的人化自然作为打上人类活动印记的自然界，作为对象世界，其"人化"程度和范围，是随着人类社会实践和认识的发展而不断地加深和扩大的。人化自然的生成从原初意义上来说，它有两个生成的来源或基础，即自在自然和人化自然，表达了从自在自然到人化自然和人化自然到人化自然的生成过程。

站在历史的视角看，被抽象理解的、被固定为与人隔绝的自然界是无，马克思哲学视野中的自然是现实的、历史的、人本学的自然，也即是人化的历史自然。在这种情况下，人化自然就是由人化自然生成的，作为人化自然向纵深发展和拓展的表现，历史的每一阶段都会以一定的物质结果和前提、一定数量的生产力总和为自身条件，人和自然以及人与人之间在历史上形成的关系，都遇到由前一代传给后一代的大量生产力、资金和环境等。诚然如此，自在自然到人化自然的生成同样具有逻辑的合理性。正如有学者指出："从人类活动的立场看，自在自然这一观念不是一个直接来自人类活动自身的具体观念，而是一个抽象的极限观念。当我们从时间和空间上追溯人类活动的范围而达其尽头之时，便有了自在自然这一观念。由于这时已追溯到现实的人类活动的尽头，我们在想象中所面对的便是处于人类活动范围之外而尚未被人类活动把握或规定的原始的自然存在。这种存在对于我们而言就是一混沌的、不可言说的存在，仅因其独立于人类活动的自在性而称之为自在自然。自在自然所标示的就是它独立于人类活动的自在性和由此而来的未规定性。对于自在自然，一方面由于它是人类活动得以进行的前提，我们必须设定

———————

① 马克思恩格斯全集（第2卷）[M]，北京：人民出版社，1957年版，第58页。

其为客观的存在；另一方面，由于其自在性，我们也只能设定它的存在，而不能对它有任何进一步的规定。因为一旦我们能够对它进行规定时，它也就失去了其自在性，而成了我们活动的现实对象。自在自然是我们的活动尚未达到的东西，是我们的有限活动能够无限扩张的可能性空间。"①

既然人类按照自己的需要使自然发生变化，人化自然就意味着人利用和改造客观世界的本质力量的对象化，意味着打上人的印记、在其中融入人的认识和精神的自然。那么，要把握自在自然到人化自然转化的过程，便不能不首先考察人类活动的本质规定。

人类活动的本质是什么呢？有学者认为"人类活动的本质是运用中介赋予不合目的的原始自然或自在自然以合目的的形式，使之转变成为某种样态的人化自然。自在自然是人类活动的前提，而对人现实存在的自然都是各种形态的人化自然。人化自然的样态取决于人类活动的样态。人类活动的样态则取决于人类活动目的（有限的和无限的）与活动中介（实的和象征的）的组合。"②

所以，自在自然向人化自然的转化，必须从人与外部自然的对立开始，从人意识到这种对立开始，也就是说，从人类意识的出现和由此产生一定的觉识开始。因为在人类意识出现之前不存在这种对立，不存在真正的人类和人类活动。这种人与自然的最原始的对立，是全部人类活动的出发点或原点。在这一人类历史的原点上，人与自然界处于一种直接的对立关系之中。人意识到自身的需要以及外部自然界并非直接或完全地合乎它的需要，那么，根据自身的需要使之合乎人的需要就成为了一种发展的目标。一旦人确立了这种目的，为了满足最基本的生存需要，他必须将内在的目的转化为现实的行动，对外部自然有所作为，由此，他便必须面对世界的外在性和限制性。人作为一种源于自然的存在物，

① 陈晏清、王南湜、李淑梅：马克思主义哲学高级教程［M］，天津：南开大学出版社，2001 年版，第 205 – 206 页。

② 陈晏清、王南湜、李淑梅：马克思主义哲学高级教程［M］，天津：南开大学出版社，2001 年版，第 180 页。

虽然在其身上潜藏着自然赐予的种种天赋能力，但是与同样以肢体作为直接的生存工具的其他动物相比是脆弱的。所以面对外在自然的限制，它只有借助于某种工具方能获得对付不合目的性的力量，这种工具将成为连接内在目的与外部自然之间的媒介。中介化为目的转化提供了现实的可能性，这时人便以一种自然力的面貌出现在世界上，与外部自然界相互作用，推动目的进入外部世界，这就是人的劳动过程。这一过程如马克思所描述的那样："首先是人和自然之间的过程，是人以自身的活动来中介、调整和控制人和自然之间的物质变换的过程。人自身作为一种自然力与自然物质相对立。为了在对自身生活有用的形式上占有自然物质，人就使他身上的自然力——臂和腿、头和手运动起来。当他通过这种运动作用于他身外的自然并改变自然时，也就同时改变他自身的自然。他使自身的自然中蕴藏着的潜力发挥出来，并且使这种力的活动受他自己控制。"① 这样，"把目的实现于外部世界，人便建造起了一个合目的的世界。自在自然本身是不合目的的，……人是通过自己的活动才把自在自然做成合目的性的。这一合目的性的自然就是人化的自然。"② 在人以社会性的人出现，以社会性的意识来审视自然时，原始的纯粹自然已不复存在，它的一部分已渗入了人的社会属性，这是人类认识自然和实践地改造自然的过程，是自然被人化的过程。在最初的意义上，人要以纯粹的自然为认识对象和改造对象，自然是人生存和活动的物质场所，同时人化自然作为人类劳动的结果，它在人无限的螺旋上升的劳动过程中又重新作为人类劳动实践的对象和要素，作为人为满足自身需求而再次被改造的前提性基础来出场，这就是人化自然生成的全部过程：由自在自然到人化自然和由人化自然到人化自然。有学者认为经典历史唯物主义理论凸显了自然界的人化问题，但人类历史的自然化方式以及自然界自我转化问题也不容忽视，应当看到只要人类存在着，自然的历史与

① 马克思恩格斯文集（第5卷）[M]，北京：人民出版社，2009年版，第207 - 208页。

② 陈晏清、王南湜、李淑梅：马克思主义哲学高级教程[M]，天津：南开大学出版社，2001年版，第204页。

人类之间始终处于一种相互决定的关系之中，本文认为这种观点也是对自在自然和人化自然转化问题的强调。

二、人与自然关系生成的发源地

（一）人与自然关系的历史考察

自然范畴，是从人的视域对自然的认识和理解，人与自然的关系是自然范畴的核心内容，是研究自然范畴的主线。"人与自然关系是一个在不同时期具体展开和不断丰富的过程，其中人类对自然事物及其规律的认识和对自然事物的实际改变是基本的方面，它深刻影响着人类把握自然界的方式及水平。自然观就是人们对一定社会历史条件下自然界存在状况与变化趋势的自觉意识，是对人与自然关系的理解与描述。……任何一个时代的自然观点，都可以从那个时代的人与自然关系中得到阐释。"① 反过来说，任何时代的人与自然的关系也可以从这一时代的自然观中得到相应的阐释。

纵观人与自然关系演化的历史，西方一种代表性的观点，即柯林武德将欧洲思想史上自然观的发展分为希腊自然观、文艺复兴自然观和现代自然观；在国内一种较有代表性的观点是将前马克思自然观分为古代哲学的有机论自然观、近代机械论自然观、现代有机论自然观的复活。② 在国内，这种对前马克思自然观的历史演变类型还有更为细致的划分，有四阶段说，甚至是五阶段说。比如谢保军在其博士论文《马克思自然观的生态哲学意蕴及其当代意义》中，将前马克思自然观分为人类蒙昧时代的神话自然观、人类古代有机整体自然观、人类中世纪神学宗教自然观和人类近代天人对立的机械自然观。韩民青在《人类的环境：自然与文化》一书中将自然观的历史类型分为原始自然观、古代自然观、中世纪自然观、近代自然观和现代自然观。实际上，上述观点不管是将人

---

① 郇庆治：人与自然关系是自然观研究的主线 [J]，齐鲁学刊，1993（4），第 122 页。

② 参见陈晏清、王南湜、李淑梅：马克思主义哲学高级教程 [M]，第 5 章人化自然的观念第 1 节自然观念的历史演变，天津：南开大学出版社，2001 年版，第 181 页。

类自然观分为三种、四种抑或是五种类型都没有本质的区别，划分这种关系演变的标准都是一样的，即按照这种关系同表现出来的它们的自然次序或历史发展的次序相符合。

我们说马克思自然观是在批判地继承以往一切自然观的基础上，把人与自然的关系纳入感性实践活动的视域，从而科学地解决了人与自然的关系。那么，马克思又是如何划分人与自然关系的历史形态的呢？

马克思和恩格斯在经济学研究中的历史观，始终把特定的生产方式作为分析社会历史的立足点。他说"把经济范畴按它们在历史上起决定作用的先后次序来排列是不行的，错误的。它们的次序倒是由它们在现代资产阶级社会中的相互关系决定的，这种关系同表现出来的它们的自然次序或者符合历史发展的次序恰好相反。问题不在于各种经济关系在不同社会形式的相继更替的序列中在历史上占有什么地位。更不在于它们在'观念上'（在关于历史运动的一个模糊的表象中）的顺序。而在于它们在现代资产阶级社会内部的结构。"① 这种观念用于分析人和自然关系的历史演进也是恰当的。因为"自然界和人的同一性也表现在：人们对自然界的狭隘的关系决定着他们之间的狭隘的关系，而他们之间的狭隘的关系又决定着他们对自然界的狭隘的关系，这正是因为自然界几乎还没有被历史的进程所改变。"②

马克思基于最直接的事实——资本主义生产，将其不断发展着的历史过程了解为人对自然的实践关系。在此基础上，马克思指出，随着人的对象性活动的本质力量的发展，人的周围自然界也不断发展；作为一个历史过程，在生产力发展的不同水平上，人的周围世界也体现出阶段性的发展，具有不同的质的差别，即是否被历史的进程所改变，是否具有真正的历史性和社会性。从科学上追溯人与自然的关系似乎没有质的区别，但是从历史性和社会性角度考察人与自然的关系就有本质区别。"在土地所有制处于支配地位的一切社会形式中，自然联系还占优势。在

---

① 马克思恩格斯文集（第8卷）[M]，北京：人民出版社，2009年版，第32页。
② 马克思恩格斯文集（第1卷）[M]，北京：人民出版社，2009年版，第534页。

资本处于支配地位的社会形式中，社会、历史所创造的因素占优势。"①
这就是说在资本主义社会以前的所有社会形式中，人与自然的关系在其
根本性上还是一种自然属性的关系，而此后，人与自然的关系才具有真
正的历史性、社会性或者实践性。因此，我们从历史性的角度把人与自
然关系的历史形态分为相应的三个阶段："史前时期"的关系形态、资
本主义社会中的关系形态和共产主义社会中的关系形态。

　　第一阶段，"前资本主义时期"的人与自然关系，包括原始的、古
代和亚细亚的、奴隶社会和封建的人与自然的关系。在这一阶段，人与
自然关系的本质建立在自然界过程之上，人的世界实际上还是自然界，
人只有服从自然界才能够生存。"人们同自然界的关系完全像动物同自然
界的关系一样，人们就像牲畜一样慑服于自然界"，人对自然界的意识，
是一种纯粹动物式的意识，"这个开始，同这一阶段的社会生活本身一
样，带有动物的性质"②。人生活所需的劳动产品从自然界中直接获取，
从自然界直接地再生产自己，从而，人作为生产者直接和作为劳动对象
的自然界发生联系。在这种历史条件下人与自然的关系本质上是由自然
界秩序构建的。

　　第二阶段，资本主义社会中的关系形态。直到资本主义社会"才形
成普遍的社会物质变换、全面的关系、多方面的需要以及全面的能力的
体系。"③　一方面，这种状态使得人与自然的关系超越了前资本主义社会
的狭隘性，"创造出社会成员对自然界和社会联系本身的普遍占有"，与
此相比，"一切以前的社会阶段都只表现为人类的地方性发展和对自然的
崇拜。"④　这不但使得人的本质力量更加丰富，而且使人与自然的关系在
全社会的范围内展开。这显然是人与自然关系发展过程中的一种巨大进
步。另一方面，在充分肯定资本主义社会对人与自然关系的发展所具有
的积极意义的同时，马克思和恩格斯也分析了资本主义制度对人与自然

①　马克思恩格斯文集（第8卷）[M]，北京：人民出版社，2009年版，第31页。
②　马克思恩格斯文集（第1卷）[M]，北京：人民出版社，2009年版，第534页。
③　马克思恩格斯文集（第8卷）[M]，北京：人民出版社，2009年版，第52页。
④　马克思恩格斯文集（第8卷）[M]，北京：人民出版社，2009年版，第90页。

关系的发展所具有的消极影响——由异化造成的人与自然关系的疏离、错置和扭曲。"只有在资本主义制度下自然界才真正是人的对象，真正是有用物；它不再被认为是自为的力量；而对自然界的独立规律的理论认识本身不过表现为狡猾，其目的是使自然界（不管是作为消费品，还是作为生产资料）服从于人的需要"①，服从资本家追逐剩余价值的需要。

第三阶段，即共产主义社会中的关系形态。在这一阶段中社会化的人共同占有生产和生活资料，个人的本质力量全面丰富地展开，人成为自由的人，自然也成为具有丰富的人的属性的自然，这就"替我们这个世纪面临的大转变，即人类与自然的和解以及人类本身的和解开辟道路。"② 因此，不但人与人之间的矛盾、而且人与自然之间的矛盾也得到真正解决。

通过对人与自然关系的历史考察，我们看到人与自然的关系也是生成的，从自然性到历史性或社会性的生成，随着人类生产能力、科学技术以及人类认识水平的发展变换，人与自然的关系也呈现出不同的特征，但是只有从历史性的角度把握这一生成过程，才能超越费尔巴哈直观式把握人与自然关系的方式，洞察到我们周围的感性世界是工业和社会状况的产物，是历史的产物。

（二）人与自然关系的本体论阐释：人与自然的对象性统一

近年来的研究表明，人们对人与自然关系本质的认识已大大深化，那种简单地把人与自然的关系等同于认识与被认识、改造与被改造关系的观点已不合时宜。诚然如此，一旦涉及对自然界的认识，人们又会陷入形式上的解释，把认识当作主体和客体之间的一种关系，而没有从马克思最关切的人之生存上理解人与自然的关系。一般地将人与自然的关系等同于主体与客体的关系，是一种以主客对立为前提的考察人与自然方法的运用，而在本体论视域，却不存在这种人与自然的对立。径直地说，人居于自然界之中而存在，人与自然处于一种和谐共生的关系之中。

---

① 马克思恩格斯文集（第8卷）［M］，北京：人民出版社，2009年版，第90－91页。

② 马克思恩格斯文集（第1卷）［M］，北京：人民出版社，2009年版，第63页。

从根本上讲，和谐共生才是人与自然关系的存在方式，因此，从本体论的角度来阐释人与自然关系就有着较为深刻的现实意义。

从哲学的开端起，一切唯物主义都承认自然的客观实在性或世界的物质统一性，即认为自然界处于人的意识之外并先于人而存在。这样，它们将哲学的主题规定为探寻自然界的本质或本源，以便从自然本身说明自然，这种方法在某种范围内是合理的和必要的，尤其对自然科学而言。如恩格斯在评论18世纪上半叶自然科学状况时指出："当时的哲学博得的最高荣誉就是：它没有被同时代的自然知识的狭隘状况引入迷途，它——从斯宾诺莎一直到伟大的法国唯物主义者——坚持从世界本身来说明世界，并把细节的证明留给未来的自然科学"①。

旧唯物主义在人与自然的关系上推崇纯粹的自然，而不懂历史的自然，也不懂自然的历史。它们以二元对立的原则把自然与人的活动分离开来，因此在人与自然的关系上，它们坚持了唯物主义原则又陷入形而上学之境。从康德开始的德国古典哲学实现了人与自然关系重心的转换，同旧唯物主义仅从客体方面把握自然不同，它们从主体方面把握客体，使得那种认为自然界没有历史的观念得以冲破。但以"先验自我""绝对观念"等方式在德国古典哲学中确立的主体，其实质意味着一种抽象的无人身的主体。为这种主体所把握的客体也沦为神秘的东西，无怪乎在青年黑格尔派那里，人与自然的现实问题变成了抽象的实体和自我意识的问题。因此，德国古典唯心主义哲学对人与自然关系的考察，充满了思辨倾向。费尔巴哈对此并不赞同，他置换了人与自然对绝对观念的依附关系，并将之提升为哲学的最高原则，强调人与自然的统一。费尔巴哈恢复了唯物论原则，却遗失了从康德到黑格尔在主体性问题上所取得的成就。就是说，费尔巴哈在使人从神学和唯心主义的观念中成为自然的人时，并没有彻底突破旧唯物主义在人与自然关系上的困境，人的主体的维度和位置并没有得到真正的体现和确立。

如此看来，在考察人与自然关系问题上，存有两种对立的思维方式：一种是把自然当作客体，从自然本身考察自然的原则；一种是否定自然

① 马克思恩格斯文集（第9卷）[M]，北京：人民出版社，2009年版，第413页。

的客观实在性，把自然界作为主体的产物，从抽象主体考察自然的原则。

马克思在《1844 年经济学哲学手稿》中，将自然纳入了人的感性活动范围使之作为人的劳动对象，这种生存本体论视域把人的实践活动或对象性活动予以新的理解，寻找被形而上学遗忘了的关于人与自然的原初关联以破除客体性原则与主体性原则的抽象对立。在马克思看来，实践活动是重新理解人与自然原初关联的钥匙，作为人的本质力量的对象化活动，它不是单向的活动，而是双向的、互为确证人与自然的存在及其关联的活动。它既让自然涌现，同时也让人作为人出场，因此，只有在这种活动中才能看到人与自然关系的本质。

马克思关于人与自然"原初关联"的实质，用海德格尔的话来说就是"在世之在"，或"在世界之中存在"，这是在原初意义上人与自然关系的实质，它与诸如"水在杯子之中"所表达的"在某种确定的处所关系的意义上同某种具有相同存在方式的东西共同相处存在"的意义完全不同。"在世界之中存在"是指一种统一的场域，即"在世界之中"、向来以在世界之中的方式存在着的存在者和"在之中"三者统一的本体论场域，如海德格尔所言："在这些建构环节中摆出任何一项都意味着摆出其它各项，这就是说：各自都是整体现象的寻求。"① "在之中"不是此在可有可无的属性，此在如其所是就是"在之中"，如其所是地在世界之中。世界也是"在世界之中"的一个状态和环节，世界之为世界本身也意味着生存论—本体论环节，世界在生存本体论上是此在本身的一种性质。

如若用马克思的术语表达"此在"在世的本体论建构，"此在"就是从事感性实践活动的现实的人，"世界"就是现实的、被人的感性实践活动"滤过"的自然界，"在之中"就是在感性实践活动之中、在现实的、被人的感性活动中介过的自然界之中。从本体论上看，现实的人、感性实践活动及现实的自然界处于原初的统一整体之中：现实的自然界是确证现实的人的存在的本质规定，而现实的个人之所以有这一本质规

---

① 海德格尔：存在与时间［M］，陈嘉映、王庆节译，北京：生活·读书·新知三联书店，2006 年版，第 62 页。

定，是由于他的存在方式——感性实践活动即对象性活动。这就从根本上表明了马克思的生存本体论立场，现实的个人"依寓"于周围自然界，"居而寓于""活动于"周围世界是人的一种存在机制，倘若摆出现实的人，也就意味着摆出了现实的自然界和现实的感性实践活动，三者统一于生存本体论视域中。只是，马克思这一人与自然关系的生存本体论思想，是通过人的存在方式——对象性活动来表达和揭示的，现实的人与自然在对象性活动之中达到了生存本体论统一。

第三节　自然和人的生成结构

一、生成性——马克思本体论视野中"存在"的主要特征

（一）西方传统哲学本体论对"生成"问题的遗忘

在本体论发展中，存在与存在者总是存在着斩不断的联系，存在与存在者的不同关系，直接呼应存在的属性：生成与否。

"存在就是存在者"，整个西方传统哲学在这种理念下演化出了一部本体论历史：存在及其相关问题被遗忘的历史。这种"遗忘"主要表现在三个方面：

首先，"存在"被遗忘，它直接表现为"存在就是存在者"，或误认"存在者"为"存在"。

在最初对"存在"的思索中，古希腊哲学家赫拉克利特与巴门尼德被称为"一对相反的孪生子"[①]。赫拉克利特说"我们踏进又踏不进同一条河流，我们存在又不存在。"而巴门尼德却断言"存在永远是同一的，居留在自身之内，并且永远固定在同一个地方"，是"连续的一"。对同一对象"存在"的追问，两位先哲得出如此相对立的论断。然而，赫拉克利特并不是总与巴门尼德相反地强调绝对运动与生成的哲学家，他也思考了"存在"（是）的另一面，认为存在是"一团永恒的活火"，是

---

① 威廉·魏施德：通向哲学的后楼梯［M］，李文潮译，沈阳：辽宁教育出版社，1998 年版，第 13 页。

"一"。这样，赫拉克利特便令人惊异地与巴门尼德站在了一起。如此看来，赫拉克利特与巴门尼德同是存在的代言人，一个通过感性物质世界的元素"活火"通达了"存在"，一个则通过从感性世界万事万物共同具有的属性中抽出了"存在"，可以看出，在两位先哲那里，存在都是存在者的存在。两人关于存在的思想奠基了本体论学说的大厦。

然后，柏拉图首先偏离了前人指明的存在之路，遮蔽了存在。不管是其前期关于感性事物分有理念，抑或是后期感性事物与理念绝缘，理念都不再是一个"一"（是），而是多个"一"，是"多"，是对"一"的否定，柏拉图由此迈出了遗忘"存在"的第一步。古希腊哲学的集大成者亚里士多德的第一"实体"（ousa）即关于最高存在者的学说，将赫拉克利特与巴门尼德的"存在"加强演变了。在亚里士多德那里，ousia被列为十范畴之首，被认为是其他范畴的载体或基质，即"是的东西"，而且是根本的或基本的"是的东西"。这与海德格尔批判西方哲学本体论遗忘"存在"的观点是一致的，即将存在当成了存在者，将存在者的存在当成了最高的实体。这种倾向发展到极端就是中世纪神学世界观中的"上帝"观念，意味着赫拉克利特和巴门尼德的"存在"概念彻底被遗忘了，此种倾向至少被延续到上帝化身的"绝对精神"——毫无规定性的存在者。

其次，感性世界被遗忘。希腊哲学伊始，"水是万物的始基"，就表现为在感性世界中追问和探寻宇宙的起源。赫拉克利特传承了这种秉性，在"一切皆流，无物常驻"的现实世界的过眼云烟里，窥视现实存在的真谛："世界是一团永恒的活火"，"对立造成和谐"。他透过变动不居的表象，看到了"美妙的和谐"（"存在"和"一"）。而巴门尼德面对变幻莫测的感性世界，发出了"存在存在着"的惊叹，认为在感性世界中无法寻得真正的存在，"谁要寻找真正的存在，就不能单纯停留在包围着我们的现实之中，不能死守暂时性的事物，而必须看到永恒的、位于现实存在之上的这个唯一的真实的存在。"① 即便如此，我们仍可以看到他

---

① 威廉·魏施德：通向哲学的后楼梯［M］，李文潮译，沈阳：辽宁教育出版社，1998年版，第17页。

所言存在与现实的联系，但是，巴门尼德首次表现了对存在进行超拔，对感性世界进行悬置，他的这一思想及其举措"开辟了哲学中形而上学的先河，对后来的整个哲学的发展产生了重大影响。"①

此后的柏拉图，对巴门尼德将世界二重化为感性世界与存在世界并认为真理关注的是后者的思想很是认同，而且比巴门尼德走得更远。他完全抛弃了与感性世界的联系，将理念推入了绝对超验和抽象的深渊。"自柏拉图以来，更确切地说，自晚期希腊和基督教对柏拉图哲学的解释以来，这一超感性领域就被当作真实的和真正现实的世界了。与之相区别，感性世界只不过是尘世的、易变的、因而是完全表面的、非现实的世界。"②

最后，生成被遗忘，存在与存在者是既定的、完成的"是其所是"。

黑格尔称赞赫拉克利特将哲学的开端推向了完美，是不为过的，至少从本体论上说是如此。在赫拉克利特那里，存在是感性世界存在者的存在，同时，他考察世界与存在的思维方式也是生成的，存在是生成的存在。赫拉克利特与巴门尼德同为存在的代言人，但在考察存在的思维方式上表现出了分歧。赫拉克利特认为感性世界的存在者是变动不居的，"一切皆流，无物常驻"，一切都是未了然，一切都是去其所是。同样，他也将生成纳入到存在（是）之中，"'万物之中产生统一，统一产生万物。'所有的变化之中，总有个单一的东西被表现出来。……单一'位于不断的变化之中'。单一是一个统一体，它在富有生命力地发展自己，同时又将发展变化重新收回到自己本身之中。"③ 巴门尼德虽然也看到了感性世界的生成性，却把时间性的生成剔除出了存在本身，存在"既非曾是，亦非将是"而是永恒的当下即是其所是。巴门尼德对时间性的生成的遗忘，对后来的形而上学影响很大，自此，整个西方传统形而上学

---

① 威廉·魏施德：通向哲学的后楼梯［M］，李文潮译，沈阳：辽宁教育出版社，1998 年版，第 16 - 17 页。

② 海德格尔：尼采的话"上帝死了"［M］，载于孙周兴选编：海德格尔选集（下卷）［M］，上海：上海三联书店，1996 年版，第 770 - 771 页。

③ 威廉·魏施德：通向哲学的后楼梯［M］，李文潮译，沈阳：辽宁教育出版社，1998 年版，第 20 页。

就处于了一种无时间性、无生成、无运动变化的状态中，即使有运动、生成和变化，亦非时间性的，不过是纯逻辑的、抽象的概念推演而已。

上述三者的遗忘，可以说表征着整个西方传统本体论演变的趋向，它们不是完全不同的三个问题，而是一个问题的三个方面，其中存在着内在关联，每一个方面的被遗忘，必然导致其他两个方面在本体论上被遮蔽，铸就出恒定的、超验的、"是什么"的虚幻王国。

（二）海德格尔解构本体论历史

存在与存在者之关系表现为：存在要么是存在者，要么不是存在者。这不仅是存在与存在者的两种关系，也是本体论演进的两条路径。海德格尔曾明言整个西方形而上哲学史就是一部存在物与存在相混淆而遗忘存在的历史。当它思维存在时，实则只是把存在当作存在者、当作存在物来思想；相反，当它指的是整个存在者或存在物时，谈的却是存在。就像海德格尔在《形而上学导论》中所揭示的，"形而上学从存在者出发又归结到存在者上去。形而上学不是从存在出发进入存在的敞开境界之可问处去。因为'存在'的含义与概念都有最高的普遍性，'形—而上—学'（Meta-physik）作为起较近的规定作用的'形学'（physik）就再也高不上去了。于是它只有这条路可走：撇开普遍者而归附特殊的存在者。这样一来，'存在'的概念之空洞也被填满了，也就是由存在者来填满的。"① 海德格尔在此解释了形而上学因无法进入存在的澄明之境而将存在归结为存在者的奇特历史遭遇。于是海德格尔不无嘲弄地指出："存在根本不是存在者，也根本不是存在者的组成部分"②，"'存在'这个词在其每一变异形中对其所指说的存在本身发生的关系，根本不同于语言中其他一切名词和动词对其所指说的存在者发生的关系。"③ 这是一种思入哲学历史深处后而定下的判断，也是其解构本体论历史所要走的

① 孙周兴选编：海德格尔选集（上卷）［M］，上海：三联书店，1996年版，第523页。

② 孙周兴选编：海德格尔选集（上卷）［M］，上海：三联书店，1996年版，第525页。

③ 孙周兴选编：海德格尔选集（上卷）［M］，上海：三联书店，1996年版，第526页。

路径。

不是存在者，不是某种类似于存在者的东西，那么，存在是什么？海德格尔认为：存在是最普遍的概念，其普遍性超乎一切族类上的普遍性；存在是不可定义、不可言说的，任何言说和定义存在"是什么"之举，都有将存在再次落入存在者之窠臼的可能性。因此，海德格尔提出就连"存在是什么？"的提法，都是亟须透视与澄明的。存在不是"是什么？"（被问及的东西），存在应该"如何是？"（问之何所问），亦即存在的意义。海德格尔这种对存在追问方式的转变具有重要意义，把哲学的基本问题从长期以来对宇宙起源问题的研究转变为对存在的意义的侦讯，开辟了现代西方哲学思想的蹊径。

可是，"存在又总意味着存在者的存在"①，离开存在者，存在什么都不是。因此，海德格尔又认为"就要从存在者身上来逼问出它的存在来"②。海德格尔的"基础本体论"，首先将存在理解为人的存在，把人理解为存在得以涌现的场所和境遇，人就是通往存在的后楼梯。存在，只能由此在（"就是我们自己向来所是的存在者，就是除了其它可能的存在方式以外还能够对存在发问的存在者"③）在历史性的"在世"关系中追问。海德格尔虽然强调说这种对存在与存在者关系的论证并非循环论证，说存在的意义正是如此得以澄明的。但是，这却少不了神秘的色彩。

这里，应该明白的是：存在不是现成性的、固化的实体，而是活的、液化的自我涌现和澄明；人也不是实体的人，而是其"在世"的生存活动和过程的展开状态，这就是说，人作为此在存在者之所以存在的那个存在即是：去是它的是，去生成它的是；世界也不是现成的对象化客体，而是此在的一种存在性质；非此在的存在者也不是"当下给定的"纯粹

---

① 海德格尔：存在与时间［M］，陈嘉映、王庆节译，北京：生活·读书·新知三联书店，2006年版，第8页。

② 海德格尔：存在与时间［M］，陈嘉映、王庆节译，北京：生活·读书·新知三联书店，2006年版，第8页。

③ 海德格尔：存在与时间［M］，陈嘉映、王庆节译，北京：生活·读书·新知三联书店，2006年版，第9页。

的物，而是此在"在世"操劳活动中上到手头来照面的用具，它唯有在与此在的照面或打交道活动中才能如其所是地显现出来。这一切只是因为海德格尔将时间性的生成纳入了"基础本体论"，时间性构成人的内在核心，将人敞开在他去"是其所是"的各种可能性之中。

我们可以看出，海德格尔重提"存在"问题，从历史的遗忘中不仅找回了存在，也拯救了现实世界和时间性生成。"存在"的确不同于僵化的实体存在（存在者），存在本身是动态的、发生的，在一定意义上，存在就是生成。海德格尔本体论的确是从解构传统本体论历史中站出来了，但如此将其哲学建构本身视作革命的内容来接受终究过于盲从。这至少体现在以下两个方面：其一，对"存在"，海德格尔体现出了不能说而欲说的专横性；其二，存在与存在者二者关系的含糊性。海德格尔一面强调存在具有超越一切存在者的普遍性，一面认为存在总是某种存在者的存在，存在者尤其是此在存在者是通达存在的登高楼梯。可是，对于海德格尔而言，否定、打碎和超越存在者才是"存在"存在的理由，这就使海德格尔陷入了登高后而抽梯的困境。可以说海德格尔的这种困境具有历史的渊源，表现在哲学开端处赫拉克利特与巴门尼德这对追问"存在"的孪生子的貌似神异，这个要解构本体论历史的巨人，一脚站在赫拉克利特的肩上说着"存在是存在者的存在"，一脚站在巴门尼德的肩上说着"存在是超越一切族类普遍性的存在"。如此，海德格尔走起路来的困难是可想而知的，最终他还是对此作出了抉择，结局如同阿多诺对他的评价："存在超越了存在物，但存在物又原封不动地被掩盖在存在中。"① 这样，也可以说，在海德格尔那里迎回了存在，复又遮蔽和遗失了承载存在的存在者。那么，生成的存在，就成了"纯粹"的存在，存在的生成也就成了"纯粹"的生成。

（三）马克思对"存在"及其生成特征的理解

在海德格尔的眼里，是他颠覆了整个西方哲学对存在进行"是什么？"的追问方式，又是他独辟蹊径地将此追问转移到"怎么是""如何

---

① 阿多诺：否定的辩证法［M］，张峰译，重庆：重庆出版社，1993 年版，第74 页。

是"的思路上。即使是马克思，也不过是他将之作为传统形而上学的完成者加以颠覆的对象之一，那么，事情果真如此吗，马克思是怎样看待"存在"这个问题的呢？

首先，在马克思哲学中存在类似于海德格尔式的思考"存在"的生成性思维。这种追问"存在"的思维方式，同样不再现成地追问"存在""是什么"，而问存在"如何是"和"怎样是"，在生成性的思维视野中，"存在"都是未完成的、尚未"是其所是"，一切都是处于生成的运动中，处于历史发展的进程中。马克思哲学对"存在"的这种动词性或生成性理解主要体现在对人的"对象性活动"或"感性活动'实践'"的理解上；或者说，它的根本的立论基石就是人的感性的实践活动，生成（becoming）就是指人的生成活动（practicing），这同时也是社会化和世界历史的生成过程。马克思在批判那种既定地、完成性地追问"存在"的起源"是什么"的问题时，明确指出："地球的形成、生成是一个过程"，"整个所谓世界历史不外是人通过人的劳动而诞生的过程，是自然界对人来说的生成过程"[①]。

但是，马克思并不关注海德格尔式的作为被思索的对象和"存在"本身，马克思也不单纯以时空方式思索存在问题，马克思所理解的存在不是抽象的、神秘的、不可言说的存在，而是历史—现实的存在。其现实性主要体现在：第一，存在是指人的存在，而人的存在就是其现实生活过程，是人的感性活动；第二，存在是指现实的自然存在，是在人类历史活动中即在人类社会产生过程中形成的自然界；第三，存在是指社会存在，是在人类感性实践活动中结成的社会共同体。这就是说，马克思所言"存在"，是现实的存在，是指现实的人的存在、现实的自然的存在和现实的社会存在的统一，对存在追问的答案可以通过对存在者——现实的人、自然和社会的理解中获得。在人的视野范围之外，"存在甚至完全是一个悬而未决的问题"[②]。这是一种全新的追问存在的思想路向，它超越了传统本体论者到与人无涉的世界去寻找人和万物存在的原

---

① 马克思恩格斯文集（第1卷）[M]，北京：人民出版社，2009年版，第196页。

② 马克思恩格斯文集（第9卷）[M]，北京：人民出版社，2009年版，第47页。

因及根据的抽象道路，而将追问"存在"的视域从"天上"投向了"人间"，投注到人的存在上。因而，马克思总是把存在者、对象及其关系放在人的连续不断的、具有超越性的感性活动中去理解它们的生成与存在。整个世界历史，不外是人通过人的实践活动而诞生的过程，是自然界对人说来的生成过程。

人的感性活动的过程性、运动性和生成性内涵消解了传统哲学完成性地将存在理解为"是其所是"的思维，打碎了旧形而上学追寻超感性的、范畴演绎的"本体论"迷思，它使任何追求普遍的、既定的"是什么"的哲学成为一种虚妄。在人的感性实践活动中，根本无法找到一种能逻辑地支撑起一个普遍的理论的东西，于是，马克思就以其独特的感性活动生存本体论原则将忘却的存在、现实世界和生成（to be 或 becoming）从传统本体论中真正地解救出来了。

二、自然与人彼此生成的过程

对象性的活动或人的感性活动，确证了人与自然的存在，那么，它们是如何存在或存在的状态怎样，同样是对自然范畴本体论解读不可或缺的内容。

与知识论路向将自然理解为本质先定的僵死的物质堆，与人二元劈分的非历史之抽象物不同，在马克思那里从不把人与自然形而上学地、僵死地看成是一成不变的东西，"我们在马克思的全部著作里，找不到有什么地方把相关的思想用绝对化的方式加以公式化，"① 诚如恩格斯对"思想的非公式集合体"所言，自然范畴也不应被视作僵死地被固定化的诸事物的复合，或一成不变的事物的集合体，而应被视作过程的集合体，人与自然不仅存在着，而且生成地存在着。所谓生成，在黑格尔那里是个典型的思辨用语，表征着辩证法的意蕴，主要指绝对精神历经逻辑的、概念的演化而向自身复归的一种动态的过程，而推动过程能动发展的内驱力就是绝对精神。马克思无疑继承了黑格尔关于生成的能动性、

---

① A·施密特：马克思的自然概念［M］，欧力同、吴仲昉译，北京：商务印书馆，1988 年版，第 115 页。

发展性和过程性观点，将生成看作是一个进程当中既定的存在突破自身
而成为另一种形式的态势，这形式既保存又转化了原初的实在。但是，
马克思同时强调，生成的动因并非源于绝对精神这一神秘力量，而是源
于人的劳动、人的感性活动即实践，整个世界历史不外是人通过人的劳动
而诞生的过程，是自然界对人来说的生成过程，在这一过程中，无论是劳
动的材料还是作为主体的人，都既是劳动的结果，又是劳动的出发点。诚
然，黑格尔也讲劳动并抓住了劳动的本质，把劳动看作是外化的人的自为
的生成，但是，黑格尔唯一知道并承认的劳动是抽象的精神的劳动。

人与自然生成地存在着，而且进行着交互生成的活动，即自然向人
的生成和人向自然的生成。马克思说全部人类历史的第一个前提是有生
命的个人的存在，第一个需要确认的事实是这些个人的肉体组织以及由
此产生的个人以其他自然为基础而生产满足自己需要的生活资料的活动。
那么，在最初的层次上，人就靠自然界生活，不仅要把自然界作为科学
的和艺术的对象，而且要将其作为人的直接的生活资料；不仅要将自然
界作为人的无机的身体，而且要将其作为人的精神的无机界和人的精神
食粮。但是，超出最初的界限，自然界就存有缺陷了，它无法直接地满
足人全部的需要，而只能为人更深层次的生存和发展提供某种可能性。
为了使自然界提供的可能性成为现实，人不仅按照自己所属的那个种的
尺度创造对象世界、改造无机界，再生产整个自然界，而且还按照任何
一个种的尺度、按照美的规律来构造自然界。通过这种生产和构造，自
然界才表现为人的作品和人的现实，表现为"感性存在的另一个人"及
"人本身"，正是这种在人类历史中，即在人类社会的形成与生产中生成
的自然界，才是人的现实的自然界。

当人参与在自然中对自然进行把握和塑造使之向人生成之时，人自
身亦因着这种参与和构造而成就了自身的人格塑造。马克思说，人通过
"所处的自然环境的变化，促使他们自己的需要、能力、劳动资料和劳动
方式趋于多样化"。总之，"人的感觉、感觉的人性，都是由于它的对象
的存在，由于人化的自然界，才产生出来的"①，甚至连人的智力也是按

---

① 马克思恩格斯文集（第 1 卷）[M]，北京：人民出版社，2009 年版，第 191 页。

照人如何改变自然界而发展起来的。

可以看出，人与自然双方透过把握与塑造而进行相互转化和生成、彼此建构与互相塑造的运动过程。在本质上，人的对象世界和整个自然界的历史也意味着人的历史。"人并不是在自然界之中，而自然界也不是人由于自己的本性而必须首先进入的外部世界。人就是自然界。自然界是人的'表现'，'他的创造物和他的现实性'。在人的历史中，我们无论在哪里遇到自然界，自然界就是'人的自然'，而同时，人对他自己来说也总是'人的自然界'。"① 在此意义上，马克思所言"历史本身是自然史的即自然界生成为人这一过程的一个现实部分"及"历史是人的真正的自然史"的命题就不再难理解了。而且，这里所说的"自然史"，"不是宇宙进化论，以及地球进化这样层面的自然界的历史，而是被当成'自然史'—'所谓自然科学'。——马克思、恩格斯完全没有按照将自然界与人类（自然界与历史）截然分开的近代哲学方式去理解存在。"② 正如施密特所言：人与自然的生成过程，决不是在自然的自身进化的意义上理解的运动，而是人的感性实践活动的历史过程。在这样的情况下，自然界的抽象就无法持守了，人的现实的自然界只有在人的现实的活动基础上才能被创造出来，费尔巴哈的那种"开天辟地以来就直接存在的、始终如一的东西"，先于人类历史而存在的那个自然界，不是费尔巴哈生活于其中的自然界；这是除去在澳洲新出现的一些珊瑚岛以外的今天，在任何地方都不再存在的、因而对于费尔巴哈来说也是不存在的自然界。

三、自然向人的生成

"自然向人的生成"，这个命题出自马克思《1844 年经济学哲学手稿》一文。

马克思说："整个所谓世界历史不外是人通过人的劳动而诞生的过

---

① 复旦大学哲学系现代西方哲学研究室编译：西方学者论《一八四四年经济学—哲学手稿》［C］，上海：复旦大学出版社，1983 年版，第 108 – 109 页。

② 广松涉：物象化论的构图［M］，彭曦、庄倩译，南京：南京大学出版社，2002 年版，第 3 页。

程，是自然界对人来说的生成过程"①。"历史本身是自然史的一个现实部分，即自然界生成为人这一过程的一个现实部分"②。

上述两句文本在含义上差异甚微地表达了"自然向人生成""自然界生成为人"，即其生成运动的"向人"趋向，以及"自然和人彼此生成过程"。也就是说，自然向人的生成，是人与自然双方在实践活动中互为生成的一个方面——自然人化的过程，正如施密特所言"马克思在'巴黎手稿'中，把劳动看成是自然的人化这一进步过程，而这个过程同人的自然化过程则是相一致的。"③

对于这一过程的把握，学者提出了不同的理解视角。施密特主张从"物质变化"的角度来理解这一过程，他认为马克思是使用"物质变换"这一概念来定义一般劳动过程，以便确切地论述自然与人、与社会相互渗透的状况。劳动首先是人与自然之间的过程，是人以自身的活动来中介、调整和控制人与自然之间的物质变换的过程，作为人与自然之间的物质变换，其内容就是"自然被人化、人被自然化"④。

在《马克思主义实践观新探》中，聂世明提出了"实践的双向转化规律"，认为，"社会实践是在主体和客体之间发生的主体客体化和客体主体化方向相反的双向转化运动。主体客体化和客体主体化双向转化，既是主体—客体功能关系的实质内容，也是实践的运动规律。"⑤ 主体客体化是指实践活动中的主体能动地作用于实践对象，通过实践使人的本质力量转化为对象物。客体主体化或客体非对象化，意味着客体失去对象化的形式，转化为主体生命结构的因素或主体本质力量的因素而失去客观对象的存在形式，即成为主体之一部分。主体客体化和客体主体化

---

① 马克思恩格斯文集（第1卷）[M]，北京：人民出版社，2009年版，第196页。

② 马克思恩格斯文集（第1卷）[M]，北京：人民出版社，2009年版，第194页。

③ A. 施密特：马克思的自然概念 [M]，欧力同、吴仲昉译，北京：商务印书馆，1988年版，第75页。

④ A. 施密特：马克思的自然概念 [M]，欧力同、吴仲昉译，北京：商务印书馆，1988年版，第77页。

⑤ 聂世明：马克思主义实践观新探 [M]，北京：当代中国出版社，1994年版，第242页。

是人们实践活动的两个不可分割的重要方面，在主体和客体的相互作用下，二者相互渗透、双向转化。实际上，"实践的双向转化规律"是以主客体话语方式对实践活动规律的表达，揭示了实践活动中人与实践对象之间的对象化与非对象化的对立统一和双向转化。尽管仍然是在主客二元分立的思维框架之内，但也充分体现了自然向人生成的运动过程。

诚然，上述两种观点也从人的劳动或实践过程来理解人与自然的关系，比起唯心主义或旧唯物主义有着极大的进步，但是，它们只是在认识论上理解实践，因而也就无法摆脱主客二元对立思维方式的纠缠。马克思对人的实践活动的理解不仅具有本体论的意义，而且最先具有此种意义，任何从认识论角度对实践活动的把握都是建立在此种活动的本体论意蕴基础上并因而与之不可分割地联系在一起的，因此，"自然向人的生成"作为实践活动展开的一个现实的过程，就需首先从本体论层面加以揭示。

实践活动作为人与自然原初关联的展现，自然向人的生成则是这一展现过程的一个现实部分，在本体论上，它抛弃了诸如主体—客体、人—自然界的抽象二元对立，反对将实践思辨地理解为主体人对客体自然的无限改造、征服和占有，人作为实践活动的主体性存在，直接与自然界的存在内在统一，这样的生存本体论领会就必须具有一个对对象性活动的本体论理解的基础。据此，对人的存在与自然界存在应被纳入同一的理论视野。

（一）自然向人生成的实质：人化自然

"自然向人的生成"揭示了自然在动态过程中与人的本体论关系，及其"向人"的生成意向，当然，这一过程也可以说成是"自然的人化"过程，自然向人生成或自然人化的结果就是人化自然。人作为对象性存在物必须以自然界为对象表现和确证自己的本质和存在，这不仅因为自然界是人类生存的物质基础，更因为它还是表现和确证人的本质力量所不可缺少的、重要的对象。人把自己的本质对象化给自然界，即人按照自己的需要、目的和追求去规定自然界的展现方式，把自己的内在尺度运用于对象，从而使自然界成为"人化的自然界"。

关于"人化的自然界"，马克思是在《巴黎手稿》中论述人的感觉与其对象的统一出场和呈现时提出的，马克思强调：不仅五官感觉，而且所有精神感觉、实践感觉，总之，人的感觉、感觉的人性，都只是由于它的对象的存在，由于人化的自然界，才产生出来的。正如马克思的其他理论是在批判地继承前人思想的基础上建立起来的一样，"人化的自然界"也有其深厚的理论渊源。它在康德之处萌发，受到黑格尔激发，马克思正是在扬弃性地阐发前人理论的基础上，才逐步形成其在自然观上的一个重要的理论成果。

康德在《纯粹理性批判》中提出自然作为存在，"它指的仅仅是一般物存在的各种特定的合乎法则性"①，它在现象界中不能被人的感官直接感知，但是，由于它的影响作用于人的感性而得到的表象使人知道它确实存在，康德将它称为物自体。可见，物自体既是被设定了的、不以人的意志为转移而又作用于人的感官使人感知到其存在的存在。这就是说，物自体不仅不是与人无关的物，而且直接作用于人的感知，并通过主体的能动性将之转化为现象界中的人的对象：在现象界，人不仅可以认识自然而且为自然立法。康德批判思想中，物自体与人的关系以及现象界人为自然立法的思想，为黑格尔和马克思形成"人化的自然"理论提供了观念的启示和准备了理论素材。

在黑格尔看来，康德的学说的确是一个出发点。当康德陷入人与自然界对立的困境时，黑格尔实现了二者在绝对精神中的统一，并对康德哲学中自然向人生成的理论端倪做了进一步的阐发。黑格尔在《法哲学原理》中，以思辨的方式对人化自然理论作了初步的表达。在那里，外部自然界最初以物的形式来展现精神的面貌，为精神的自由实现提供物质场所，黑格尔将自然视为精神表演场地和舞台的思想在他的其他著作中也多有表现，这种体现人、主体与外部自然界关联性的"人化的自然"之理论在其《美学》中得到了更为明确和具体的阐述。黑格尔认为："有生命的个体一方面固然离开身外实在界而独立，另一方面却把外在世界变成为它自己而存在的：它达到这个目的，一部分是通过认识

① 康德：未来形而上学导论［M］，庞景仁译，北京：商务印书馆，1997 年版，第 60 页。

……一部分是通过实践"①。因此，"人把他的环境人化了，他显出那环境可以使他得到满足，对他不能保持任何独立自在的力量。只有通过这种实现了的活动，人在他的环境里才成为对自己是现实的"②。这里体现出了一种辩证的、自然与人和谐融为一体的人化自然理论，马克思对黑格尔的这一思想给予了高度评价，并对此作出了批判性的继承，从而在本体论立场上，从现实的人的感性实践活动出发阐发了一种崭新的人化自然的理论。有学者对这一思想高度评价说：《1844年经济学哲学手稿》中的"'自然人化'或'人化自然'就是马克思对现实自然界的基本特征所作的哲学概括。围绕着'自然人化'所展开的思想表明，这是对现实自然界的空前深刻的理解，是马克思主义的'历史自然观'开始形成的基本标志，也是马克思开始走上辩证唯物主义与历史唯物主义道路的重要标志。"③

不过，也有学者对马克思人化自然这一思想持有异议，认为它是带有费尔巴哈成分的概念，况且，从唯物主义的立场和原则出发，自然界作为不以人的主观想法甚至是不以人自身的存在而存在的存在物，具有客观、独立、自在的特性，它不可能依赖于人、为了人而存在，更不可能成为确证人的个性的存在物。④

此种观点，首先，没有看到对象性与对象化活动的本质区别，马克思早在《1844年经济学哲学手稿》中就澄清了"对象性的存在物进行对象性的活动"这一命题的本体论意蕴，这与费尔巴哈的观点具有本质原则性的区别。其次，没能领会"非对象性的存在物是非存在物"的真意。本体论的问题的澄清，使上述观念涉及的问题和弊端显露无遗。

---

① 黑格尔：美学（第1卷）[M]，朱光潜译，北京：商务印书馆，1996年版，第159页。

② 黑格尔：美学（第1卷）[M]，朱光潜译，北京：商务印书馆，1996年版，第326页。

③ 马列文论研究（第八集）[C]，北京：中国人民大学出版社，1987年版，第139页。

④ 参见汤龙发：异化和哲学美学问题——巴黎《手稿》新探[M]，长沙：湖南人民出版社，1988年版，第39页。

事实上，"人化的自然"理论是马克思《1844 年经济学哲学手稿》中的思想，这已是无可否认的事实。在《1844 年经济学哲学手稿》中，不但有"人化的自然界"，还有诸如"人的现实的自然界""人类学的自然界""在人类社会的生产过程中形成的自然界"等与之相似的表述，并且还有"人的本质的对象化""人的本质力量的现实性""人的对象化的本质力量"等相似的思想。"人化的自然"，虽源于德国古典哲学，但是，马克思在本体论上赋予它新的内涵，因为马克思已把"人化的自然"理论置于坚实的物质生产实践的基础之上。这里的人已不是抽象的人，而是现实的、社会的人，这里的自然也不是孤立的、与人割裂的自然，而是人周围的自然界。在人与自然之间，劳动实践起着必然的中介作用。

在本体论基础上，人、对象化活动、人化自然本然地涌现在一个场域，人化自然就是人的本质力量的主体性体现，确证人的现实的存在；相应地，现实的人的存在，就寓于人化自然之中，人只有在人化自然中才能作为人而存在，在人化自然中才能理解人的存在。在原初的意义上，现实的人，就意味着现实的人的活动及人化自然的呈现在场；现实的人的活动的涌现，也意味着现实的人与人化自然的在场。同样对于人化自然的理解也是如此，三者处于整体的在场之中。所以，人化自然才是现实的自然界，是人的对象化存在，与人处于对象性关系之中。人化自然之外的自然，在本体论上，我们确定其存在，但它是一个虚设的问题，意味着一个追问的极限和认识的界限。因此，对于人化自然，我们首要地应该把握它的本体论含义，而不是认识论含义，更不能舍弃本体论意义而直指认识论意义。因为，认识论是以本体论为基础的，甚至连"认识"也要首先获得本体论的含义。在认识论上，人化自然则是人的意识在将对象化活动这一生存运动作为认识和反思的对象时才取得的对它的直观把握（所谓直观，这里主要指人的认识或思维的滞后性，具体说来，认识或思维无法一下子展现人的生存运动的涌现，它需要将本是在同一场面照面的存在分层分步地概念化、逻辑化来展示，因此，离开本体论的认识论是容易走向概念化的），因此，对于人化自然，本体论上的理解就具有首要的意义。

然而，面对"人化自然"命题，在更多理解者眼中，一般说来，总是被指向其认识论意义。

在认识论上，人化自然就是指被人的实践活动打上了印记的那部分自然界，这一点是公认的。

然而，一些研究者正是根据这一理解，将目前只能观测不能改造的自然视为人化自然以外的世界。有种观点就认为，在自然界逐渐被人认识的过程中，就自然界仅仅被人认识到而言，只是人的认识发生了变化，自然界本身并未因此而发生任何变化，因此人化自然仅指被人的实践活动打上了印记的那部分自然界。这种观点认为，"按照自然界仅仅被人认识到了这件事的本来面目来进行理论概括，只能提出'人认识到的自然界'这个概念，或简称之为人识自然。把仅仅被人认识到的自然界概括为'人化自然'，不仅是言过其实，实在是无中生有"。所以，"人化自然决不是指仅仅被人认识到的自然界，"而是"在人的积极干预下发生巨大变化而形成的"自然界。而且这种观点认为马克思所言的"人化自然"，非但"不可能是由于自然界仅仅被人感觉到、观测到、认识到就产生出来，恰恰相反，人的（而非动物的）丰富的（而非原始贫乏的）感觉能力、观测能力和认识能力，乃是由于在改变自然界的过程中，由于人化自然的形成而产生出来的……在这种理论背景下，把仅仅被人认识到的自然界概括为'人化自然'，只会造成极大的逻辑混乱。"[①]

事实上，更多的学者认为，人化自然的概念应并不是一个单一层面的范畴，除了上述对人化自然观点的辩驳之外。还有观点认为，作为与自在自然相对的概念，人化自然是在不同程度上、以不同形式与人发生不同关联的自然。不可否认，实践改造过的自然是人化自然的最重要的内容，但不是唯一和全部内容，人化自然同时也涵盖了被人认识到的自然。从整体上看，无论人化自然的内容多么丰富，都可以把它分为被人的实践活动实际地改造过的自然和与人的意识活动发生联系或作用的自然，即"实践化自然"和"意识化自然"。常识告诉我们，自在自然自

---

① 罗长海：试论误用的"人化自然"与虚假的"人的自然化"[J]，哲学动态，1991（4），第 26 – 27 页。

身的自然物理形态并不直接依赖人的意识活动就改变。但是，自然物理形态的变化并不是变化的唯一形式。从辩证的观点看来，关系的变化与形态的变化一样，也是客观事物的变化形式。所以，应该说，被人认识到的自然界，虽然其物理形态没有改变，但是其与人的关系却因人认识到它而发生了改变。

本书认为，将人化自然看作在外延上不仅指"在人的积极干预下发生巨大变化而形成的"那部分自然界，同时也包括人的观测手段所及从而被认识到的那部分自然界，即"意识化自然"这一观点是比较全面的。马克思在论述人和自然的对象性关系时提出：人的本质对象化依照理论和实践两种形式，无论从理论方面，还是从实践方面来说，人的本质对象化都是一种本然的现象，人化自然也包含两层含义。

因此，从实践方面来说，人化自然，就是被人的物质实践活动改造过的、从而作为人的生活活动和生产活动对象的自然界。自然界"是人的产业劳动的产物，是转化为人的意志驾驭自然界的器官或者说在自然界实现人的意志的器官的自然物质。它们是人的手创造出来的人脑的器官；是对象化的知识力量。"① 从理论方面来说，人化自然是指作为人的认识能力和审美能力对象的自然，故而，理论形态的人化自然又可分化为认知的人化自然和审美的人化自然。这些人化自然虽然没有改变物质形态，但其与人的关系却发生了变化，已成为人的"精神生活的资料"。正如马克思所说："从理论领域来说，植物、动物、石头、空气、光等等，一方面作为自然科学的对象，一方面作为艺术的对象，都是人的意识的一部分，是人的精神的无机界，是人必须事先进行加工以便享用和消化的精神食粮。"②

所以，无论是理论形态还是实践形态，"人化自然"都应被视作人的本质力量对自然界的外化，即在自然界中的显现和确立。因而，对于人化自然的把握，既不能仅从实践角度考察而遗忘理论层面，亦不能只重视理论层面的人化自然而遗忘实践层面，应从实践和理论两个层面来

---

① 马克思恩格斯文集（第8卷）［M］，北京：人民出版社，2009年版，第198页。
② 马克思恩格斯文集（第1卷）［M］，北京：人民出版社，2009年版，第161页。

观察，"这既是两种不同方式的对象化，又是两种不同程度的对象化，因为人总是首先通过对自然界的观念掌握，进而发展到实践掌握，使观念对象化转变为实在对象化。"① 只有从认知、实践和审美三种形式统一的基础上把握人化自然，人化自然才能作为丰富而有生机的统一体而成为人的无机的机体。

由于"自然"是个集合概念，一般地说，它被分为外部自然和内部自然，人自身之外的自然界被视作外部自然，而内部自然就是指人自身。那么，这是否意味着人化自然也可以分为外在自然的人化和人的人化呢？对于外部自然的人化问题，学界尚无争议，而对人是否也被人化则存有两种观点。

一种观点认为人化自然包括人的人化。李泽厚在《美感谈》中谈到"自然的人化"的美学问题时，认为，"人化的自然有两个方面，一个方面是外在自然，即山河大地的'人化'，是指人类通过劳动直接或间接地改造自然的整个历史成果，主要指自然与人在客观关系上发生了改变。另方面是内在自然的人化，是指人本身的情感、需要、感知以至器官的人化，这也就是人性的塑造。"② 当然，持这种观点的学者不只有李泽厚先生一人，在这里不再赘述，仅举其代表性一例。

相反的观点则认为内在自然的人化在逻辑上无法自圆其说。这种观点认为，所谓内在自然的人化，实际上是说人本身从自然界提升出来，由动物变成人。人出现了，固然，他的躯体、感官、欲望、需要等也随之成为人的，不再仅仅是动物的。某种动物变成人，固然意味着自然界的一部分成为人，但这谈不上什么"人化"，更谈不上什么"化"。自然界的人化，是指与人相对立或在人之外的自然的人化，它以人的出现以及人与自然的区别为前提。也就是说，人的出现只是自然人化的前提，而不是人化的含义。所以"内在自然的人化"这种提法在逻辑上很难自

---

① 傅诗济：对象性关系与人化自然［J］，现代哲学，1994（2），第 81－82 页。

② 李泽厚：李泽厚哲学美学文选［M］，长沙：湖南人民出版社，1985 年版，第 384 页。

圆其说，是不恰当的。^①

笔者认为内在自然的人化不仅合理，而且它本身就是人的社会化的生成，是人的社会性的生成。马克思认为人不仅是自然存在物，更重要的是社会存在物；内在自然的人化，就体现了人向社会存在物的生成趋向。

同时，我们也应看到，人化自然作为为人的存在，是人类不断地改造自然界的确证，是人类自身不断获得解放的阶梯。它作为自然界向人生成这一过程的体现，表征着人类本质力量的不断扩展，人的主体性的不断完善，也表征着人与自然这一对象性关系的不断深化与扩展。所以，人化自然不是劳动产品的凝固物，它不断处于变动之中、生长之中、扩展之中、深化之中，人化自然复又与实践劳动形成新的对象性关系，也就是主体与人化自然的新的关系，这种关系在活劳动中不断延伸。所以，人化自然随着人的实践能力的发展和科技的更新，会表现出人化程度不断深化的趋势。

对于马克思的人化自然观，西方马克思主义理论家也表现出了丰富的见解。在弗洛姆看来，"人通过工业生产而对自然进行控制，使自己摆脱了受血缘、土地束缚的心理状态，他使自然人化，同时使自身自然化。"^② 马尔库塞认为，"人就是自然界。自然界是人的'表现'，'他的创造物和他的现实性'。在人的历史中，我们无论在哪里遇到自然界，自然界就是'人的自然'。"^③ 施密特认为人化的自然是由劳动创造和中介过的产品，是劳动加工和改造自然物质而构成的使用价值的世界，它是以未被人加工过的"第一自然"为基础的"第二自然"。作为"包括着劳动主体与客体的物质世界"，它与"第一自然"是非"同质"的。^④

可以看出，西方马克思主义者在理解马克思的人化自然观念时，把

---

① 参见王其水："人化自然"新论［J］，求是学刊，1994（1），第 16－18 页。

② 弗洛姆：健全的社会［M］，欧阳谦译，北京：中国文联出版公司，1988 年版，第 56 页。

③ 复旦大学哲学系现代西方哲学研究室编译：西方学者论《一八四四年经济学—哲学手稿》［C］，上海：复旦大学出版社，1983 年版，第 108－109 页。

④ A. 施密特：马克思的自然概念［M］，欧力同、吴仲昉译，北京：商务印书馆，1988 年版，第 72－73 页。

握住了人化自然的实质：我们周围的感性自然一定是由于人的生存实践而打上主体活动印记，尤其是被劳动中介的一种非自在自然，因而不能离开人的实践去理解自然，这一点无疑是符合马克思一贯坚持的"对对象、现实、感性""当作感性的人的活动，当作实践去理解"的原则，然而，他们并没有看到，马克思虽然强调人化自然，但并没有由此消解或吞并自在自然的"优先地位"。

（二）自然生成为人

1. 自然界生成为人意味着什么。

人不仅是对象性的存在物，更是对象化的存在物，他要将自己的目的、意图、本质和性质对象化到其对象的身上。这种对象化活动是人独有的，因为只有人才可以将自己的类活动作为自己反思的对象，所以，置身于对象性活动之中创造对象世界便是人生存本体论建构的基本特征。不可否认，被人创造出来的对象世界，必定是经过人的感性活动"过滤"和"赋形"的自然界，是彰显着人的本质与特性的属人的自然界。它是人类的"作品"，其中凝结着人的实践智慧和精神性的情感和意志的痕迹，这就是自然界对人说来的生成过程，或曰自然界生成为人的过程。在其中，不存在预定的、完成性的东西，一切都是生成性的、变动不居的、生生不息的。但是，这种生成全然不像"德里达所描绘的'痕迹'的不断产生同时又被涂抹的语言意义的生成过程，而是一个确定性与非确定性相统一的过程：一方面，生成是非预定的、创造的，是永无止境的；另一方面，它又是确定的，这表现在：（1）生成虽然是无限的，但每一特定时代的生成却是有限的，特定历史条件总是制约着生成所可能达到的水平；（2）生成虽是创造，是对已有东西的否定的超越，但它同时是继承，是一个积累的、叠加的过程：旧有的东西不仅是限制，而且是新的创造所必须依赖的基础；（3）生成虽然是非预定的，但生成却也不是没有指向，生成的受动性或历史条件就规定着生成的可能范围和方向。"① 可以说，"自然界生成为人"的向"人"的趋向就是对这一

---

① 李文阁：回归现实生活世界 ［M］，北京：中国社会科学出版社，2002 年版，第 233 - 234 页。

生成过程的客观反映。

那么，在这一复杂的动变过程中，自然界生成为人意味着什么呢？

首先，自然界生成为人意味着自然界成为人的"无机的身体"或说成为人的感性存在着的他在。在马克思看来，我们周围的自然界是不断经过人的感性活动生产和创造的自然界，是人化的自然界。"一当有了人的劳动、人的对象性活动或人的实践，原初的自然界的底布上就开始涂上了人的意志、目的或价值的线条和色彩；自然界在通过人的活动获得它养育了何等伟大的生命力的确证时，它本身也同时成为直观人的本质力量的画卷"①。只有在此境地，自然界才是人的无机的身体，是人的感性，是另一个感性地存在着的人，由此来说自然界的人的本质才不至于空谈。所以，马克思才会说历史本身是自然史的，即自然界生成为人这一过程的一个现实部分，这时，对自然的考察，就是对人的考察，对人的考察也就是对人的他在——自然的考察。对人说来，感性的自然界直接地就是人的感性，直接地就是对他说来感性地存在着的另一个人；因为他自己的感性，只有通过另一个人才能对他说来作为人的感性而存在着。

其次，它意味着全面发展的、与自然和谐相处的真正的人的生成。

"人双重地存在着：从主体上说作为他自身而存在着，从客体上说又存在于自己生存的这些自然无机条件之中。"② 也就是说，人有两种自然，即自身的自然及人身外的自然。我们周围的自然生成为人，并非对象真的成为现实的人本身，而是从其属人的特质而言，它的存在就意味着感性的人的存在，它的特性展示和反映着人的本质，这是比较易于接受的；就人自身的自然而言，它在人的感性活动中自我诞生、自我发展和完善，由纯粹动物性的、生物性的人生成为社会性的人，也就是说，在人的历史中考察人，这也是比较容易理解和接受的。但是，我们却疏于在同一过程（自然生成为人）中将二者（人身外的自然和人自身的自

---

① 黄克剑：人韵：一种对马克思的读解 [M]，北京：东方出版社，1996 年版，第 339 页。

② 马克思恩格斯文集（第 8 卷）[M]，北京：人民出版社，2009 年版，第 142 页。

然）联系起来考察，其实它们的生成并非两个不同的过程，而是同一过程的两个方面。

有学者认为"与作为人的存在对象的自然有着某种微妙配称关系的是人的肉体自然。正像直接扑向人的外部自然对象并不就是人的真正的存在对象一样，纯粹生物学意义的人的肉体感官也不就是人的真正的感官。人在以对象化为底蕴的实践活动中使外部自然人化的同时也使自身的自然人化着……"① 这就是说，外部自然界的人化与人自身的发展或者说人自身的人化是协调发展的。实践被了解为因着人的活动而发生的外部自然的改变，同时，也被了解为因着外部自然同人的肉体感官以至精神感觉、实践感觉的配称而发生的人的自我的改变，不仅五官感觉，而且所谓的精神感觉、实践感觉，即人的感觉，感觉的人性，都只是由于它的对象的存在，由于人化的自然界，才产生出来的。所以说，环境的改变和人的活动或自我改变是一致的，正是在这种活动中，人自身才逐渐形成并臻于完善。

生成的人，必然是自由的人，自由是生成的应有之义，人之生成的最终目标就是自由而全面发展的人。在马克思看来，自然界向人的生成并不是一个后来被置入的现象，但在人从自然界生成为人之后，这个过程就不再是假设的而成为了自然界和人的关系的现实，人对自然界的实践历程，使得自然界整体生态运动产生了一个同人的全面发展相适应且不能抛弃人与自然的密切交融介入关系的规定和趋向。

再者，自然界生成为人，意味着人与自然交融关系的生成。这主要体现在：一方面，人不再孤立地、单独地存在，它总是处于特定的周围世界之中，与这个世界不可分割地关联在一起，在原初的意义上，人与其生存于其中的人化世界同时出现、同时展开，二者浑然一体；另一方面，自然界，总是人化的自然界，是体现和确证着人的本质的自然界，先于人类存在和尚未纳入人的感性活动视线的自然界存在着，但不是人生存于其中的自然界，因而对人说来是无。

---

① 黄克剑：人韵：一种对马克思的读解［M］，北京：东方出版社，1996年版，第274－275页。

2. "自然向人生成"或"自然生成为人"与人类中心主义及生态学问题的纠葛与对话。

自然向人生成的目标趋向归根到底是为了人、生成人。如马克思所言：整个历史不外是自然界生成为人的一个现实的部分。对于生成的向人趋向，李文阁先生认为，整个生活世界（其实这里的生活世界，也就是马克思所言的我们周围的感性世界，即人化的自然界）的生成，就其本质来看是一个人之需要丰富和对象化力量增强的过程，生活世界的发展本质上都是或意味着人的发展，而这样一个发展过程最终所指向的则是无限广阔的生活世界与富有、完整和全面发展的人。即是说，生活世界或人的生成就是向着这个"富有的人"① 的趋近。在这一无限丰富的生成过程中，"精力充沛的人类以自己为中心改造着自然并使自然也变成人类。人类以自然界为对象创造着自然，把自己变成自然界而又把自然界变成人类。"② 也许，正因为对"自然向人生成"这一否定性的"终极"目标及"终极"的人文关怀命意无法真正理解，致使马克思总是与所谓的"人类中心主义者"和"反生态者"的"罪名"沾染在一起。

这里摆出人类中心主义和非人类中心主义的主张、观点及其特征，对于澄明问题是必要的。

自人类进入文明社会以后，随着人类自身的进步和发展，关于人类

---

① 整个历史，或生活世界，或我们周围的世界，生成的"终极"目标就是向"富有"而"全面发展"的人逼近，这里生成目标的设定与生成的变动和非预定属性是不矛盾的。正如研究者李文阁所言："马克思所说的全面的人只是生活世界的逻辑至高点，只是人类的最高理想目标，但却非人类历史的终点。因为，全面即是圆满、大全，它是一个理论上可以设想，但在现实中却永远也不存在的东西，……现实中的一切总是片面的。所以，把全面的人作为生活世界的终点既不是本质主义的预定，它不会消融人的创造性，因为它只是人生成的方向。人们虽然知道它的存在，它却并没有为生成设置任何限制和界限，它只是生活世界和人永恒趋近却又无法达致的终极目标。在这种意义上，它毋宁是一个纯粹的否定，是一种动力，不断否定、消解现实中已达到的'全面'，将其贬为片面，促使其走向新的水平……这样的终点其实是人的终极关怀，是一种信念和生活支撑，是价值和意义之源。"（李文阁：《回归现实生活世界》，第 234－235 页）也正是在这个意义上，人才永远走在途中。

② 复旦大学哲学系现代西方哲学研究室编译：西方学者论《一八四四年经济学—哲学手稿》[C]，上海：复旦大学出版社，1983 年版，第 167 页。

与自然的关系问题，从古至今，所有观点都可以归结为以下两类：非人类中心主义（主要表现为自然主义）和人类中心主义。自然主义者主张，自然是人类之母，神圣不可侵犯，自然界起初是作为一种有无限威力和不可制服的力量与人对立着，人类同自然的关系完全像动物同自然界的关系一样慑服于自然界，人类要绝对服从和崇拜自然，在前资本主义社会，这种观点一直占据主导地位。即使在今天，非人类中心主义者仍坚持这样认为，要求消解人类的主体地位，主张动物、生物应该和人一样具有同等的权利。

作为一种专制的理念，人类中心主义没有意识到在人类生存和发展的需要之外还有什么应当作为人类认识和实践活动的普遍尺度和最高原则，它把人类的存在看作无可超越的中心。在这种态度支配下，自然界被对象化为一个客体的生存资料的源地，人被视作从自然之中站立起来的伟大的征服者和改造者。

表面上看，人类中心主义和非人类中心主义持有相反倾向，但两种观点都表现出了片面性。前者只看到了人类与自然同一、联系的一面，而没看到人类与自然界不同的一面；后者正好相反，只看到了人类与自然不同、对立的一面，而没有看到二者相互联系的一面。

但是，马克思自然向人生成的理论非但不是人类中心主义学说，而且超越了人类中心主义和生态中心主义等任一中心主义学说。

其一，马克思在强调自然向人生成的同时，并没有否定自然的优先性，"自然的优先性地位仍然保持着"，人的生成是以自然的存在与生成为前提和依托的，没有自然界的存在，人作为对象性的存在物，就是非存在物。既然人的本质、目的和意义的对象化实现只能在以自然界为对象的对象性关系中，那么，这种实现必得表现为以尊重和顺应自然为前提；同样，缺少了人的存在，自然界不过表现为物质堆而已。

其二，自然向人生成揭示了整个世界由自发运动到自觉实践生成的变化序列，它把自然的辩证运动与历史的辩证运动衔接起来了，达到了对世界整体而动态的把握，肯定了世界运动的开放性和生成趋势。

其三，在本体论上，"自然向人的生成"呈现了人、自然与实践活动的原初关联，在实践活动的链条上，自然不仅得以出场，人也得以澄明和涌现。实践可以说是自然向人生成的场所和动力，在这一过程中呈现出多重的相互关联与统一：人的主体性力量处于能动与受动的制衡之中，人的主体性既无过分地张扬，亦无受到绝对的压制；人的感性活力与理性秩序达到了和谐统一，直接表现为自然主义与人道主义统一的文化境地；自然生成的向"人"趋向，致使人既是目的又是手段或工具，在自然向人的生成过程中，人不仅创造和完善了自身，也再生产了整个自然界，这是一个过程的两个方面，人在创造、完善和全面发展之时，也全面解放了自然。

除此之外，马克思学说还与新兴问题——生态学问题一时不可摆脱地纠结在一起，这也许正是马克思学说富有当代性与生命力的有力体现。

詹姆斯·奥康纳在《自然的理由》一书中，对马克思学说与生态学问题的纠结作出了总结性的概括：一位批判马克思主义的学者说，"生态学者是非人类中心主义的；而马克思……不喜欢自然界"。其他批评家对马克思和恩格斯在生态学问题上的人类中心主义观点及其审视角度也产生了质疑和反驳。奥康纳认为这样的指责并不妥当。事实上，马克思在关于社会的观点中包含有人类不再异化于自然界，人类对自然界的利用不再建立在资本积累逻辑的基础上，而是一方面以个人和社会的需要，另一方面以我们今天所谓的生态学的理性生产力为直接基础的思想。但是，奥康纳同时指出：马克思的观点中的确不包含把自然界指认为生产力，指认为终极目的的所谓生态社会的思想。有人说马克思的思想中缺乏对人与自然界之相互联系、差异性和相互依存的关注，奥康纳则评价说这种指责只有一半合适：一方面，马克思十分关注把总体上的劳动力生产过程和具体的商品生产过程统一起来的"生态规则性"的过程；另一方面，他的关注涉及了当时的一些重要的生态问题，如农业中土地的质量和数量问题。

还有一些歪曲性的观点宣称，马克思强烈地维护和显示了人类中心主义观念，因为他竟然连自然界（与人类劳动结合在一起）是物质财富之源的观点都否定了。对于这样较为否定性的观点，奥康纳则又站在为马克思主义理论家辩护的角度指出："在马克思、恩格斯和其他的马克思主义理论家那里，尽管的确存在着上述所论及的以及其他的一些理论空场，但在他们的视域中，人类历史和自然界的历史无疑是处在一种辩证的相互作用关系之中的；他们认知到了资本主义的反生态本质，意识到了建构一种能够清楚地阐明交换价值和使用价值的矛盾关系的理论的必要性；至少可以说，他们具备了一种潜在的生态学社会主义的理论视域。"①

与奥康纳对马克思的思想既赞扬又抱有遗憾的态度不同，当代美国著名马克思生态学家约翰·贝拉米·福斯特则认为，由于一直非常熟悉马克思的著作，所以可以说马克思著作中从来不乏生态意识。而且他指出："虽然指责马克思缺少生态意识已有很长的历史，但是，经过数十年的争论，现在已经十分清楚的则是这种观点与论据完全不相符合。"相反，"马克思……在现代资产阶级生态意识诞生之前，就已经开始指责对自然的掠夺行为"。因此，"许多对马克思即使是最苛刻的批评者最近都不得不承认，马克思的著作中包含着大量值得注意的生态思想。"②

福斯特还总结了现在对马克思加以指责的六个相连的论据：第一，反映马克思著作中的生态观点和主体内容之间缺乏明确的系统性的联系；第二，后期著作则较少涉及见诸早期异化批判的马克思生态思想；第三，马克思最终没有解决对自然的掠夺问题，而是采取了一种"普罗米修斯主义的"（支持技术的、反生态的）观点；第四，资本主义的技术和经济进步对生态限制的解除使生产者联合起来的物质极大丰富的条件得以奠立；第五，由于对自然科学或者技术对环境的反制不感兴趣，致使其缺乏解决生态问题的自然科学基础；第六，马克思被视为宣扬"人优于动物"的"物种主义者"。针对这些对马克思的批评，福斯特认为这是对马克思的误解，"许多批评都是将马克思与马克思本人所批评的其他社会主义理论家相混淆。"③ 于是，他凭借萨特给马克思的评价对这些误解

---

① 詹姆斯·奥康纳：自然的理由［M］，唐正东、臧佩洪译，南京：南京大学出版社，2003 年版，第 6 页。

② 约翰·贝拉米·福斯特：马克思的生态学：唯物主义与自然［M］，刘仁胜、肖峰译，北京：高等教育出版社，2006 年版，第 11 页。

③ 约翰·贝拉米·福斯特：马克思的生态学：唯物主义与自然［M］，刘仁胜、肖峰译，北京：高等教育出版社，2006 年版，第 12 页。

作出总结性的概括：某种反马克思主义的观点只是某种前马克思主义思想的明显复苏。

3. 人与自然的关系交织着人与人的关系。

人的对象性生命活动使得人与自然的对象性关系获得现实性，但却不能将之视为人同自然之间的一种物物交换。实践活动，它不仅创造物质产品，处理和解决人与自然的关系，它还创造精神产品，生产人与人之间的社会关系。在实践中形成的社会关系同实践一起决定着人的存在和人的本质。实践活动与人的关系互为前提：人与人之间的关系在人的实践活动中形成，又是实践活动的前提和条件，作为人类共同的活动，生产实践总是结成一定的关系，它不是任何孤立的、与世隔绝的个人的实践活动，人的存在总是与他人在活动中共在，人与他物的关系仅对社会的人才意味着充分的现实性。如此，与人的他物世界相对应的便不是个体，而是群体。所以人与自然的关系总是离不开人与人的关系，人与自然的关系必须从人与人或人与社会的关系中确立。一如马克思所言，人的"生命的生产，无论是通过劳动而生产自己的生命，还是通过生育而生产他人的生命，就立即表现为双重关系：一方面是自然关系，另一方面是社会关系。"① 事实上，当我们把人看作既是受动又是能动的自然存在物，去考察他的需求及为满足需求所进行的生产时，我们所考察的人已经超出了自然存在物的界限；同样，当我们把自然作为人的存在对象，去揭示这一对象的人化过程时，我们所发现的自然，也已经不再是纯粹作为人的感性对象的自然。发生在同一实践中的人的对象化和自然的人化，同时意味着人对自然和人对人的关系。就是说，人同自然界的关系直接地包含着人与人之间的关系，反之亦然。

我们发现，人类在实践活动中，形成了相互中介和渗透的人与自然以及人与人的关系，两种关系相互适应在实践中达成共时性的同构关系。马克思一再强调人这种同构的相互制约的属性。例如，人与人的关系意味着人对自然的改造活动，即生产实践的那种关系，后者也制约人与自然的关系。只有通过人与人的社会关系，才能发生人与自然的关系。"为

---

① 马克思恩格斯文集（第 1 卷）[M]，北京：人民出版社，2009 年版，第 532 页。

了进行生产，人们相互之间便发生一定的联系和关系；只有在这些社会联系和社会关系的范围内，才会有他们对自然界的影响，才会有生产。"① 而且"人们对自然界的狭隘关系决定着他们之间的狭隘的关系，而他们之间的狭隘的关系又决定着他们对自然界的狭隘的关系。"② 因此，人同自然界的关系直接就是人与人的关系，而人与人的关系直接也就是人同自然的关系。

四、人之存在：生成中的筹划

当自然界生成为人，意味着对自然的考察，就是对人的考察，对人的考察也就是对人的他在——自然的考察。如马克思所言：工业的历史和工业的历史性地产生的对象性的存在，意味着一本打开了人的本质力量的书，意味着感性的人的心理学。那么，对这样一种自然的考察，实际上也就是对人的存在及其历史的探索，而对人的探索也必须借助于对此种自然对象的考察。实际上，人的感性的本质力量在关于自然本质的科学中才能达到自我认识，在自然对象中才能得到客观的现实性。马克思对自然和人的考察，避免了二元分离的思维模式，实现了二者在感性实践活动过程中历时态与共时态的双重统一。马克思既不再像朴素或机械唯物主义那样以自然去驾驭和慑服人，也不是以人类中心主义的态势去征服和统驭自然，更不再将二者统一于抽象，而是借助于人的感性实践活动实现二者的真正统一。

马克思对人及其本质的理解，基于人的感性实践活动视域，"实践作为人类特有的生命活动，作为人类自我生成、自我发展、自我超越的活生生的社会活动，为我们理解人本身的存在、人的本质等重大问题提供了全真的地平线，人的存在、人的本质只有在实践地平线上才能得以展开和实现。"③ 在马克思看来，实践活动就是人的存在，人的根本就在于

① 马克思恩格斯文集（第1卷）[M]，北京：人民出版社，2009年版，第724页。
② 马克思恩格斯文集（第1卷）[M]，北京：人民出版社，2009年版，第534页。
③ 干成俊：马克思哲学本体论及其当代意义 [M]，合肥：安徽人民出版社，2006年版，第56页。

人的生存。这就是说，人作为生存着的、去呈现的存在者，其本质并不是一成不变的，而是在人的感性活动中不断生成的："个人怎样表现自己的生命，他们自己就是怎样。因此，他们是什么样的，这同他们的生产是一致的——既和他们生产什么一致，又和他们怎样生产一致"①，"整个所谓世界历史不外是人通过人的劳动而诞生的过程。"② 可见，马克思哲学对人的理解超越了传统哲学知识论构架，已经深入到本体论的层面。

纵观历史，对"人是什么"及"人的本质"的追问与求解注定是一项没有确定答案的不断求索的过程，出于一种生成和尚未的状况使人具备不断自我超越的属性。人在自我觉解或自我意识的基础上对自己的存在产生自我认识的诸多解释。人对他自身的存在的探究，使其不断审视自身生存状况和存在意义。当然，人对自身生存的觉解并不意味着是对人自身和作为人存在这一事实有了确切的认识和理解，人自身具有的生成性与超越性决定了人的自我理解的过程永远不会完结，永远只能在途中。因此，关于人是什么或人的本质的追问只能成为哲学的一个永恒的"斯芬克斯之谜"式话题。所以，我们才会看到哲学史上哲学家们基于其各自的理论视域或时代背景对人作出的不同界定：人是什么？是"二足无毛的动物"，是"天生的政治动物"，是"有理性的、有自我意识的存在"，是"制造和使用工具的动物"，是"会使用语言符号的动物"，如此等等，不一而足。但其核心问题则是对人或其本质在预设完备的前提下再对其作出确定的描述。

事实上，对于人是什么及人的本质的问题，在本质上要诉诸那种揭示出人之为人的本体论基础。企图靠简单枚举的方式去罗列人的本质的复杂性特征显然并不能揭示人的本质特点。实质上，它仍然是传统知识论思维方式的结果，这种思维方式企图寻求普遍必然的逻辑性、不可言说的言说性、明确的可分析性。表现在本体论意义上，它是以追求超验、永恒、终极的本体存在为目的，是一种抽象且僵化的思维方式。在这种思维方式下，一切都成了与时间性和历史性无缘的现成性的存在，都是

---

① 马克思恩格斯文集（第1卷）[M]，北京：人民出版社，2009 年版，第 520 页。
② 马克思恩格斯文集（第1卷）[M]，北京：人民出版社，2009 年版，第 196 页。

"是其所是"的"什么"，其实在这里，正如马克思所言，要证明的东西已经默默地包含在前提里面了。"人是什么"这一问题本身已潜在地预设了其所可能获得的确定的"是其所是"。所以，当以这种思维方式追问人时，人就被固定化、僵死化和现成化了，是把人当作现成存在和完成物这种意义上的存在者加以领会。所以说，"传统哲学无论对人的规定有何不同，都是将他和其它存在者一样视为现成的东西，无论是称他为主体，灵魂，自我，还是别的什么。"①

可见，知识论路向使得人的本质与人自身存在脱离，它没有将人的本质视为人之存在的内在的、共在的事物。而真正要认识人，正如有学者理解的那样："除了去了解人的生活和行为之外，就没有什么其它途径了"②；要认识人，"首先在于怎样去看人、怎样去规定人的本性，而不在于把人看成什么。这个问题不解决，就不可能把人看成'人'，只会把人当做物去认识"。③

因此，要直面并阐释人及其本质，就必须超越传统哲学的知识论范式，马克思在辩证地吸收黑格尔和费尔巴哈理论的基础上，将人之生存的现实实践活动和历史性生存作为出发点。在马克思看来，只有实践活动才是人之真正的存在方式，在人的实践活动中，人成为一种实践存在物，实践构成人的整体性本质。因此要破解人之真正本质就必须立足于人的现实实践，感性的实践活动以及由此产生的人的其他活动是理解人本身的存在和规定性、理解人的世界、理解人何以会成为现在这个样子、理解人的变易运动和进化发展的基础，是打开人的自我认识之谜的钥匙。可见，马克思是在一种本体论的视域下来理解实践的，这样的实践表明：人在创造自己需要的生活资料过程中，一方面创造了人的对象世界，即生存的世界，另一方面把自己创造为人，目的性地创造人的生存价值；正是如此，在它之内并通过它，人真正成为符合人的本性的人，在某种

① 张汝伦：思考与批判［M］，上海：上海三联书店，1999 年版，第 417 - 418 页。
② 卡西尔：人论［M］，甘阳译，上海：上海译文出版社，1985 年版，第 16 页。
③ 高清海、胡海波、贺来：人的"类生命"与"类哲学"——走向未来的当代哲学精神［M］，长春：吉林人民出版社，1998 年版，第 201 页

意义上人在这种活动中要成为什么样的人，是由自己决定的。这样理解实践，也就使得实践相对于人之本质的生成来说更具有原初性和本源性的本体论基础意义。在实践活动中，一方面人改造作为活动客体的外部世界；另一方面也改造作为活动主体的人自身。在这一活动中，人在对待、开发、改变、塑造外部自然界的同时，也成就了自身；人不仅再生产了自然界，也创造改变和再生产了自身；人在原初的意义上是自然界，人在实践活动中就是一个不断脱离并从自然界中提升出来进而不断完善其自身的过程。这就是说，实践活动就是人之生成与筹划的原初境遇，人只有通过人的实践活动的展现才能确证自己的存在，确证自己作为具有自我觉解意识的存在者，这种确证过程本身也就是人本质实现的生成和存在过程：人不是一种既成性存在，而是一种生成性存在；不是一种完成性存在，而是一种向未的过程性存在。人的本质毋宁说就是人自身，是人感性的现实的实践活动的展现。因此，只有着眼于人的本质的整个生成过程本身，才能相对完全准确地揭示、呈现人的"本真状态"。从此意义上也可以说只要人生活着，人的本质就处在一种被塑造的历史性、未完成性和向未性之中。

第四节　自然生成的本质显现

马克思哲学的革命性变革，颠覆了传统哲学形态，随之也改变了与之一致的思维方式。传统哲学思维方式最根本的特征就在于它以"某物是什么？"或"什么是某物？"这种典型的知识论的提问方式来追问存在问题。在此思维框架下，存在者被固定化、凝固化为现成的"是其所是"，其质是既定的、设定完备的，即有某物必有某质，反之亦然。因此，传统哲学形态及其思维方式追问的是"是什么"，而"是"本身并不重要。马克思哲学的思维方式则与之不同，它立足本体论视域，将事物、现象和本质都纳入到人的感性实践活动过程中、从活动的、过程的、生成的敞开界面来追问存在者的存在状态，这是一种生成性的思维方式，在这种思维方式下，存在者拥有无限的生成可能性，即在敞开的状态中去生成其所是，用英语表达就是 to be，to be 的宾语可以是任何可能的东西，它处于一种"尚未"的状态。

因此，自然作为马克思哲学中的基础概念，它是一种生成的、未完成的存在，对于这样的存在，若采用非历史的固执于知识论抽象概括的思维方式追问，最终也无法确证"什么"；若将其以现实的、历史的、具体的方式，即马克思所开创的实践唯物主义方式考察自然就会敞开一番新的景象。在人的对象性活动或实践活动中，没有什么是一劳永逸地给定的，无论是人还是自然，主体还是客体，都是在实践过程中不断生成的。

在生成性的思维方式下，自然，处于一种可能性的敞开状态中，但它不会走向知识论之自然范畴的极端而虚无化，"生成"不是纯粹的变易，生成性并不消解确定性、可能性，也不吞噬现实性，生成的过程是一个确定性与非确定性、可能性与现实性、创造与继承相统一的过程，这也是马克思生成性思维方式中"生成"的特征，这种特征当然是根源于人的感性实践活动，或者说是与人的存在状态及生存方式——感性实践活动相一致的。正是因为"马克思发现了实践的自悖性与自否性，也只有把实践作为自悖谬性才使马克思发现了一个道理，追求普遍真理的哲学是不可能的，社会生活中根本就没有一种东西能够逻辑地依托起一个普遍理论，把哲学建立在一个自洽、无所不包的范畴之上总是靠不住的，因为实践、生活首先是一种自悖谬、自否定。"① 与之同理，哲学也不可能在虚无和绝对的变易之中立身，正如马克思所言："在我们这个时代，每一种事物好像都包含有自己的反面"②，每种事物都只能存在于正反两面的统一体之中。所以，自然虽然作为一种生成的存在，处于敞开的可能性与"尚未"状态中，它既具有生成的依托，又具有生成的可能范围与指向。故此站在生存本体论的生成性思维方式下，把握自然的本质才成为可能。

---

① 叶汝贤、孙麾主编：马克思与我们同行 [C]，北京：中国社会科学出版社，2003 年版，第 71 页。

② 马克思恩格斯文集（第 2 卷）[M]，北京：人民出版社，2009 年版，第 580 页。

一、社会和历史：自然本质向度的总指向

正如施密特所言，自然的社会—历史性一开始就是使马克思自然观与其他自然观区别开来的标志。在施密特看来，社会性和历史性不是用来形容马克思自然概念的两种不同的性质，二者在本质上是一致的，或者可以说，自然的社会性就是自然的历史性，自然的历史性亦是自然的社会性，这并非武断的结论，而是在马克思思想基础上作出的合理推论。马克思指出，"正像一切自然物必须产生一样，人也有自己的产生活动即历史"，历史是人的活动史、生成史。既然历史是人的活动史和生成史，而作为历史活动和生成的主体—人，又必须以社会的形式在社会中活动和生成，所以历史观即是社会观。进而言之，对马克思而言，历史、社会其实是同质的东西，只不过用词不同而已，然而，它们都必须在人的实践活动中得到合理的解释。

（一）社会在人的生命活动中生成

"社会"如同"自然"一样，是马克思哲学中的一个重要范畴，是人存在和发展不可或缺的条件，这主要体现在人作为单个个体存在的有限性这一事实上。人作为单个个体，有限的个体，在其孤立状态下，单凭自己的力量无论如何也不足以与整个自然抗衡，不足以形成真正的人类活动，更不足以作为真正的人而存在，因此，人必须以联合合作的方式克服自己的不足。"社会"最初的意思就是"结合"，在汉语中，古时祭地神之所为"社"，众人之聚合为"会"。"社"与"会"联用，意为众人会合、结为社团或社群。据学者考证，"社会"一词在英语、法语和德语中都有"结合"之意。"为了能作为人而存在，他们必须结合成社会以克服个体的有限性，即必须借助于空间上同代人的结合和时间上不同代人的绵延而超越个体的有限性。"①结成社会是人类个体能够作为人而存在下去的基本条件，当然，人类在起初并不是作为一个个单一的有待于结成社会的个体而存在的，而是一开始就是作为群体、作为社会

---

① 陈晏清、王南湜、李淑梅：马克思主义哲学高级教程［M］，天津：南开大学出版社，2001年版，第252页。

而存在的，人总是社会的人，总是生活在社会中。正如马克思所说："人是最名副其实的政治动物，不仅是一种合群的动物，而且是只有在社会中才能独立的动物。孤立的一个人在社会之外进行生产——这是罕见的事，……是不可思议的"①。虽然马克思说我们开始要谈的前提是"一些现实的个人"，然而紧接着马克思就对"现实的个人"这个前提，作出了进一步的阐释，是"他们的活动和他们的物质生活条件"，这就是说，在开始要谈的前提处——人类历史的第一个前提，现实的个人就与"他们"——社会群体原初地关联在一起。但是，使人成为人的并非一般的社会性，就是说，仅仅以直接的自然关系而形成的群体或社会，还称不上是人类社会。诚然恩格斯曾把过着群居生活的古猿称为一种社会化的动物，而且是一切动物中最社会化的动物，但是人只有在开始进行最基本的物质生产劳动时，才开始算作人，社会也才开始成为人类社会。"一当人开始生产自己的生活资料，即迈出由他们的肉体组织所决定的这一步的时候，人本身就开始把自己和动物区别开来。"② 由此，人们开始以社会的形式结成联合体以作用于自然界来共同开展实践活动，将自身的生活资料和自己的物质生活本身生产出来，并缔结社会关系与空间网络，所以全部的社会生活在本质上是实践的。

如此看来，社会的整个生成过程及其存在的本质应到人的实践活动界面来审视，正是在这个问题上马克思才与其哲学先辈们实现了彻底的决裂。马克思哲学认为，正是实践劳动使人和人类社会得以形成。进而言之，实践既是社会生成、存在的依据，又是它不断发展的动力，因而社会生活在本质上是实践的；同时我们应该看到社会又是人存在的样态，作为人的生存实践活动展开的前提条件，人的实践是社会的实践。可见，实践活动与社会关系互为前提。

（二）时间性（历史性）是人生存的本质属性

"根据马克思主义的正确理解，存在的历史性（这种历史性乃是存

————————————

① 马克思恩格斯文集（第8卷）[M]，北京：人民出版社，2009年版，第6页。
② 马克思恩格斯文集（第1卷）[M]，北京：人民出版社，2009年版，第519页。

在的基本特征）构成了正确地理解所有问题的本体论出发点。"① 那么，在此首先澄清马克思所言"历史性"之"历史"及其生成是必要的。

马克思所说的历史指的是什么？有学者指出："在纯粹经验的范围内，例如，在历史编纂学或编年史的意义上，历史是给予的、既定的东西，是业已发生的、存在过又消失了的人、事件和事物。如果我们以经验的时间（它是一维的，不可逆转的，总是表现为由过去、现在到将来的固定不变的秩序）来衡量，历史总是指向过去。然而，作为哲学思考的对象，历史从来就不曾完成，而且永远也不会完成，永远也不会在时间的均匀流逝中渐行渐远，恰恰相反，历史是一种呈现，一种绽放，是未来通过现在而对我们的敞开。"② 这就是说，从经验的认识论而言，历史是指过去发生的事情的总和，是历史学和编年史所把握的对象；然而，从更深的层次，从哲学本体论上而言，历史的面貌非但不是这样，反而应被了解为经验历史存在的本体根源。

对于马克思来说，真正的历史并不是意指曾经发生过的所有事情的汇总。许多事情，例如一个星系或一类物种的诞生、发展和消失，在马克思看来，在任何意义上说都不是历史事件。我们不能将历史单纯视为社会生活的载录或纪年，历史记录通过文化中介被说明和解释后才显示其意义。历史是一个过程——它同一切别的自然过程的区别，就在于"它是人通过人的劳动而诞生的过程，是自然界对人说来的生成过程"，是"自然界生成为人这一过程的一个现实部分"。所以，马克思认为历史的发源地不在天上的云雾中，而在尘世的粗糙的物质生产中，这是马克思立足本体论对历史之谜的回答。进而言之，在本体论的视域下，"马克思通过对应然和实然、应有和现有、理想和现实的矛盾的分析，把历史中的过去、现在和未来结合起来，并且用未来来说明过去和现在。历史是人的历史，是人的存在和发展的历史。外部存在对动物而言是给定

① 卢卡奇：关于社会存在的本体论（上卷）［M］，白锡堃、张西平、李秋零译，重庆：重庆出版社，1993 年版，第 101 页。

② 旷三平主编：唯物史观前沿问题研究［M］，北京：中国社会科学出版社，2004 年版，第 285 页。

的，对人而言却是尚处于展开之中，这就是人的存在方式的特点。换言之，人之为人的特点，就在于他要不断地超越现存的一切，去追求更完善、更根本的存在。人以自己的创造性的实践活动使世界二重化，即形成了理想的（应然的）世界和现实的（实然的）世界，人不仅要面对一个现实的世界，而且还要面对一个理想的世界，而这两个世界实际上是同一个世界，它们在实践中消除了自己的对立。所以，人是一种理想性的存在，他永远是面向未来的，在他的时间坐标中，现在要服从未来，先有未来，后有现在，因为现在是按照未来来规定和筹划的，现在向未来的自我生成的过程，就是人的历史。"①

既然历史就是人的向着未来的自我生成，那么时间性或历史性对于人之生成具有至关重要的意义，时间实际上是人的积极存在，它不仅是人的生命的尺度，而且是"人类发展的空间。"② 所以，人的向着未来的敞开与生成离不开时间性，要在时间性中才能展开，否则，人的生成就是失去了依托的虚无。正如有学者指出：人"是通过自己的感性活动的自我生成。这必定需要原始性的'时间性'作为条件，从而表现出自我筹划生存的演进过程，历史性就成为人的存在方式，历史正在此获得了本真的源头。"③ 这样，我们就看到了人的感性实践活动、时间性与历史之间的本质关系，时间是人的生成的时间，是人的感性活动的展开、人的生命活动的展开，是人的历史性的存在属性。

海德格尔同马克思一样是站在本体论视域批判传统哲学的，他对时间的见解与马克思的认识具有诸多相似之处，此处考察海德格尔对时间的理解，有助于加深我们对马克思所言时间性或历史性的理解。

海德格尔从生存本体论的角度说明了时间的可能存在对于人之生活的原始性。他从本体论上分析了时间所具有的如下几层本体论意义：第一，时间性的原始性。海德格尔将时间性作为此在的整体性及各个环节

① 旷三平主编：唯物史观前沿问题研究 [M]，北京：中国社会科学出版社，2004 年版，第 285 – 286 页。

② 马克思恩格斯文集（第 3 卷）[M]，北京：人民出版社，2009 年版，第 70 页。

③ 陈立新：历史意义的生存论澄明 [M]，合肥：安徽人民出版社，2003 年版，第 146 页。

的根据，他说："此在源始的存在论上的生存论结构的根据乃是时间性。只有从时间性出发，操心这种此在之存在的区划勾连的结构整体性才能从生存论上得到理解。"① 第二，时间性规定存在的可能性。海德格尔强调生存的首要意义是将来，将来揭示时间性的真正意义是"到时候"，时间性到时，并使它自身的种种可能方式到时。这些方式使此在形形色色的存在样式成为可能，尤其是使本真生存与非本真生存的基本可能性成为可能。第三，时间性是历史的基础。海德格尔在对此在的历史性的分析中声明："这一存在者并非因为'处在历史中'而是'时间性的'，相反，只因为它在其存在的根据处是时间性的，所以它才历史性地生存着并能够历史性地生存。"② 第四，时间性是空间性存在的基础。海德格尔肯定时间对空间的优先性，指出此在特有的空间性必定奠基于时间性，空间性在本体论上只有通过时间性才可能。第五，海德格尔以时间性展开"烦"的各个环节，展开"烦"的具体的时间性建制，把时间与"领会"联系起来，也就把时间性与人的生命活动联系起来。在这里，时间因为与人的生命活动联系而具有生存本体论的意义，而人的生命活动又因为与时间相联系而具有历史和未来，因而成为可能的存在。时间与人的生命活动的这种相互联系表明，时间的可能性存在是整个人类生活成为可能性存在的始源。我们发现海德格尔关于时间性或历史性对人存在的本体论意义的阐释达到了与马克思异曲同工之效，借此可以加深我们对马克思相关问题的理解。

（三）社会是人与自然相互生成的时空统一体

社会是在人的感性生命活动中生成的，历史亦是在人的感性生命活动中生成的，历史是人的历史，是人的活动的发展史，也就是社会的发展史。如果说社会强调的是人的感性活动在共时性形态中展开的时空维度，那么，历史就是人的实践活动，更具体地说是人的社会的实践活动

① 海德格尔：存在与时间［M］，陈嘉映、王庆节译，北京：生活·读书·新知三联书店，2006 年版，第 270 页。

② 海德格尔：存在与时间［M］，陈嘉映、王庆节译，北京：生活·读书·新知三联书店，2006 年版，第 426 - 427 页。

在历时性形态上展开的时空维度。所以，社会与历史本质上是一致的，是在人的生存活动中生成的，社会与历史结合起来，才能完整地展现实践活动的演化过程，而人的实践活动总是在一定的社会形式中来产生对自然的作用，因而，这就使得我们周围的自然天然具有一种社会性。

马克思说："劳动首先是人和自然之间的过程，是人以自身的活动来中介、调整和控制人和自然之间的物质变换的过程。"① "劳动过程……是为了人类的需要而对自然物的占有，是人和自然之间的物质变换的一般条件，是人类生活的永恒的自然条件，因此，它不以人类生活的任何形式为转移，倒不如说，它为人类生活的一切社会形式所共有。"② 马克思的这两段经典表述，集中揭示了人对自然认识的社会历史性，即只有在人类社会历史中才能有关于自然的认识。

所以，马克思不止一次强调，人的活动必须是在一定的社会条件下进行，这绝不能仅仅理解为人要活在这个世界上就要跟他人打交道，发生社会关系，这里的社会更本质地是指这些活动的背景以及这些活动的可能性条件。

首先，社会是具体展开人与自然生成及统一的前提条件。

人与自然不仅处于对象性的关系之中，而且处于人的对象化活动之中，二者之间的这种关联是以社会的形式为前提的。社会直接说来即是人与自然发生关联的媒介形式，只有在具体的社会条件中，人与自然之间才形成对象化活动的关联。社会因素的融入使整个人生存的结构系统不再受制于自在自然的完全统治，对象化活动作为现实的人生存的根本方式，它不仅使人作为社会化的人出场，亦使自然作为社会化的自然出场。马克思正是因之而称工业为打开的呈示人的本质力量的书本，并把通过工业媒介而形成起来的自然界称为"人本学的自然界"。马克思考察的对象自然界始终是人本学的自然，是人化的自然界，他从不谈论与人的实践活动和社会历史相分离的、抽象的自然界。这就启示我们，社

---

① 马克思恩格斯文集（第5卷）[M]，北京：人民出版社，2009年版，第207－208页。

② 马克思恩格斯文集（第5卷）[M]，北京：人民出版社，2009年版，第215页。

会是人与自然在人的感性活动中展开和生成的场所，离开社会，人与自然的关系便无法索解。

其次，社会又是人与自然生成与统一的结果。社会是个历史范畴，它不是从来就存在的，正像人不是从来就存在的，人生产社会和社会生产人是同一个历史过程。当然，作为人的生存活动展开前提的社会与作为人与自然完成了的本质的统一的社会是不同的，后者是人的活动在更高层次上的社会化，是人与自然在更高层次上的统一和复归。所以，马克思说，共产主义社会"是通过人并且为了人而对人的本质的真正占有"，"是人向自身、也就是向社会的即合乎人性的人的复归，这种复归是完全的复归，是自觉实现并在以往发展的全部财富的范围内实现的复归。"① 而社会作为人、人与自然及其关系在实践活动中生成与展开的前提，并不是一劳永逸的凝固化的存在者，它亦随着人的实践活动改造和再生产自然、完善人自身的同时，不断向更高层次的社会化逼近。社会发展到共产主义阶段，即是人类走向自由自觉地改造自然同时也改造人类自身的崭新实践阶段，它既是以往人类实践活动和社会发展的结果，又是向更高阶段发展的起点。

总而言之，社会是人与自然相互生成及其辩证统一意义上的统一体，由此构成了整体地考察及分析马克思自然概念的前提和基础。只有在深刻地领悟了马克思的这一名言："只有在社会中，人的自然的存在对他来说才是人的合乎人性的存在，并且自然界对他来说才成为人。因此，社会是人同自然界的完成了的本质的统一，是自然界的真正复活，是人的实现了的自然主义和自然界的实现了的人道主义。"② 才能破解传统哲学关于自然与人、自然与社会、自然与历史向来就对立地存在着这一壁垒。

二、历史是人的真正的自然史

（一）自然的历史与历史的自然的统一

经过前一节的铺垫性理解，我们可以肯定地说人与自然作为对象性

---

① 马克思恩格斯文集（第1卷）[M]，北京：人民出版社，2009年版，第185页。
② 马克思恩格斯文集（第1卷）[M]，北京：人民出版社，2009年版，第187页。

存在物不仅在人的感性实践活动中出场，而且是在社会性的实践活动中确证自身，社会历史性是马克思自然范畴的本质属性。那么，由此我们才能将自然作为一个社会范畴纳入历史领域来理解"自然界对人说来的生成"，才能真正地理解"历史是人的真正的自然史"。也是在这样的基础上，马克思才说出："历史可以从两个方面来考察，可以把它划分为自然史和人类史。"而且，"这两个方面是不可分割的；只要有人存在，自然史和人类史就彼此相互制约。"①马克思不仅看到了自然和历史的区别，同时又洞察到了这种区别的前提和限度。在马克思看来，人与自然都是在人类的历史性实践活动中现实地生成的，历史是"自然的历史"，自然是"历史的自然"，自然史和人类史是统一的，二者是同一历史过程的两个方面。

事实上，早在马克思之前就有哲学家对自然与历史作出了区分，只是这种区分使得历史往往不是被"曲解"就是被"完全排除"。古希腊哲学家将人视作自然的一部分，视作理性的动物，而将历史视作对人的活动和事件的载录，历史对自然处于从属地位，历史没有进步和发展。虽然古希腊的历史是从人开始的，但在强势的自然必然性面前，它的人文气息无可逃脱地被淹没在自然之中了。在基督教的历史观中，人不再从属于自然，而是服从于上帝，历史是上帝旨意实现的过程。包括维科在内的文艺复兴时期的历史哲学家们，将古希腊历史的人文精神及历史本身恢复到人世间，将历史定置为人的历史。但是人能够认识历史却不能认识自然，因为历史是人创造的而自然是上帝创造的。维科并没有把人与自然置于同一个视域，人的世界和自然的世界是不同的。在康德那里，人与自然再度统一，历史是自然的计划的实现。但人在实现自己的目的之时并不单纯意味着是自然完成其计划的工具。因此，康德强调的是人的独立、尊严和自由，自然的计划是隐而不显的。

黑格尔将自然排除在历史之外，原因在其未对历史的物质前提进行深入研究，黑格尔的历史哲学没有实现自然与历史的统一。在黑格尔看来，"凡是在自然界里发生的变化，无论它们怎样地种类庞杂，永远只是

---

① 马克思恩格斯文集（第1卷）［M］，北京：人民出版社，2009年版，第516页。

表现一种周而复始的循环。在自然界里真是'太阳下面没有新的东西',
而它的种种现象的五光十色也不过徒然使人感觉无聊。只有在'精神'
领域里的那些变化之中,才有新的东西发生。精神世界的这种现象表明
了,人类的使命和单纯的自然事物的使命是全然不同的。"①黑格尔认为,
自然是和历史不同的东西,"它们每一个都是一个过程或一群进程,但是
自然的过程并不是历史性的;自然并没有历史。自然的各种过程都是循
环的;自然是循环往复、周而复始的;没有什么东西是通过这种循环的
重复而构造出来或建立起来的。"②而历史则不同,历史决不重演自身。
历史的运动不是在循环中,而是在发展进步中。黑格尔看到了自然和历
史的不同,但是却过分地强调了二者之间的区别,导致了在他的历史哲
学中自然和历史的分离,因为黑格尔忽视了历史的物质前提。

从古希腊到黑格尔的历史观的流变过程中可以看出,无人真正将自
然与历史统一起来考察,在他们的视域里,不是自然吞噬了历史,就是
历史消解了自然,历史与自然径直对立或抽象统一的局面一直是马克思
之前哲学家们面对的问题,无人真正走出这一境遇,直到马克思在历史
的实践中提出:"如果懂得在工业中向来就有那个很著名的'人和自然
的统一',而且这种统一在每一个时代都随着工业或慢或快的发展而不断
改变,就像人与自然的'斗争'促进其生产力在相应基础上的发展一
样,"③那么,上述人与自然、历史与自然的抽象统一或径直对立的情况
非但不存在了,而且,自然成了历史的自然,历史也成了自然的历史。

那么,我们如何理解自然的历史和历史的自然及其统一呢?

在我们理解了我们周围的自然界是现实的、人化的自然界,自然在
人的感性活动中出场、在人的生命活动中向人的他在生成等命题,要明
白历史是"自然的历史"的命意,只需要明确这里的"自然"是何种意
义上的"自然"便能彰显"自然的历史"的含义。首先,这里的"自

① 黑格尔:历史哲学 [M],王造时译,上海:上海书店出版社,1999 年版,
第 56 页。

② 柯林武德:历史的观念 [M],何兆武、张文杰译,北京:商务印书馆,
1997 年版,第 173 页。

③ 马克思恩格斯文集(第 1 卷)[M],北京:人民出版社,2009 年版,第 529 页。

然"，是指人化的自然，是在人的实践活动中对象化了的自然，因而具有属人的属性。其次，历史是人的历史，是人的活动展开的历史，那么"自然的历史"这一命题之所以具有意义，其前提是"自然"的属人性，自然由于人的性质、由于人的活动而属于历史。那么，由这两点可知，"自然的历史"不是指那个与人无关的在人类产生以前的自然的演化史，不是流俗意义上的与人的世界相对立的"自然史"的意思，而是人类在实践活动中作用于自然、为之赋形、使之人化的历史；而这一历史同时又是人的历史即人类社会的历史，人类对自然界所进行的历时性的实践改造的过程，也就是马克思所说的"历史不外是人通过人的劳动而诞生的过程"。除此之外，我们还要看到马克思在这里所要表达的历史的一种似自然性，之所以是"似自然性"，并不是指历史真的就是一种无主体性的自然的过程，而是强调历史作为人的历史所具有的类似于自然界所具有的客观规律性。这表现在：其一，人们总是在预先存在的历史条件下进行自己的创造活动，不管这种预先存在的条件是自然形成的，还是人化的结果；其二，历史虽然是人的历史，是人的自主活动的历史，但是这并不能改变历史展开过程的规律及其客观性。这就是说，历史作为自然的历史，它既显示了人的活动的创造性，又规定了人的创造性的限度。

如果说"自然的历史"强调的是何种自然具有历史和历史的似自然性，那么，"历史的自然"则强调的是自然向人生成的历时性过程及由此而积淀的自然的性质。在马克思看来，"历史的自然"，是包括人自身在内在人的实践活动中向人生成的自然，自然只有在这种条件下，才是人的现实的自然，是真正的自然界。也就是说，自然只有进入人类持续不断的实践领域才具有时间的连续性和延绵性，才具有历史性。因此，随着物质生活本身的生产，随着工业和商业的交往，随着人的实践活动的展开，外部自然进入了人的历史而成为我们生活于其中的感性世界。马克思称为"人化的自然"，乃是一种"历史的自然"，即自然基于人的历史实践而成为世界历史的事物。

对于"自然的历史"和"历史的自然"的演化与关系理论，有学者认为，"自然与人类史就在这种既相互独立，又相互依存、相互作用中彼此发生变化，形成'自然的历史'和'历史的自然'，从而构成人类的生态环境。这在理论上构成了自然与人类史的生态存在论的层次。"① 这总结性地申明了自然与人类史的关系，及二者在人的实践活动中的变化与演进结果。

可以看出，马克思所说的历史显然比我们一般所理解的历史具有更宽广的内涵，如果将历史科学视为唯一的一门科学，那么这个历史概念就与人类的实践活动的内涵相当。另外，虽然马克思将历史划分为"自然史"和"人类史"两个方面，但这不是相互分离的两个领域，它们"密切联系、彼此相互制约"，这是一种超越了任何一方吞噬或消融另一方为基础而达到交融的异质性统一，是一种生存本体论上的统一。所以，自然史与人类史，应被视作一个统一的、整体的、实践的、历史的结构，即整个世界历史意味着人通过人的劳动而诞生的过程以及自然界对人的生成过程。

（二）西方马克思主义者对此命意的领悟与"出轨"

继卢卡奇在《历史与阶级意志》中提出"自然是个社会范畴"问题后，自然作为马克思哲学的一个基本概念，其与历史及二者的关联就成为西方学者尤其是西方马克思主义者关注的焦点。他们纷纷著书立说，发表见解，其中不乏洞见，同时又充斥着对马克思的误解与曲解。

卢卡奇早期提出"自然是一个社会范畴"的观点，集中体现了他对马克思的或者是他本人关于自然与历史关系的认识。"自然是一个社会范畴"，在一定程度上达到了马克思的"历史的自然"思想，但也存在着用历史消融自然的倾向。

卢卡奇的自然是个社会范畴的理论虽然受到褒贬不一的评判，但它却对西方不少马克思主义理论家产生了重要影响，施密特就是其中一例。

施密特以自然概念作为其切入马克思哲学的界面，在"很大程度上承袭了青年卢卡奇的深层思考"②，并试图纠正青年卢卡奇的理论错误、

---

① 何萍：自然唯物主义的复兴［J］，厦门大学学报（哲学社会科学版），2004（2），第17页。

② 张一兵：文本的深度耕犁（第1卷）［M］，北京：中国人民大学出版社，2004年版，第74页。

弥补其不足，因此，在其博士论文《马克思的自然概念》中，他非但没有亦步亦趋地跟着卢卡奇的思考，而且依据马克思的文本对马克思的自然概念作出了自己阐释，形成了自己独到的理论逻辑。他提出了具有基础意义的社会与自然相互中介与渗透的思想，即"自然的社会中介"与"社会的自然中介"及其在历史实践中的统一关系。

首先，施密特认为马克思的自然是被社会中介了的自然。他明确指出社会历史性是马克思自然观区别于其他自然观的本质属性，"马克思把自然和一切关于自然的意识都同社会的生活过程联系起来"，它是人在实践的中介下打上社会烙印的自然，即马克思所说的"人化了的自然"。然而，施密特并不由此赞同青年卢卡奇的观点，他认为卢卡奇的"自然是个社会范畴"虽然展现了自然受社会和历史制约的性质，但是，"在马克思看来，自然不仅仅是一个社会范畴。从自然的形式，内容、范围以及对象性来看，自然决不可能完全被消溶到对它进行占有的历史过程里去。如果自然是一个社会的范畴，那么社会同时是一个自然的范畴……在唯物主义者马克思看来，自然及其规律是不依赖于人的一切意识和意志而独自存在的，但是只有运用社会的范畴，有关于自然的陈述才能定型、才能适用。如果没有人为支配自然而努力奋斗，就谈不上自然规律的概念。自然的社会烙印与自然的独立性构成统一，在其中主体方面完全不起像卢卡奇归诸给它的那种'创造的'作用。被人的劳动'滤过的'、并不是原本被创造的物质世界，仍然是马克思一再强调的上述'不借人力……存在的……基质'。"① 这里可以说，施密特的见解是深刻的，他直接言中了马克思自然概念的双重性质；同时施密特在此的言论所达到的效果也是多重的，不仅批判了自然主义者与卢卡奇所持的极端，重申了马克思自然观的本质，也为其自身理论逻辑的建立奠下了隐形根基。

其次，社会也是被自然中介了的社会。施密特在强调马克思自然概念社会化的同时，认为其反命题"社会是一个自然范畴"同样正确。这

---

① A. 施密特：马克思的自然概念［M］，欧力同、吴仲昉译，北京：商务印书馆，1988 年版，第 67 页。

一点体现在两个方面：第一，自然物质作为人和社会存在的基础和前提，它是一种界限，人无法超越这种界限。正如施密特说："即使人的最精巧的发明，也是由于其本身的可能性包含在自然基础里面"，"人的生产也不能置诸于自然的关联之外。"① 第二，社会历史本质上归结为一种自然物质。施密特说："如同一切自然被社会所中介一样，反过来，社会作为整个现实的构成要素，也被自然所中介。这种联系就是马克思那里所隐含着的自然思辨的特征。历史地更迭的各个社会经济形态，是同样数目的自然之自我中介的方式。人和应该被加工的材料相分裂，而自然处于这种分裂之中，但这种分裂总以自然自身为原因。自然在人那里达到自我意识，通过人的理论的、实践的活动，它和自身结合起来。自然对于人们来说是疏远的外在的东西，而人的活动对于自然也可以看成最初同样——是疏远的外在的东西。显然，人的生存构成自然的一个片段，而人的活动自身则是'人的生存的自然条件'，因而是自然的自身运动。"② 这就是说，施密特最终将人的社会活动归结为一种自然的自身运动，接着他进一步论述："劳动过程嵌入伟大的自然联系之中。自然，它作为社会和社会每度占有的那部分自然的高度统一，最后又战胜人的一切干扰而自我保持，被人渗透了的自然物质又再度沉入自然的最初的直接性中去。"③

最后，在施密特看来，自然的社会中介与社会的自然中介是统一的，二者统一于实践的历史性规定。施密特认为，马克思主张一种在"在工业中以社会、历史为中介的人与自然的统一"，这种统一绝不可能是在所有阶段一样，而只能是在不同历史条件下有差异的统一、被他物占有的统一、分离的统一。可以说，施密特的这个观点是有洞见的，它直接言中了马克思所主张的人与自然的统一是一种现实的、历史的、具体的实

① A. 施密特：马克思的自然概念［M］，欧力同、吴仲昉译，北京：商务印书馆，1988 年版，第 77 页。

② A. 施密特：马克思的自然概念［M］，欧力同、吴仲昉译，北京：商务印书馆，1988 年版，第 78 – 79 页。

③ A. 施密特：马克思的自然概念［M］，欧力同、吴仲昉译，北京：商务印书馆，1988 年版，第 91 页。

践之统一。

　　将上述三个方面统一起来看，施密特"社会中介的自然"和"自然中介的社会"及其在人的实践活动中相统一的思想与马克思的"历史的自然"和"自然的历史"及其统一的观点如此地接近，其中蕴含着施密特天才的洞见。但是，如果我们细致地拨开施密特这一天才洞见的迷雾，会发现他在论述马克思自然概念之时悄然僭越了马克思哲学的本体论根基。一般地说，施密特强调"自然的社会中介"符合马克思"历史的自然"思想，而"社会的自然中介"与马克思"自然的历史"也算吻合，他的这一思想在今天生态环境问题严重的态势下更能为人类提供启示作用。即使这样，我们也应该正视犹如有些学者指出的施密特在指证"社会的自然中介"中所隐含的不足。施密特不赞成青年卢卡奇单向度地将自然消溶到历史之中的自然社会化，这是正确的，但是，他毕竟应该意识到"人类社会的历史性存在与自然物质基质并不是同一个层级上的问题"，"社会与自然之间存在着相互的中介，但这两种中介并非同等的逻辑层面：前一个中介是物质存在的提升，后一个中介是社会物质过程中的子系统运转，将这两种完全不同的中介在理论逻辑上并行化是有问题的。"① 除此之外，施密特错在，当他强调社会历史的自然中介之时背离了马克思的实践论根基而复投入他所反对的旧唯物主义自然本体论思想的怀抱。

　　对马克思思想的理解，继卢卡奇之后，可以跳过霍克海默与阿多诺，在施密特之后也可以不讲弗洛姆和马尔库塞，他们作为西方马克思主义学派的成员，其思想脉络毕竟会有一定程度的承续性，但是，在这一过程中无论如何也无法遗漏的是作为"最伟大、最重要的现代西方哲学家，也是有史以来最伟大的哲学家之一"② 的海德格尔。"他的哲学极大地影响、甚至改变了现代西方思想，并且将继续产生深远的影响。他的思想

---

　　① 张一兵：文本的深度耕犁（第1卷）［M］，北京：中国人民大学出版社，2004年版，第96页。

　　② 张汝伦：现代西方哲学十五讲［M］，北京：北京大学出版社，2003年版，第277页。

既标志着一条旧的道路的结束，也标志着一个新的哲学时代的开始。"他"彻底终结了传统形而上学，同时也开辟了新的哲学方向。"① 甚至有学者宣称，不理解海德格尔就无法真正理解马克思。

在对"历史的自然"的理解上，海德格尔和马克思一样立足于人的感性活动，把人与自然统一起来，使自然得以进入历史视野。海德格尔指出，历史实际上既不是客体变迁的运动联系，也不是无世界的"主体"飘忽无据之体验的接续。此在是"在世"的存在，"历史的历事是在世的历事"。所以，此在的历史性本质上就是世界的历史性，在世内照面的存在者由于它属于此在的世界也就属于历史，"上手事物与现成事物向来已经随着历史性的在世界中存在的生存被收入世界的历史"。因此"用具"和"活计"都属于历史，就连自然也是有历史的，但这不是什么存在者、什么自然界都有历史，而是说属于此在的世界有历史。总体上，海德格尔将所有世内存在者都视为"世界历史事物"，"世内存在者其本身就是有历史的"，它们的存在方式属于此在的世界。但是，海德格尔认为，"首要地具有历史性的是此在"。而世内照面的非此在式的存在者——包括最广泛意义上的用具，包括作为"历史土壤"的自然的周围世界——则是"次级具有历史性的"，它们由于属于人的世界而具有历史性，海德格尔称这类存在者为"世界历史事物"。"首须以此在为基础，象世界历史这样的东西才有可能，这些东西才历史地成为世界历史的内容"。这就是说，海德格尔要求从人的方面、从人的历史性活动方面来理解事物、感性客体、自然界的意义。可见，海德格尔关于"世界历史事物"思想与马克思的历史是自然界向人的生成这一思想是相接近的，海德格尔所谓"世界历史事物"实际上就是马克思所说的"人化自然"。海德格尔提到了自然的历史性，但这只是抽象的历史性，而不是自然与人的共在的世界、对人的社会关系的历史—实存历史的历史性。

（三）只有一门科学

自然的历史和历史的自然统一的结果必然是：自然成为人的他在，

---

① 张汝伦：现代西方哲学十五讲［M］，北京：北京大学出版社，2003 年版，第 277 页。

成为人的本质力量的社会存在。那么，对这样一种自然的考察，实际上
也就是对人的存在及其历史的探索，而对人的探索也就必须借助于对此
种自然对象的考察。正是在此种意义上，马克思指出："我们仅仅知道一
门唯一的科学，即历史科学"①，"自然科学往后将包括关于人的科学，
正像关于人的科学包括自然科学一样：这将是一门科学。"②

当然，这里我们还要明确理解这种自然观和历史观，自然科学和人
的科学的统一的意义，这种统一是一种哲学意义上的统一，是"人本学"
的统一，或者说，只有在自然不是外在于人的东西，而是人的他在，在
自然成为人、成为人的感性地存在着的另一个自己的时候，我们才能说
二者是统一的。当然，这种统一，其一，"并不否定在哲学领域对自然
（即人与自然的关系）和狭义的历史（即人与人的关系）分别探讨的必
要性，因为它们毕竟是两类不同的关系：前者主要是主客体关系，后者
则是主体间的关系。其二，此种统一不抹杀自然科学与人的科学作为具
体学科存在的必要性和及其区别"③；其三，这种统一与卢卡奇早期所言
"自然是个社会范畴"所达到的历史与自然的统一、自然科学与人的科
学的统一是有区别的。卢卡奇是以历史吞噬自然、历史观消融自然观所
达到的统一。

---

① 马克思恩格斯文集（第1卷）［M］，北京：人民出版社，2009年版，第516
页注②。
② 马克思恩格斯文集（第1卷）［M］，北京：人民出版社，2009年版，第
194页。
③ 李文阁：回归现实生活世界［M］，北京：中国社会科学出版社，2002年
版，第261页。

第三章 自然范畴本体论解读
的实践价值趋向

我们知道，感性实践活动是人存在的根本方式，是人和自然得以生成和确证的根据。从本体论意义上说，劳动实践通过对象化活动作用于劳动对象使自然成为人化的自然。人化自然又使人在其中反观自身，从而促进人与自然进入本体论的交融之境。然而，随着时代的发展，资本主义社会生产方式的变革引起了二者关系的错置和分隔。资本主义生产方式本质上是大工业的生产方式，它以卓越于原始和农业生产方式的特征在征服和变革自然的同时，推进社会生产力大力发展，也以异化的方式破坏人与自然的和谐统一关系，二者在本体论上的主客交融关系逐步脱落为主客疏离的关系，原初的和谐蜕变为粗暴的对立，这就使得对自然范畴的解释在某种程度上具有价值或伦理批判的性质。

第一节 人的生命活动的历史性遮蔽

一、抽象思辨异化观的扬弃与马克思异化观的实践与生成本性

"异化"，单从这个词源上理解，它来自对西文的翻译。德文"异化"（Entfremden）是英文"异化"（Alienation）的翻译。① 此词原意为

---

① 这个单词尚不具有统一标准形式。在杨适的《马克思＜经济学—哲学手稿＞评述》（北京：人民出版社，1982 年版，第 48 页）中书写为 Entfremdung。而在夏之放文中则书写为 Entfremdn（夏之放：异化的扬弃——《1844 年经济学哲学手稿》的当代阐释［M］，广州：花城出版社，2000 年版，第 106 页）。本文采用了夏之放所用的书写形式。并且英文单词 alienation "来源于拉丁文的 alientio 和 alienare，有脱离、转让、出卖、受异己力量统治、让别人支配等义。中文翻译成异化，以便和同化相对立，包含有异己化、对立化的意思。"（张奎良：时代呼唤的哲学回响［M］，哈尔滨：黑龙江人民出版社，2000 年版，第 168－169 页）。

"疏远""离间"，货物的"出售""转让"，霍布斯和卢梭等人就在其社会政治学说中提出过此意的异化思想；然而，真正将异化概念演变成哲学范畴者乃是黑格尔。这就是说，异化理论，并不是马克思首创的。

在哲学上"黑格尔是创造出异化概念的思想家"①。费尔巴哈也在黑格尔的基础上建构了自己的异化理论。因此，马克思是黑格尔和费尔巴哈的继承者。就人类思想史的传承性来论，马克思异化理论的建构的确离不开这两个思想前辈，马克思是在批判性地继承他们异化理论的过程中，实现了对其的超越。在这种维度上探讨马克思的异化理论，才有可能把握其本质意义。然而，这种原则高度并不是自明的，而是常有被遮蔽的危险。

单就马克思的异化理论与黑格尔和费尔巴哈的异化理论的关系来说，值得一提的是弗洛姆在《马克思关于人的概念》中的论述。他在书中说：黑格尔"在《历史哲学》中写道：'其实，心所努力追求的就是它的总念的自我实现；可是，它在这样做的时候把那个目的给自己隐藏起来，而且对这种离开它自己本质的异化感到骄傲和满足。'在马克思看来，也和在黑格尔看来一样，异化概念植基于存在和本质的区别之上，植基于这样一个事实之上：人的存在与他的本质疏远，人在事实上不是他潜在地是的那个样子，或者，换句话说，人不是他应当成为的那个样子，而他应当成为他可能成为的那个样子。"② 显然，弗洛姆是把马克思等同于黑格尔了。黑格尔将异化表述为人把作为自己本质的"总念的自我"隐藏起来，从而在自我实现的过程中离开自己的本质。弗洛姆也在这种意义上理解马克思的异化概念，即在存在与本质相对立的意义上理解异化。

显然，马克思的异化理论与黑格尔异化理论并不处于同质的意义，像弗洛姆那样将马克思与黑格尔异化理论的本质等同起来的或将二者同

---

① 复旦大学哲学系现代西方哲学研究室编译：《西方学者论一八四四年经济学——哲学手稿》[C]，上海：复旦大学出版社，1983年版，第59页。

② 复旦大学哲学系现代西方哲学研究室编译：《西方学者论一八四四年经济学——哲学手稿》[C]，上海：复旦大学出版社，1983年版，第59页。

质化的阐释，忽视了马克思在《1844 年经济学哲学手稿》中对黑格尔整个哲学尤其对其异化理论的批判。

马克思在两层意义上批判了黑格尔的异化理论。第一，黑格尔的异化完全是建立在存在与本质的对立基础上。就是说，存在与本质相背离、相疏远，不相符合，故而被称为存在与本质的异化。在这种意义上，存在只具有否定性的意义，存在不是肯定和证实自身，而是相反，它通过否定自身而证实与自身相对立的本质，证明这种与存在相分离的本质。在黑格尔那里，人的异化就是人与自己本质相分离，并设立这种本质的对立面，又通过对对立面异己的克服而返回自身的本质。自我意识就是人的本质，人不是现实的、从事实际活动的人。人在自我生成历史过程中经历各种作为具体的纯粹自我意识的异化形式的精神形式。在黑格尔这里，人的真正的历史就是各种精神形式的历史，这些意识形式是人的存在方式。但这些存在方式却是人的异在形式、异化形式，即自我意识的异化形式。自我意识是各种历史性的意识形式的本质或实体。第二，黑格尔虽然通过异化即否定的辩证法表达了人通过活动而自我诞生的历史过程，但他只是思辨地表达了这种活动和过程。"黑格尔把一般说来构成哲学的本质的那个东西，即知道自身的人的外化或者思考自身的、外化的科学，看成劳动的本质"①。在黑格尔这里，作为自我生成着的人并不是现实的、具体的即从事实际活动的人，而是作为纯粹的自我意识的人，是人的思维形式与抽象形式，他们的异化并非在感性活动中或感性活动的异化，而是以不同于自我意识的方式与自我意识相对立的意识的异化。人在活动中不是创造感性的对象，而是设定作为物性的对象，即抽象之物，抽象的对象。这就是黑格尔整个异化理论的思辨过程。

对人及其历史性来说，异化不仅是极其必要的，而且是不可避免的，异化构成了人的存在的历史性的本质。整个人类历史就是一部异化的历史。

但是这种纯粹精神的异化史只是一种对于历史的逻辑的人类历史的思辨表达和描述。这种异化观所涉及的纯粹精神的异化不是现实异化的

---

① 马克思恩格斯文集（第 1 卷）［M］，北京：人民出版社，2009 年版，第 205 页。

本质和作为感性活动的历史。"因此，人的本质的全部异化不过是自我意识的异化。自我意识的异化没有被看做人的本质的现实异化的表现，即在知识和思维中反映出来的这种异化的表现。相反，现实的即真实地出现的异化，就其潜藏在内部最深处的——并且只有哲学家才能揭示出来的——本质来说，不过是现实的人的本质即自我意识的异化现象。"① 这就是黑格尔的异化理论，它实质上是黑格尔的思辨辩证法。马克思对黑格尔"这一表面上看来是形式的问题，而实际上是本质的问题"② 的辩证法，是从异化理论或劳动的本质规定，即从人的历史性这一规定加以批判的。他认为黑格尔辩证法不是"形式问题"，不是纯粹的方法问题，而是本体论的问题。

其实，马克思对黑格尔异化理论的批判，离不开费尔巴哈的中介。费尔巴哈是以黑格尔的批判者的身份出现的。"费尔巴哈是唯一对黑格尔辩证法采取严肃的、批判的态度的人；只有他在这个领域内作出了真正的发现……"③ 和马克思一样，费尔巴哈也批判黑格尔异化理论的思辨性，而要恢复"感性确定的东西"。马克思认为费尔巴哈的伟大功绩在于证明了哲学"不过是人的本质的异化的另一种形式和存在方式；因此哲学同样应当受到谴责"④。把黑格尔的思辨唯心主义作为"应当加以谴责"的对象，表明了费尔巴哈的批判性，因为，哲学也是人的本质的异化形式。费尔巴哈避开了黑格尔的异化理论。

费尔巴哈以宗教是人的本质的异化形式的宗教异化理论批判黑格尔的异化理论的，这种观点在当时是独特的，是以宗教批判著称的青年黑格尔派其他成员所没有的。

那么，费尔巴哈的异化理论所具有的意义和这种意义的界限在哪里呢？其实，虽然费尔巴哈批判黑格尔异化理论的原则，但其异化理论仍旧意味着非历史的抽象批判，他想证明"某物或某人的存在同时也就是

---

① 马克思恩格斯文集（第1卷）[M]，北京：人民出版社，2009年版，第207页。
② 马克思恩格斯文集（第1卷）[M]，北京：人民出版社，2009年版，第197页。
③ 马克思恩格斯文集（第1卷）[M]，北京：人民出版社，2009年版，第199页。
④ 马克思恩格斯文集（第1卷）[M]，北京：人民出版社，2009年版，第200页。

某物或某人的本质"①。但费尔巴哈无法达到具体存在着的、进行感性活动的人，虽然这是他始终想要达到的，因为他没有实践的视域，而只有抽象的理论的视域。"费尔巴哈设定的是'人'，而不是'现实的历史的人'"②，"人自身"或"人本身"，是抽象的人。这里虽不同于黑格尔的作为纯粹精神的抽象的人，但费尔巴哈把人归结为可以直观到的"爱和友情"，抽象化的爱和友情。这种抽象"人"与自身相对立，外化自身，并克服自身的外化而回到自身。这样一来，我们看到的是"颠倒的"黑格尔。黑格尔把人归结为自我意识的纯粹思维，而费尔巴哈则将之归结为与思维、理性相对立的"爱"。

异化理论经黑格尔和费尔巴哈的哲学论证达到了它的旧阶段的完成，而新的言说方式则来自于马克思。

费尔巴哈把黑格尔哲学看作是人的本质的异化形式或异在形式，因而不加区别地抛弃了它。但是，费尔巴哈不仅没有克服黑格尔的与辩证法同质的异化理论，反而从属于它，这是费尔巴哈始料未及的。如何对待黑格尔的异化理论，这是马克思要解决的问题。马克思是从现实的、感性的活动出发建构自己的异化理论的。

马克思异化理论的确立，决不是通过简单颠倒黑格尔异化理论来实现的，这种颠倒已经由费尔巴哈证明是行不通的。从根本上说，马克思是基于一个全新的革命性的出发点，即从现实的历史的人、现实的历史的人的活动出发，批判黑格尔、清算费尔巴哈、建构自己的异化理论的，将异化最终看作活动的异化，意识异化只不过反映和证明了现实活动的异化而已，现实的感性活动的异化，才是异化问题的根源，自然的异化，就是感性活动异化的结果。

二、马克思异化劳动理论的内在规定

劳动是人的本质性活动，在资本主义条件下，劳动的结果不是人的本质的表达和体现，而是反过来支配和控制着人，如李冀君在其博士论

---

① 马克思恩格斯文集（第1卷）[M]，北京：人民出版社，2009年版，第549页。
② 马克思恩格斯文集（第1卷）[M]，北京：人民出版社，2009年版，第528页。

文中所言：在资本主义生产中，人的感性活动被撕裂，感性活动的自由本性作为异化的根据成为不幸意识的背景，而感性生命的现实却表现为时间性的沉沦——人不能在活动中感到自由，而是简单的筋肉操作，即使有技术的因素，也不能给人的精神带来愉悦，这就是异化劳动，异化劳动是异化的具体表现，在劳动异化过程中，人的本真的生命活动一度被遮蔽了。

马克思对异化的考察基于劳动与劳动产品的直接关系：

首先是劳动的结果之异化。

马克思指出工人生产的财富越多，他的产品的力量和数量越大，他就越贫穷。工人创造的商品越多，他就愈加变成廉价的商品。物的世界的增值同人的世界的贬值成正比。在现实中存在的诸多二律背反说明，"劳动所生产的对象，即劳动的产品，作为一种异己的存在物，作为不依赖于生产者的力量，同劳动相对立。"① 劳动的对象化生产出劳动产品，"劳动的产品是固定在某个对象中的、物化的劳动，这就是劳动的对象化。"② 劳动的对象化同时是劳动的实现。工人的感性对象性活动所生产出来的产品，不仅不属于他自己，反而作为他的对立面同他相对立。劳动的实现表现为工人失去现实性，以致工人从现实中被排除直至饿死。正如马克思所言：劳动的对象化表现为对象的丧失和被对象所奴役，以致工人被剥夺了最必要的对象——不仅是生活的必要对象，而且是劳动的必要对象，甚至连劳动本身也成为工人只有靠最紧张的努力和极不规则的间歇才能加以占有的对象。对对象的占有竟表现得如此异化，以致工人生产的对象越多，他能够占有的对象就越少，而且越受他的产品即资本的统治，工人同自己的劳动产品的关系就越表现为同一个异己的对象的关系。国民经济学状态下工人通过自己的对象性活动生产产品，但生产出来的产品却是工人的异己的力量，是不属于他的东西。

劳动是生命活动，工人把自己的生命投入对象，但这个生命却不属

① 马克思恩格斯文集（第 1 卷）［M］，北京：人民出版社，2009 年版，第 156 页。
② 马克思恩格斯文集（第 1 卷）［M］，北京：人民出版社，2009 年版，第 156 -
157 页。

于他而属于和他相对立的对象。在私有制条件下，劳动的外化、劳动的对象化是以异化的方式存在的。马克思指出，劳动同劳动产品的直接关系，是工人同他的生产的对象的关系。劳动的本质关系就是工人对生产的关系，即工人同自己的生命活动的关系。"因此，当我们问劳动的本质关系是什么的时候，我们问的是工人对生产的关系。"① 劳动产品是工人生命活动的对象化，而工人的生命活动的结果生产出来的产品成为与他异己的、统治着他的力量——工人同劳动产品的关系，也意味着工人同感性的外部世界、同自然对象这个异己的与他敌对的世界的关系。马克思看到了工人的劳动同他劳动的产物之间对立的、异己的和矛盾的属性。劳动为别人创造属人的物质财富，却为自己创造非人的存在。这样的劳动、生产，如果不是异化的活动，又是什么呢？马克思通过考察工人同劳动产品的关系，指出劳动产品并不是外在于人的另一个对象，它是人生产出来的对象；人的劳动产品成为了人异己的东西，这是马克思深入到事实背后，站在本质高度所达到的鞭辟入里的认识结果。

其次，劳动自身的异化。

劳动的异化、劳动的外化不仅表现在劳动的结果上，同时还表现在生产行为中，表现在生产活动本身中。马克思追问道："如果工人不是在生产行为本身中使自身异化，那么工人活动的产品怎么会作为相异的东西同工人对立呢？"② 产品是活动、生产的总结，是由劳动生产出来的。劳动对象的异化使工人的劳动不是自愿的劳动，而是被迫的强制劳动，这种劳动不是为满足劳动需要，而是满足劳动需要以外的需要的一种手段。这种外在的劳动或劳动的外在性质具有双重性：一方面异化劳动本质上隶属于别人而不是劳动者自己，另一方面他的劳动恰是他自身的丧失。

劳动的这种外化的结果，使工人的自由自觉的感性生命活动被抽象为执行动物机能的抽象活动。劳动同生产的关系就是劳动同他自己的生命活动的关系。在资本主义条件下，劳动不再是人本质的体现，不再是

---

① 马克思恩格斯文集（第1卷）［M］，北京：人民出版社，2009年版，第159页。
② 马克思恩格斯文集（第1卷）［M］，北京：人民出版社，2009年版，第159页。

体现人本真存在的生存方式，也就是说，人同自己的生命活动异化了。

再次，人的类本质之异化。

马克思从劳动的结果和劳动自身的异化推出人同自己的类本质相异化。费尔巴哈在其哲学中使用了"类存在"，这个类存在只是感性直观的存在，而马克思所讲的类存在是在人的生命活动中生成的，这也是马克思与费尔巴哈之间的原则性区别。

人的劳动是生命活动，是自由自觉的感性对象性活动，是人的类生活，马克思指出"一个种的整体特性、种的类特性就在于生命活动的性质，而自由的有意识的活动恰恰就是人的类特性。"① 这就是说，自由自觉的生命活动是人的类特性，是人与动物区别开来的根本标志。动物和它的生命活动是直接同一的，动物不把自己同自己的生命活动区别开来，而人则使自己的生命活动本身变成自己的意志和意识的对象。人的生命活动是有意识的生命活动，人的存在就是人的生命活动。所以，人才是有意识的存在物，才能把自己的生活看作是对象。然而，类存在物并不是意识创立的，不是意识虚构出来的，而是人通过实践创造对象世界，改造无机界，证明了人是有意识的类存在物。也就是说，有意识的类存在物是通过人的感性对象性活动生产出来的，人的意识也是在对象化活动中形成的，即人通过自己的对象性活动生产和创造对象世界，人在创造对象世界的过程中发现自己、直观自己、并确证自己。而"异化劳动把这种关系颠倒过来，以致人正因为是有意识的存在物，才把自己的生命活动，自己的本质变成仅仅维持自己生存的手段。"② 即是说，在异化劳动条件下，工人的生命活动成为不属于他反而还要反对他自身的力量。人的生命活动或人的类本质同人相异化了：工人的自由自觉的劳动成为谋生的活动，只有当他对自己作为资本存在的时候，才作为工人存在，资本的存在就是他的存在和他的生活，异化劳动把人的感性生命活动变成了仅仅维持人自己生存的手段和工具。

这样一来异化劳动就造成了人的类本质，无论是自然界还是人的精

---

① 马克思恩格斯文集（第1卷）［M］，北京：人民出版社，2009年版，第162页。
② 马克思恩格斯文集（第1卷）［M］，北京：人民出版社，2009年版，第162页。

神及人的类能力，都变成人的异己的本质，变成维持人生存的手段；异化劳动把自我活动、自由活动贬低为手段，也就把人的类生活变成维持人肉体生存的手段，把人的生命活动、生产生活变成维持肉体生存需要的手段，把人的类生活变成抽象的异己的存在，人的生活本身仅仅成为了人生活的手段。

最后，人同人相异化。

马克思从异化劳动的前几个规定推出第四个规定。"人同自己的劳动产品、自己的生命活动、自己的类本质相异化的直接结果就是人同人相异化。"① 人同人异化是前面三个异化的直接结果，当人同自身相对立的时候，他也同他人相对立。凡是适用于人同自己的劳动、自己的劳动产品和自身的关系，也都适用于人同他人、同他人的劳动和劳动对象的关系。人的异化，一般地说，人同自身的任何关系，只有通过人同其他人的关系才能得到实现和表现。如果工人劳动生产出来的产品不但不属于他，反而作为异己力量同他相对立，那么这产品必定属于工人之外的另一个人。只有人本身才能成为统治人的异己力量，而这个异己力量就是工人的对立方——资本家。

从以上马克思对异化劳动的本体论分析中可看到，马克思是以感性活动作为立足点，考察活动之异化及其如何导致人与人关系的异化。然而，海德格尔认为马克思异化劳动学说的根子并没有摆脱形而上学视域。"马克思在基本而重要的意义上从黑格尔那里作为人的异化来认识到的东西，和它的根子一起又复归为新时代的人的无家可归状态了。"② 从马克思对异化劳动的分析来看，马克思已赋予异化新的不同于近代形而上学的含义，异化即实践，马克思指出，异化借以实现的手段本身就是实践的，异化是劳动之异化，是感性活动之异化，是感性实践活动之异化，而不是黑格尔观念的异化或费尔巴哈宗教的异化。马克思在《德意志意识形态》中探讨了异化的必然性源于分工，指出分工和私有制是同义语，

---

① 马克思恩格斯文集（第1卷）［M］，北京：人民出版社，2009年版，第163页。

② 孙周兴选编：海德格尔选集（上）［M］，上海：上海三联书店，1996年版，第383页。

一个是就活动而言，一个是就活动的结果而言。异化劳动本身的根据是人的感性对象性活动，被黑格尔和国民经济学抽象表达的劳动其实是人的感性对象性活动和感性生命异化的结果，这个异化有其本体论根源，它是在人的生存的历史过程中发生的。"人只有凭借现实的、感性的对象才能表现自己的生命。"① "全部人的活动迄今为止都是劳动，也就是工业，就是同自身相异化的活动"，"人的对象化的本质力量以感性的、异己的、有用的对象的形式，以异化的形式呈现在我们面前。"②

马克思从四个相互关联的方面阐述了异化劳动理论，揭示了资本主义社会异化的本质。归结起来看，马克思一方面呈现了异化劳动的本质特征，另一方面又揭示了劳动的本体论意义。劳动作为人根本的存在方式：一方面创造着人作为类的存在或社会存在，另一方面创造着共在的人与人—人与自然的总体生成关系，在资本主义发展阶段，这种关系变得疏离、倒置甚至是扭曲，这是异化劳动使然。异化劳动实质上是人之活动的自由自觉本性没有得到彰显，而劳动作为筋肉的操作没有精神内容，完整意义上的劳动或人的生命活动被遮蔽了，异化劳动不过证明人的劳动应是人的自由自觉的生命活动。

第二节　自然与人的异化

一、自然的异化

在马克思的劳动异化理论中，自然的异化与劳动异化不可分割。劳动异化，一方面使人的本质同人相异化，另一方面使自然与人相异化。正如马克思所说：异化劳动从人那里夺走了他的无机的身体即自然界，"异化劳动使人自己的身体同人相异化，同样也使在人之外的自然界同人相异化，使他的精神的本质、他的人的本质同人相异化。"③ 在这里，

---

① 马克思恩格斯文集（第1卷）[M]，北京：人民出版社，2009年版，第210页。
② 马克思恩格斯文集（第1卷）[M]，北京：人民出版社，2009年版，第193页。
③ 马克思恩格斯文集（第1卷）[M]，北京：人民出版社，2009年版，第163页。

"异化劳动"不仅指向人的异化，也指向自然的异化：由于异化劳动及其过程，使得人与自然相分离、相对立。在马克思看来，生产过程中劳动者把自己的劳动和本质物化在产品中，使劳动对象化，使自然成为人"无机的身体"，在此过程中，人与自然是一种互为对象、且确证着彼此存在的交融共生关系，自然是人的他在，是感性地存在着的另一个人。但是在资本主义私有制条件下，劳动的异化使打上人的实践烙印的自然不再是人的本质的反观，而是与人疏离并奴役人的对象。马克思在《1844年经济学哲学手稿》中曾多次谈到自然在异化劳动中所呈现的异化表现。

在西方传统文化中，人们对自然的理解、对自然的感情是丰富的。他们或是将古希腊人与自然的统一奉为生存的理想；或是用原始的自然生活来反对社会的不平等和文化的腐朽；或是将自然视为遁世的避难所；或是依人化的自然对象反观自身，但是几乎从未有人将自然视为一种否定人的异己力量来看待。

然而，在资本主义社会化大生产中一个普遍而突出的现象就是异化现象的普及，人们对自然的意识发生了变更。文艺复兴以来仰慕希腊怀古情怀和浪漫主义"心灵与自然和谐"的美学原则遭到攻击与毁谤。在人们对自然的经验体验中出现了异化意识，自然异化了，自然不再是人类的家园，不再是人灵魂的寓所，它变成了人的枷锁，变成了一种陌生、敌对、迫使人丧失自我的异己力量。

在现代资本主义文化中最早提出反对自然主张的是波德莱尔。他认为18世纪启蒙思想家对自然的看法是错误的，自然并不是美和善的根源，而是指使人们对同类相杀、相食、相囚禁、相虐害的存在物，提出了"自然是丑的"，自然是"罪恶的教师"等著名论断。奥地利艺术批评家赫尔曼·巴尔在《表现主义》中认为："自然被剥夺了人性。最初我们还在为是自然的主人和大师而感到自豪，而此时自然之口已将我们吞噬。"[1] 在他看来，自然此时是与人为敌的、陌生的、使人产生恐惧、

---

① 赫尔曼·巴尔：表现主义[M]，徐菲译，北京：生活·读书·新知三联书店，1989年版，第88页。

引起人内心不安的异己力量。

艺术家们用不加掩饰地使主观幻象与现象分离所导致的错乱图像来表现人与世界关系的分裂与不和谐。法国立方主义画家，以具态交融的工业方式描绘现代社会的生活图像；德国表现主义画家马尔克，用有旋律的构图来表现动物的不安情绪，仿佛它们难以接受周围的现实；意大利画家契里珂，把人放在梦境般的广场上，围以森然的廊柱，画面明暗对比强烈，显示出一个与人疏远的僵冷环境等。我们看到，虽然他们对自然的描绘图景不同，但都运用将自然变形的艺术手法来揭示资本主义生产状态下自然异化的情形。卢卡奇对此有深刻的论述，认为技巧在别处或许只有形式上的意义，而在描绘、揭露和展现极为生疏和具有敌对色彩的异化上去却激起人原始的恐惧。在资本时代，许多美学理论和艺术作品都把自然异化作为外部世界和人类境遇的真实情况来进行论述和表现，大多数哲学家将自然异化作为批判和反思现代生产方式、发展模式和资本逻辑的对象。在现代人看来，自然是陌生的、与人为敌的、控制人的异己力量。

在马克思那里，他将那种自然在人类行为的过度干预下呈现的背离、惩罚和报复现象称为"自然的异化"，指出"自然的异化"伴随着人与自然关系而出现。在人类社会早期，自然异化具有原发性。在资本主义制度下，剩余价值利益的驱动改变了自然异化的原发性，与资本主义生产关系和社会制度相联系，呈现愈加严重的状况。由于片面的科技即生产力的增长观念，在促进物质生产力发展的同时也破坏了自然生态的平衡，产生了自然和人的双重异化。资本主义在极大推动自然人化进程时，也把人的本质力量和自然的异化推到了顶点，因为"异化劳动从人那里夺去了他的生产的对象，也就从人那里夺去了他的类生活，即他的现实的类对象性，把人对动物所具有的优点变成缺点，因为人的无机的身体即自然界被夺走了。"① 这就是说，劳动和自然的异化，使人为异化结果所奴役，深受生态环境的报复与惩罚之苦。人与自然界的全面关系也演变成了单纯的占有关系。人口、资源、环境与经济社会发展之间的矛盾

---

① 马克思恩格斯文集（第 1 卷）[M]，北京：人民出版社，2009 年版，第 163 页。

日渐突显出来，对人类的生存和发展提出了严重挑战。

在现代资本文化中，无论是哲学、社会学、心理学，还是文学艺术，都认为城市、大众、机器构成了现代人的生存环境，认为人们对环境的异化经验主要来自这三个方面。如欧文·豪在论述现代人的历史境遇时，一针见血地指出："人类身陷囹圄——你可以说，陷于大众中、机器中、城市中……"①

首先是城市。在资本主义工业化进程中，造成人们生存环境发生巨大变化的首先是城市，人们对环境的异化感受和经验最早也是来自城市。在工业化过程中，资本主义制度首先要做的就是摧毁农业社会集体，以形成资本主义生产所必需的"劳动后备大军"。1895 年比利时诗人维尔哈伦发表的两首诗《原野》和《城市》，形象地再现了工业化、城市化对原生态农村社会破坏的过程。诗中描绘了这样一种景象：原野上到处是废弃的农庄、荒芜的田园、倒塌的茅屋，背井离乡的人群潮水般涌向城市；与此同时，城市带着它的煤灰和黑烟、汽笛和钢铁、劳作和贫困、堕落和色欲，迅速向原野扩展。农业式社会集体的破坏，使那些原先生活在宗法式农业经济环境里的人们，被迫离开土地、村庄、家园来到一个全然陌生的城市环境中。在工业化城市里，由于没有了原先可以依靠的社会性共同体，个人因之失去了赖以生存的"根"，于是，面对一个生疏的、与自己没有联系的世界，人们感到的不再是中世纪以来欧洲人普遍向往的"城市之自由"，而是一种"无家可归"的孤独和焦虑。

其次是大众。对于个人来说，大众是工业化城市造就的环境，是社会自然环境。过去在农村公社式的社会秩序中，人们的关系局限在一个小圈子里，因而比较稳定，但在工业化进程中虽然城市人口猛增，人口大量流动，人与人的社会联系却越来越少。这时的社会秩序实际上只是一个名义上的共同体，由于失去了与他人的联系，也没有什么社会共同体可以依靠，个人就陷入了极端孤立的处境，这时茫茫人海就像陌生、

①　袁可嘉等编选：现代主义文学研究（上）［M］，北京：中国社会科学出版社，1989 年版，第 173 页。

恐怖的大自然一样霍然矗立在人的面前。

将大众视为异化环境的意识，表现在现代文化对人、人性、人的生存处境等问题的认识上。从波德莱尔开始，就出现了对都市大众的一种否定倾向，他在《恶之花》中将大众描写为堕落、病态、丑恶的群体。一些作家用"人性变了"来表述这种将大众视为异化环境而产生的异化感。异化理论蜚声文坛的美国哲学家弗洛姆则从本体论视域为"大众作为异化环境"的意识寻找原因，他深刻地指出："人与人之间的异化导致了一般社会联系的消失"，他认为现代社会中人与人的关系"是一种两个抽象物、两个活机器之间相区别利用的关系"①。

最后是机器。机器也是人化自然。工业化社会的人们生存在以机器为中心的环境中，而且机器本身倾向于决定全部环境。机器作为一种限制人的环境和压迫人的异己力量主要体现在两个方面：一方面，机器的大规模使用排斥工人，使大批工人失业；另一方面，机器的普遍使用使人在生产过程中的能动性丧失，人必须服从机器和流水作业线的节奏。正如弗洛姆在论述工人与其劳动异化时所指出的：工人不是作为支配机器的积极力量而是沦为机器的组成部分。这就是说，机器成了人的主人，人成了机器的奴隶。人在改造自然界的过程中，创造了机器，机器成为解放人的力量，然而资本主义工业化使机器异化为驾驭和束缚人的异己力量，这样人就在自己所创造的人化自然面前丧失了自身。马克思对此精辟地指出：机器本身是人对自然力的胜利，而它的资本主义应用却使人受自然力奴役。

从人的生存的视角观照，城市、大众、机器都属于人的社会环境，因而具有属人的性质。人类在改造、征服自然的过程中创造了社会，结成了各种社会关系，建构了各种机构组织。然而，在一定条件下，这些社会关系和机构组织脱离属人的性质，成为纯粹物性存在物来奴役和统治人，成为人异己的和自在的力量，正是在这个意义上，特定的社会关系和社会机构才被称为"社会自然"。

---

① 弗洛姆：健全的社会［M］，欧阳谦译，北京：中国文联出版公司，1988年版，第140页。

二、人与自然关系的异化

在本体论上，劳动或实践是人的自由自觉的类活动，是人的本质存在方式和生存运动，在此过程中，人与自然达到了统一与和谐，处于互为确定对方存在的对象性关系中。然而在资本主义生产状况下，由于人的本真存在方式——劳动的异化，人与自然原初的对象性关系异化了，人与自然不再互为确证对方，而是自然反身否定人的本质，进而控制人、威胁人和奴役人。对象性关系在异化劳动中脱落为非对象性关系，演变为敌对关系。正如马克思指出劳动的异化致使人与自然原初的共生交融关系演化为工人同劳动产品这个异己的、统治着他的对象的关系。

那么，人与自然关系的异化表现在何处呢？恩格斯在《自然辩证法》中写道："我们不要过分陶醉于我们人类对自然界的胜利。对于每一次这样的胜利，自然界都对我们进行报复……美索不达米亚、希腊、小亚细亚以及其他各地的居民，为了得到耕地，毁灭了森林，但是他们做梦也想不到，这些地方今天竟因此而成为不毛之地，因为他们使这些地方失去了森林，也就失去了水分的积聚中心和贮藏库。"[①] 同恩格斯一样，马克思也注意到了所处时代的生态环境问题："每一次胜利，起初确实取得了我们预期的结果，但是往后和再往后却发生完全不同的、出乎预料的影响，常常把最初的结果又消除了。"[②] "文明和产业的整个发展，对森林的破坏从来就起很大的作用，对比之下，它所起的相反的作用，即对森林的护养和生产所起的作用则微乎其微。"[③] "资本主义农业的任何进步，都不仅是掠夺劳动者的技巧的进步，而且是掠夺土地的技巧的进步，在一定时期内提高土地肥力的任何进步，同时也是破坏土地肥力

---

① 马克思恩格斯文集（第9卷）[M]，北京：人民出版社，2009年版，第559 - 560页。

② 马克思恩格斯文集（第9卷）[M]，北京：人民出版社，2009年版，第560页。

③ 马克思恩格斯文集（第6卷）[M]，北京：人民出版社，2009年版，第272页。

持久源泉的进步。"① 资本主义 "一方面聚集着社会的历史动力，另一方面又破坏着人和土地之间的物质变换，也就是使人以衣食形式消费掉的土地的组成部分不能回归土地，从而破坏土地持久肥力的永恒的自然条件。这样，它同时就破坏了城市工人的身体健康和农村工人的精神生活。"② 这具体表现为：首先，自然界作为生产产品的有机部分，在异化劳动中同劳动者的关系处于异己的、对立的状态，工人在改造自然的劳动中创造了财富和美，但是这些却远离自己而去，自己则过着一种贫穷、丑陋、非自然与非美的生活；其次，社会劳动中自然与人的异化还表现在劳动过程中对自然的严重破坏与污染，本来，劳动是人按照美的规律来建造的，是人与自然的和谐统一，但异化劳动却使自然受到污染和破坏。还有一种现象，在异化劳动中人对自然的感觉和感情也异化了，这一点也是人与自然关系异化的表现。马克思认为，社会劳动是人的本质力量的对象化、自觉的意识和欲望的实现，因此人在劳动中应该感到十分的幸福和愉快；但异化劳动却是一种强制的劳动，是人的本质的丧失、肉体的折磨、精神的摧残，所以劳动者在感觉和感情上表现为一种痛苦和沮丧。在这种情况下，人对自然的感觉和感情也会发生异化，即使是面对如画的河山风光，处于痛苦和沮丧状态中的劳动者也绝对不会欣赏它们。马克思指出："忧心忡忡的、贫穷的人对最美丽的景色都没有什么感觉；经营矿物的商人只看到矿物的商业价值，而看不到矿物的美和独特性；他没有矿物学的感觉。因此，一方面为了使人的感觉成为人的，另一方面为了创造同人的本质和自然界的本质的全部丰富性相适应的人的感觉，无论从理论方面还是从实践方面来说，人的本质的对象化都是必要的。"③ 这就是说，只有完全排除了异化状态的劳动，人在劳动中才能真正处于一种幸福和愉快的状态，才能真正实现人的本质力量的对象化，以便培养同人的本质和自然界的本

① 马克思恩格斯文集（第5卷）[M]，北京：人民出版社，2009 年版，第579 - 580 页。

② 马克思恩格斯文集（第5卷）[M]，北京：人民出版社，2009 年版，第579 页。

③ 马克思恩格斯文集（第1卷）[M]，北京：人民出版社，2009 年版，第192 页。

质相适应的人的感觉，从而真正欣赏大自然的良辰美景。

由此，马克思从社会劳动的角度分析了生态环境恶化、人对自然的感觉和情感异化的根源。马克思认为，资本主义时期人与自然的统一失去了合理的实践基础上，由于劳动的异化，人与自然的关系便从统一走向了疏离甚至是自然对人的控制与奴役的状态。但资本主义社会条件下人与自然关系走向全面对立和异化的事实，应被视作历史性的、社会性的、暂时性的。总之，马克思主张人与自然的关系意味着异化本身处于暂时和有条件的辩证发展过程。

三、自然及其与人的关系异化的实质

在马克思那里，自然具有社会属性，尽管曾经存在一个客观的自然，但它已被人类的实践所中介，是一个实践的人化自然。因此自然异化的根本原因不是技术、人口和消费的片面增长，而是社会劳动异化的结果。马克思认为在资本主义制度下异化劳动的存在造成了人与自然的对立，自然不再是人的本质力量的体现，而是与人相对立的。异化劳动从人那里夺去了他的生产对象，也就从人那里夺去了他的类生活，把人对动物所具有的优点变成缺点，因为它从人那里夺走了他的无机身体即自然界。这就意味着自然不再属于人，不再是人的对象化的体现，而成为奴役与剥削人的力量。在异化劳动的状况下，劳动者越是通过自己的劳动占有自然界，他就越是失去自己的生活资料和生产资料，越成为自己创造物所奴役的对象，因此，工人创造得越多，他就越远离自己本性，受的压迫与奴役越重。"劳动越有力量，工人越无力，劳动越机巧，工人越愚笨，越成为自然界的奴隶。"① 在马克思看来，异化劳动不仅使人与自然之矛盾激化，而且使劳动失去了原有本真的意义，失去了人的自由创造活动，使劳动变成仅能维持生存的活动。同时自然界也就失去了原有的生机，失去其所蕴含的美感，自然界变成了仅能提供人生活的原料，变成了资本主义生产方式下资本家经济利润来源的赤裸裸的对象。劳动者越是通过自己的劳动占有外部世界、感性自然界，他就越是在两个方面

---

① 马克思恩格斯文集（第1卷）［M］，北京：人民出版社，2009年版，第158页。

失去生活资料。第一，感性的外部世界越来越不成其为属于他的劳动对象，不成其为他的劳动的生活资料；第二，这个外部世界越来越不再为他提供直接意义的生活资料，即劳动者的肉体生存所需的资料。同时马克思正确地指出异化劳动在于资本主义的私有制，"在私有财产和金钱的统治下形成的自然观，是对自然界的真正的蔑视和实际的贬低。"① 资本主义生产是一种畸形的生产，工人越是劳动，失去的就越多，受到的奴役就越多，越成为自然界的奴隶，离自由的劳动就越远。劳动者通过异化的，外化的劳动，产生出一个跟劳动不相干的，置身于劳动之外的人同这个劳动的关系。私有财产是外化了的劳动，即劳动者同自然界和自己本身的外在关系的产物、结果和必然归结。

第三节 异化的扬弃与双重矛盾的和解

一、对扬弃异化之途的探索

马克思认为人和自然的关系是通过对象性活动而建立起来的对象性关系，在这一过程中，人实现了自身本质力量的对象化；随着私有财产制度的确立和社会分工的日渐深化，人与自然关系在资本主义社会走向全面异化；异化的出现有其必然性但却是暂时的，随着对异化劳动和私有财产制度的积极扬弃，人类会在新的更高基础上重建人与自然的和谐关系。

面对资本主义社会，人与自然关系走向全面对立和异化的事实，马克思以历史唯物主义的眼光，清楚地认识到异化的出现尽管有其必然性，但决不是永恒的。如果说异化是对对象化的克服与否定，那么，对异化的克服和否定应该是人与自然关系发展过程中应遵循的路向。

问题的关键是如何扬弃异化呢？马克思认为异化和异化的扬弃走的是同一条路，这为我们探索异化的扬弃指明了方向。因为异化劳动是造成人与自然异化的原因，这就意味着扬弃人与自然关系的异化，必须克

---

① 马克思恩格斯文集（第1卷）[M]，北京：人民出版社，2009年版，第52页。

服异化劳动，而异化劳动与私有财产又是相互关联的，马克思说："私有
财产一方面是外化劳动的产物，另一方面又是劳动借以外化的手段，是
这一外化的实现"①。因此，要扬弃异化劳动，就必须扬弃私有财产。而
只有到了共产主义社会，私有财产才会被扬弃，才意味着异化的真正
扬弃。

那么，私有财产怎样才能被扬弃呢？共产主义社会又是一种怎样的
社会制度呢？在资本主义社会里，私有财产最集中的体现就是资本，资
本是对他人劳动及其产品的私有权和支配权，私有制为资本的这些权力
的至上性提供了制度保障。有学者认为"私有财产扬弃的关键又在于资
本的扬弃"②，笔者认为这一观点是有道理的。扬弃资本成了扬弃异化劳
动的关键所在。

资本是个历史范畴，它只是物化劳动的抽象体现，是一种积蓄起来
的劳动成果。它具有两个鲜明的固有特性：第一，资本具有支配权。它
对劳动及其产品具有支配权力，而资本家因为占有资本从而也就拥有了
对劳动及其产品的支配权；第二，资本能够给资本家带来利润，"资金只
有当它给自己的所有者带来收入或利润的时候，才叫作资本。"③ 正是因
为这样，资本家的动机就是寻求自己利益的最大化，追求在同样可靠性
的条件下给他所带来的最大利润。而要获得最大利润其实就是依靠其对
劳动及其产品的支配权实现对工人剩余劳动最大可能的占有和剥削。私
有制保护了资产阶级的私有财产及其不可遏止的追逐财富的欲望，使得
工人被迫为资本家劳动并且被束缚在一个狭隘的部门、服从资本主义的
强制性生产秩序，从而造成了异化劳动的普遍存在。

马克思在唯物主义巨著《德意志意识形态》中有一段著名的话：
"在共产主义社会里，任何人都没有特殊的活动范围，而是都可以在任何
部门内发展，社会调节着整个生产，因而使我有可能随自己的兴趣今天

①　马克思恩格斯文集（第1卷）[M]，北京：人民出版社，2009年版，第166页。
②　陈正权：劳动扬弃资本——《1844年经济学哲学手稿》中的私有制批判
[J]，集美大学学报（哲学社会科学版），2002（2），第9页。
③　马克思恩格斯文集（第1卷）[M]，北京：人民出版社，2009年版，第130页。

干这事，明天干那事，上午打猎，下午捕鱼，傍晚从事畜牧，晚饭后从事批判，这样就不会使我老是一个猎人、渔夫、牧人或批判者。"① 在共产主义社会里，由于全面扬弃了私有财产，实现了公有制，社会调节着整个生产，异化劳动的根源不再存在，人们从事劳动不再是为了谋生而是出于对象化自己的本质需要，因而异化最终被人类所完全扬弃。从而，劳动变成了劳动者自由的生命表现，变成了生活的乐趣。这时候劳动也就真正成为人的一种自由自觉的活动。

由此我们可以看到，共产主义社会的公有制与资本主义社会的私有制是两种本质不同的社会体制，在公有制体制中，资本及私有制存在的根源消失了，因此，马克思认为共产主义社会是私有财产即人的自我异化的积极扬弃，是自然异化的积极扬弃。

二、共产主义：异化的扬弃和双重矛盾的和解

所谓"双重和解"即人与人的和解和人与自然的和解，是人的自我异化的扬弃与自然异化的扬弃的必然结果，它意味着人与自然的被遮蔽的本质的复归。

这种和解的前提是共产主义的实现，马克思认为共产主义社会是私有财产即人的自我异化的积极扬弃，是通过人并且为了人而对人的本质的真正占有；它是人向自身、向社会的合乎人性的人的复归，这种复归是完全的，自觉的以及在以往发展的全部财富的范围内生成的。这种共产主义，作为完成了的自然主义等于人道主义，而作为完成了的人道主义等于自然主义，它是人和自然界之间、人和人之间的矛盾的真正解决，是存在和本质、对象化和自我确证、自由和必然、个体和类之间的斗争的真正解决。依据马克思的观点，扬弃人的自我异化，实现对人本质的真正占有，意味着人之为人的本质复归于人，人从此由非人转化成为合乎人性的人。人获得了自己的人之为人的本质，人便从异化中得以复活。由于作为完成了的自然主义等于人道主义，作为完成了人道主义等于自然主义，即合乎人性的人是与自然界达成内在一致的人，是与自然界融

① 马克思恩格斯文集（第1卷）［M］，北京：人民出版社，2009年版，第537页。

合为一体的人，所以它使人与自然界之间分裂与对立的矛盾得到真正的解决。因此，人之复活同时也意味着自然界的真正复活，自然界才表现为他自己的属人的存在的基础。即只有在社会中，人的自然的存在才成为人的属人的存在，而自然界对人来说才成为人。因此，社会是人同自然界的完成了的、本质的统一，是自然界的真正复活，是人的实现了的自然主义和自然界的实现了的人本主义。这时，人之外的自然与人自身的自然都真正成为了人化的自然，成了"人自己的人的存在"，从而自然界得到了全面的发展，而与之相应人的感性、个性也得到了自由全面的发展并外化为自然界，人的自由自觉的本质由于对象化而在自然界中得到了全面的实现。

然而，上述人与自然的交融关系只是在人类被当作无矛盾的抽象主体来进行描述的一种理想状态，而从现实的立场来看，现代社会的普遍异化往往使"人与自然完成了的统一"这一理想无法得以真正实现。在现代发达的资本主义社会，科学技术及以此为基础的社会生产力得到了高度发展，人类对自然有了更为深入和广阔的占有，然而这种占有却常常意味着对自然界的破坏。人们拥有了巨大的生产力，却不能合理对待自然，在人与自然的关系上，反而表现出空前的盲目性和反自然性。

对此，马克思早有所预见，在马克思看来，现代社会在人与自然的关系上表现出来的盲目性和反自然性主要体现在两个方面：即对待外部自然界和人自身的自然上。就前一方面而言，人们对自然的无限制的开发，造成了在马克思时代就已相当严重的"森林、煤矿、铁矿的枯竭"，造成了日益严重的环境污染和生态平衡的破坏。就后一方面而言，"肮脏，人的这种堕落、腐化，文明的阴沟（就这个词的本义而言），成了工人的生活要素。完全违反自然的荒芜，日益腐败的自然界，成了他的生活要素。"① 资本主义生产方式创造了巨大的财富，但同时却又造成了对人和活劳动的巨大浪费，不仅浪费人的血和肉，而且浪费人的智慧和神经。如果说这只是对早期资本主义社会劳动者状况的描绘，那么，法兰克福学派所揭示的在资本主义生产中，人被机器所奴役，成为机器的

---

① 马克思恩格斯文集（第1卷）[M]，北京：人民出版社，2009年版，第225页。

附件，自身的智慧和创造力无法得到运用和发展的状态，正是马克思论断的现代表现。值得提出的是，在社会主义国家，随着生产力和科学技术的发展，也同样出现如此问题，如环境污染、机器对人的奴役等，这是因为在社会主义社会，人与自然、人与人的矛盾也没有得到彻底解决。

这种人与自然之间的背离关系是一种真正的异化，它阻碍了人与自然之间正常的相互作用，阻碍了"人与自然完成了的统一"的真正实现。

所以，这里所谓"完成了的本质的统一"只是就一种逻辑的理想意义而言的。在这里，我们始终把人当作一个处于理想状态的、一个无矛盾的抽象主体来看待，从而在实际上恰恰脱离了社会。这种"完成了的本质的统一"仍然是静态的，缺乏历史感的。事实上，人与自然的关系只能在人与人、人与社会的关系中才能被现实化，换言之，异化的扬弃，人与自然及人与人之间矛盾的和解，应在自由自觉的人类实践活动中实现。这就决定了异化的扬弃不是一蹴而就的事情，而是一个漫长而艰难的过程。共产主义并非神话中的阿拉丁神灯，即刻就能照亮人类所面对的普遍异化之途，正如有些学者所说：我们不能幻想一个普遍异化的社会一夜之间就会转变为一个全新的非异化的共产主义社会。

我们上面的分析是寻找扬弃异化的条件：要扬弃异化，必须克服异化劳动、消除私有制、消除资本的私人占有和支配特性。而共产主义社会，恰恰是异化条件不再存在的社会，因而实现共产主义的过程应该就是扬弃异化的过程。那么实现这一过程的根本途径或现实出路是什么呢？马克思明确指出："这种'异化'（用哲学家易懂的话来说）当然只有在具备了两个实际前提之后才会消灭。要使这种异化成为一种'不堪忍受的'力量，即成为革命所要反对的力量，就必须让它把人类的大多数变成完全'没有财产的'人，同时这些人又同现存的有钱有教养的世界相对立，而这两个条件都是以生产力的巨大增长和高度发展为前提的。另一方面，生产力的这种发展（随着这种发展，人们的世界历史性的而不是地域性的存在同时已经是经验的存在了）之所以是绝对必需的实际前提，还因为如果没有这种发展，那就只会有贫穷、极端贫困的普遍化……其次……还因为：只有随着生产力的这种普遍发展，人们的普遍交往才能建立起来……最后，地域性的个人为世界历史性的、经验上普遍的个人所代替。"① 其实，马克思也就是表述了这样一种状况：异化的扬弃必须建立在生产力的高度发展及自由人的联合体的实现上。对于自由人的联合体，马克思认为，在这种社会里，"社会化的人，联合起来的生产者，将合理地调节他们和自然之间的物质变换，把它置于他们的共同控制之下，而不让它作为一种盲目的力量来统治自己；靠消耗最小的力量，在最无愧于和最适合于他们的人类本性的条件下来进行这种物质变换。"② 实际上，马克思已经将生产力的高度发展的合理状态融合在"自由人的联合体"之中了。在这种联合体中，人与人之间的矛盾将得到解决，用丁立群先生的话表达，即这种联合体"亦将使人与自然的关系发生根本质的变化，它使人与自然的关系不再局限于控制与被控制的物质——功利层面，建立起精神与物质的全面关系，使自然显现出充分的精神价值和文化价值，使人与自然的关系上升为一种美学关系。"③

第四节 卢卡奇论物化

一、物化的本质显现

异化，在《历史与阶级意识》一书中是用物化的概念来表述的，在这个时期卢卡奇尚未能区分物化与异化的概念，但实质上他是在异化的意义上使用物化概念，也就是说，物化即异化。

何为物化？青年卢卡奇从对马克思《资本论》中商品拜物教的分析出发，指出商品交换的世界构成了资本主义社会的物化现象。所谓物化，就是人的本性与其存在相冲突，人由主体变成了客体，变成了对象，人的活动的结果和人创造的物变成了某种异己的反过来统治人、支配人、

---

① 马克思恩格斯文集（第1卷）[M]，北京：人民出版社，2009年版，第538页。

② 马克思恩格斯文集（第7卷）[M]，北京：人民出版社，2009年版，第928 - 929页。

③ 丁立群：发展：在哲学人类学的视野内 [M]，哈尔滨：黑龙江教育出版社，1995年版，第172页。

束缚和奴役人的力量，结果人成了物的奴仆，人与人的关系表现为物与物的关系，即"人与人之间的关系获得物的性质，并从而获得一种'幽灵般的对象性'，这种对象性以其严格的、仿佛十全十美和合理的自律性掩盖着它的基本本质、即人与人之间关系的所有痕迹。"① 继而卢卡奇又从主客观两方面进一步揭示了物化的本质规定。"在客观方面是产生出一个由现成的物以及物与物之间关系构成的世界（即商品及其在市场上的运动的世界）"②，这是一个存在于人之外的"第二自然"，其规律由自身发生作用的力量与人相对立，即人与社会性自然相异化。而"在主观方面——在商品经济充分发展的地方，人的活动同人本身相对立地被客体化，变成一种商品，这种商品服从社会的自然规律的异于人的客观性"③，即人的活动不依赖于人而进行自己的运动，人与其活动相异化。

显然，卢卡奇是在主客对抗性关系的角度来表述物化的，揭示物化的本质规定性，物化意味着主体与客体、人与其劳动本身、人与物的世界的疏离和对抗，物的世界奴役人的世界。卢卡奇认为在资本主义生产中，"合理的机械性和计算原则"的普遍应用是资本主义物化现象普遍存在的表现，一方面，它导致生产客体的分割，生产的有机整体变成了偶然性的东西；另一方面，生产的主体也因相应地被分割而显得更加孤立化，成为"一些孤立的原子"④。卢卡奇进一步指出：当"工人的命运成为整体社会的普遍命运"⑤ 时，"资本主义生产的'自然规律'遍及社

---

① 卢卡奇：历史与阶级意识［M］，杜章智、任立、燕宏远译，北京：商务印书馆，2004 年版，第 146 – 147 页。

② 卢卡奇：历史与阶级意识［M］，杜章智、任立、燕宏远译，北京：商务印书馆，2004 年版，第 150 页。

③ 卢卡奇：历史与阶级意识［M］，杜章智、任立、燕宏远译，北京：商务印书馆，2004 年版，第 150 – 151 页。

④ 卢卡奇：历史与阶级意识［M］，杜章智、任立、燕宏远译，北京：商务印书馆，2004 年版，第 155 页。

⑤ 卢卡奇：历史与阶级意识［M］，杜章智、任立、燕宏远译，北京：商务印书馆，2004 年版，第 156 页。

会生活的所有表现"① 时，物化就达到极限，那时"分工中片面的专门化越来越畸形发展，从而破坏了人的人类本性"②，这种分工要求的效率越高、越先进以及越"理智"，这种情况就表现得越明显，这表明"在资本主义发展过程中，物化结构越来越深入地、注定地、决定性地沉浸入人的意识里。"③

二、物化产生的根源及其扬弃的途径和手段

关于物化的产生，卢卡奇认为它是资本主义社会所特有的普遍而必然的现象，是由资本主义社会的经济形式即商品生产所决定的。在资本主义社会中，商品生产占据支配地位，渗透到社会生活的各个方面。尽管在资本主义以前的某种社会形态里，也存在着"商品交换和与此相应的主观的和客观的商品关系"④，但是，它只是以偶然的商品交换形式表现出来，这与商品交换处于占社会支配地位的资本主义社会具有质的区别，卢卡奇强调这里重要的问题是："商品交换及其结构性后果在多大程度上能影响整个外部的和内部的社会生活？"⑤ 而商品形式在整个经济社会中真正成为占统治地位的形式是在资本主义社会中才出现的，这就深刻指出物化只是资本主义所特有的现象，只有在这种社会中，商品关系产生的物化，才能对社会的客观发展以及人们对它所采取的态度产生决定性的意义。

异化作为一种历史现象，是资本主义所特有的产物，而其扬弃也是历史的和必然的。

----

① 卢卡奇：历史与阶级意识［M］，杜章智、任立、燕宏远译，北京：商务印书馆，2004 年版，第 157 页。

② 卢卡奇：历史与阶级意识［M］，杜章智、任立、燕宏远译，北京：商务印书馆，2004 年版，第 165 – 166 页。

③ 卢卡奇：历史与阶级意识［M］，杜章智、任立、燕宏远译，北京：商务印书馆，2004 年版，第 159 页。

④ 卢卡奇：历史与阶级意识［M］，杜章智、任立、燕宏远译，北京：商务印书馆，2004 年版，第 147 页。

⑤ 卢卡奇：历史与阶级意识［M］，杜章智、任立、燕宏远译，北京：商务印书馆，2004 年版，第 147 页。

卢卡奇认为扬弃物化，有赖于无产阶级自我意识的成熟，因此，他把物化的克服完全归结为无产阶级的认识问题。他具体分析了无产阶级及其自我意识，从历史和思想上确立了无产阶级的历史地位。在卢卡奇看来，无产阶级要从总体上洞察和变革社会，而且要在总体上超越资产阶级客体，又必须获得关于无产阶级的自我意识，因为，只有一种创造和变革历史的行动着的人们的主体意识，才能和实践相联系，才能通过实践彻底地改变自身和社会。所以，一旦无产阶级意识到自己的历史地位，意识到在社会中，客观的商品不过是物化帷幕下主观的反映，物仅仅是人的关系面纱下的表象时，资本主义的物化大厦便要倒塌了；一旦资本偶像、拜物教的实质被戳穿以后，无产阶级就获得了自我意识，这时，它就要通过无产阶级实践从总体上彻底改变社会和自身。所以，对资本主义物化的扬弃，无产阶级革命的成功，完全取决于无产阶级自我意识的成熟。

三、卢卡奇与马克思异化理论之异同

我们看到，卢卡奇在《历史与阶级意识》中对物化本质规定性的揭示，对物化产生的社会根源的挖掘及对扬弃物化的途径与手段的探索都与马克思的相应理解有着惊人的相似之处。

首先，在对异化与劳动关系的理解上，卢卡奇与马克思都看到：片面的专门化劳动越来越畸形发展，破坏了人的类本性，造成主体与客体割裂和原子化，人的世界与物的世界相对立。

其次，卢卡奇和马克思都看到了异化与资本主义经济事实的关系，认为异化是一个历史的范畴，是资本主义社会特有的社会现象，并对其作出了否定性的价值判断。

最后，卢卡奇和马克思一样看到了异化的产生与异化的消除是异化过程的两个方面。

然而，其差异也是明显的。

首先，在对异化概念的理解上，卢卡奇表述的物化概念并不十分明确，把异化与物化等同起来，从而掩盖了异化只是一个历史现象的实质。

其次，在对异化根源的探索上，卢卡奇认为异化是资本主义特有的

问题，商品拜物教是其特殊的表现形式，而马克思则从更广阔的视野，从人类发展史和生产方式的角度探讨了异化的根源问题。

最后，在如何消除异化的问题上，卢卡奇主张需要无产阶级革命意识的成熟来逐渐克服异化，这不免使其理论陷入唯心主义的窠臼，而马克思则主张通过无产阶级革命实践消除异化，始终坚持唯物主义的历史原则。

因此，真正对异化理论作出科学解释的还是马克思。

第五节　自然异化的当代反思与批判

从早期资本主义生产变革起始，人类凭借科学技术的手段片面地认识和改造自然，在极大推进自然向人生成的同时，也导致了自然与人的异化。"而自然对人的异化，集中表现为全球性的'生态危机'。"[①] "所谓'生态危机'，主要是指由于人类不合理的活动，在全球规模或局部区域导致生态过程即生态系统的结构和功能的损害、生命维持系统瓦解，从而危害人的利益、威胁人类生存和发展的现象。"[②] 今天，自然的异化如同自然的人化，达到了前所未有的程度，一个属于整个人类的问题——全球性的生态危机摆在人们面前。生产力的巨大发展和不断向前推进，自然在更深广度和高度上向人生成，是否意味着人类最终将掘尽他所生存的世界上的财富，并将生存的环境也变成一座失去持续代谢能力的废墟？

面对自然环境的日趋恶化，面对生态危机的现实威胁，人类不得不回过头来正视自然、扪心自问：我们在走向明天的路上，究竟从哪里开始走错了路，生态危机的根源何在？

一、实践生态学转向对生态环境问题的反思与批判

工业革命，尤其是第三次科技革命浪潮的席卷，使人类在改造自然、

---

① 陈其荣：自然哲学 [M]，上海：复旦大学出版社，2004 年版，第 181 页。
② 陈其荣：自然哲学 [M]，上海：复旦大学出版社，2004 年版，第 183 页。

变革社会，尤其是在革新人的生存方式方面取得了斐然成就。人类运用高科技手段征服和改造自然，加剧了自然与人关系的异化，使生态环境遭到严重破坏，威胁着人类的生存。

有学者反思性地认为自然的异化、生态环境的恶化与人的不合理的存在方式不无关系。关于人的存在方式，马克思曾明确地指出：人的存在即表现，个人怎样表现自己的生活，他们自己就怎样，这和他们的生产是一致的，人们的存在就是他们的实际生活生产过程。这就是说，人的存在方式就是指人的自我存在的社会实践活动的生命展现过程。人如何生产，如何消费，如何存在，直接影响着人存在的状态及其生存的环境。

对于人的生存方式——生命实践活动，在本体论的意义上，它是人有意识地探索和改造世界的客观物质活动，确证了人自由自觉的劳动的类本质，人与自然作为对象性存在物在实践活动中达到了原初的统一与和谐，对象性的存在物之所以进行对象性的活动是因为这本身就是其存在方式。

然而，在资本主义社会，实践作为人的存在方式，处于一种异化状态中。从人的感性对象性活动的性质和结果来看，这种异化状态直接就表现为人的存在方式的危机，而人的存在方式的危机反过来又体现和加剧了实践或劳动异化的程度。究其原因和表现：

首先，人盲目地以"对象性的存在"来确证自己的本质和价值。由于人的存在形式表征为社会实践活动及其结果，所以，人有一种渴望追求对象性存在，表现自我价值的心理。它驱动人们非理智地改造自然，从而造成人的生存产生内在的生产和消费之间的矛盾，其外在表现即是人与自然界的矛盾，突显为人与自然界矛盾的激化，自然资源逐日递减和衰竭、生态失衡、环境污染等，即人生存的困境。

其次，单一的经济增长指标和无极限的经济增长模式与理念也加剧了人与自然的不协调程度。反思近现代工业化历史，不难看出我们人类普遍陷入了发展误区，我们不是将人全面而持续发展作为准绳，而是把经济不间断的增长、物质财富绝对量的提高和 GDP 指数的幂级增长作为衡量社会进步和国民幸福的唯一标尺。这种理念误导人类盲目地改造自然，片面地追求经济增长，以致陷入社会物质财富极大浪费的经济危机。这种不符合自然界演化规律的无极限经济增长模式，从深层看是人无极限消费自然资源，即消费自己"无机"身体的非科学的生存模式。

除此之外，人类对消费的无极限的追求、贪婪和奢侈，某些发达国家推行极端利己主义的行为也驱动了人们盲目加速生产，运用高科技手段疯狂掠夺自然，引发了自然与人异化的再度恶性循环，致使人类一度深陷不合理的生存状态中。

二、生态学马克思主义对人的生存处境的反思

生态学马克思是20世纪70年代初形成的"西方马克思主义"的一个分支学派，是战后"西方马克思主义者"根据变化了的社会现实对马克思主义作出的一种新的理论阐释，他们从生态危机及由此引发的"生态革命"中找到与马克思主义之间的新的结合点。

面对生态环境等时代困境，生态学马克思主义者在理论上作出了深刻反思和批判，为化解时代危机做着积极的努力。

首先，人类社会和自然的关系是生态马克思主义者思考的核心问题。生态学马克思主义认为人类生存的环境遭到人类自己活动的巨大破坏，这种破坏甚至危及人类不远将来的存亡，而马克思著作中关于自然和社会关系的思想及相关概念能帮助人们解决社会和自然的现实冲突，建立起人和自然的共生和谐关系。因此，生态马克思主义者纷纷将社会和自然的关系问题作为其研究的重点，特别是马克思关于自然与人、自然与社会关系的相关论述成为他们分析和讨论的对象，认为人与自然的关系是辩证的，人与自然相互规定，相互作用，同时人类必须承认外部自然的优先性；自然除了具有作为物质生产的材料、资源等工具性价值外，还有审美、精神、道德等非工具性价值。大部分生态马克思主义者借助对马克思有关社会和自然思想的分析，结合20世纪的社会和自然界现实重新解释马克思主义自然观，这些经过重新建构的马克思主义的自然观则成为分析和批判20世纪的资本主义的世界观。

其次，生态学马克思主义认为资本主义制度及其生产方式是破坏自然，导致环境恶化，造成生态危机的直接而又主要的原因，是导致社会

和自然冲突的罪魁祸首。尽管有的学者认为社会主义国家也面临着环境问题，但是大多数生态马克思主义者认为生态环境危机、社会和自然之间的冲突以及资本主义社会内部的危机根源于资本主义的生产方式和生活方式及资本全球扩张的本性，根源于资本主义制度本身。如柏森斯认为，生态环境恶果是由资本主义制度下具体的劳动方式和商品交换方式造成的。奥康纳从马克思的资本理论出发，认为现时代由社会与自然状况影响和决定的生产条件有可能在资本主义制度内导致一种生态危机。福斯特通过分析资本主义史上三次农业危机及资本主义制度下城市和乡村的严重分离和对立，论证了资本主义制度下人与土地之间物质变换裂缝的产生导致资本主义制度下土壤退化、森林破坏、物种灭绝等自然环境灾害。本·阿格尔分析了资本主义制度下异化消费必然引起的生态压力，认为生态问题已成为当代资本主义世界最为突出的问题，当今生态危机已取代经济危机成为资本主义的主要危机。

虽然生态马克思主义者使用不同的理论和概念来分析资本主义社会条件下人对自然的损害，但在强调资本主义制度是造成这一切的直接原因上，则是一致的，即资本主义的经济、政治制度甚至文化造成了社会和自然的冲突和对立，破坏了人类赖以生存和生活的环境。

再次，创造人类社会和自然的和谐统一是生态马克思主义的理论理想，是其为化解当代生态环境问题寻得的现实出路。

生态马克思主义认为：人类不应生活在一个到处遭到污染的星球上，不应生活在一个气候恶劣、没有绿色和其他生灵、唯有人类居住的星球上；人类不要生活在一个资源耗尽、人类或灭绝或逃离地球的一种未来威胁中；也不要生活在一个内部充满冷漠、剥削、欺诈、不平等的人类社会中。未来的社会不仅应该内部平等、自由，更应该是一个整体与自然和谐的社会。人类不仅自由而且与自然和谐相处是生态学马克思主义者的理论目标和现实理想。

总之，"生态马克思主义"对当代资本主义社会的高生产、高消费所导致的生态危机和人的异化等问题进行了深刻的揭露和批判，透过生态环境问题，使人们看到了资本主义制度对人和自然的严重损害，揭示了资本主义社会非生态化、非审美化生产是生态危机的根本原因，倡导生态保护，主张人类和平，着眼人类未来，把人类的希望寄托于社会主义，这无疑具有积极的作用。尽管该理论也存在一些问题，但是作为"西方马克思主义"的新形态，它对当代全球问题和人类发展困境做出了哲学思索，对生态危机的根源及资本主义社会生产方式变革趋势等一系列问题的分析是深刻的。

通过实践的生态学转向和生态马克思主义对现时代生态问题和环境问题的批判与反思，我们发现它们都将生态危机的实质归结为人与自然关系的危机，归结为工业文明与生态系统之间的尖锐冲突。这一反思结果与马克思对异化劳动、人与自然关系的异化及由此所导致的环境的恶化的分析、揭露和批判具有一致性。虽然极少数生态学马克思主义者否认马克思主义理论包含生态思想，认为"马克思不是生态学家"，在马克思、恩格斯和其他马克思主义理论家那里存在着生态理论空场，但是，大多数生态学马克思主义者都肯定马克思主义中包含了丰富的生态思想，主要表现在马克思关于人、社会与自然辩证关系的观点上。拉比卡甚至直接指出："生态社会主义的理论基础是马克思主义。马克思在《资本论》中第一次揭示了资本主义的逻辑，从而为我们认识生态危机的实质、根源和解决出路奠定了基础。"①

因此我们看到，不管是实践的生态学转向或是生态学马克思主义都没有超越马克思在实践基础上对自然的理解，没有超越马克思的自然生态宏旨。马克思自然观与时俱进地关注和反思由于人的实践活动的不合理性结构而造成的人、自然、社会之间关系的紧张及不和谐音符，着眼于生存实践，透视当代人之生存问题，寻求人类更好地生存与发展的出路。

三、彰显马克思自然范畴本体论蕴涵的必要性

本体论是指人对自身生命活动与生存态度的自觉在哲学根基处的表达，它寓于哲学之中并构成哲学的一个根本维度。同时，生存本体论作

---

① 李其庆：法国学者拉比卡谈"生态学社会主义"［J］，国外社会科学信息，1993（7），第 17 – 18 页。

为本体论哲学的现代新形态，它是现代人内涵丰富之生活世界的自觉理论构建。可见，本体论即是"对于人的自由自觉的生命活动的理论阐释与自我批判活动，是关于人生存的根本理论，它要求把经验的、感性的生活作为哲学活动的直接出发点，要求超越对人生存的流俗性的和实存性理解，自觉地把人的生存看成是一种既超越于一般存在物，又与周围世界关联着的意义性存在。"① 文章第二章主要论述了马克思自然范畴人与世界的原初关联和人与自然的互为生成性的生存本体论内涵，清理了知识论路向对自然理解的偏误，敞开新的哲学生存本体论转向。这是一种体现了自然—人—社会通过人的生存实践及社会化历史活动所实现的生存论建构的马克思生存本体论自然观。在此结构中，自然是社会化的人生存于其中的自然；人是以自身的全面自由发展与解放为旨归、并处于具体历史实践活动中的人；社会则是在实践中历史地生成的人类交往的共同体。可见，马克思生存本体论自然观将对人与自然的整体性、历史性和个体生命存在的意义作一种深层同一的终极关怀。

马克思本体论自然观从人的根本生存方式——感性实践活动的异化揭示生态危机这一自然异化现象产生的阶级与社会根源，认为消灭私有制、实现人与自然的和解是解决生态危机的根本出路，这是实践的生态学转向学派、生态学马克思主义及"生态社会主义""女权社会主义"等当代西方社会思潮自然观所无法达到的理论与现实的高度。他们对全球性危机、人与自然的矛盾得出了某种有益但有局限的见解，即：从观念层面将意识形态中控制自然的观念视为生态危机之源，试图以不触及资本主义私有制的形式解决生态危机。

---

① 邹诗鹏：人学及其生存论结构［J］，社会科学辑刊，2002（2），第28页。

第四章　自然范畴本体论解读的生存意义

异化始于疏离、分裂、反控制与反束缚，人与自然、人与自身、人与社会的疏离、分裂、反控制与反束缚构成了异化的本质内涵。但人的生命基底中固有的统一倾向使人无法忍受分裂的命运，分裂同时也就意味着新的统一。人类本质地倾向于去寻求一个安身立命之所作为其终极的、实在的归宿和精神家园，这种天命式的诉求和本源性的存在方式，使得探究终极关怀的本体论也具有内在性的特征。

第一节　人之生存的本体论诉求：寻求新的统一性

一、传统本体论哲学对统一性的诉求与困境

本体论作为哲学中使用较广泛和歧义颇多的一个概念，象征着传统形而上学的一种理论形态。

当我们打开哲学的历史画卷时可以看到，西方"本体论"始终包含着一种有关人的生存的超验的和形而上的指向性，关联人类自身存在与发展的本质根据和最终尺度，对人类的生命根基形成终极审问，在某种程度上，它甚至与本质主义、基础主义和逻各斯中心主义纠结在一起，在反叛者的眼中本质主义①、基础主义②和逻各斯中心主义也就是它的代

---

① 本质主义是一种先在地设定对象的本质，然后用这种本质去解释对象的存在和发展的思维模式，它属于一种依据先在的预设本质去理解和把握事物规定的特殊认识方法。按照这种认识方法，事物都是由某种先在的本质所规定的，要理解和把握某个事物，就必须深入到"事物后面"去，这样才能发现决定这个事物存在和发展的终极实在。本质主义思维方式的实质就在于从某种超对象的绝对实在中去理解对象的本性和规定，它的宗旨就是要找出那个对于把握对象具有决定意义的"本体"。

② 所谓基础主义指的是这样一种哲学信念，即认为任何知识都存在一个坚实的、不容置疑的、不可动摇的基础。哲学家的任务就是去发现这种基础是什么，并从理论上竭力支持这种探索。

名词。所以，世界的始基、本体和统一性自哲学开端起，就几乎成为哲学的最高命题和追求。古希腊罗马哲学家们提出了"水""火""原子""至善""理念""最终的形式""太一"等作为世界统一的最高原则，其中柏拉图的理念论是典型代表，认为理念是万物的本原、一切知识的基础。在近代，笛卡尔作出了著名的"我思故我在"的论断，这是其哲学的第一原理；黑格尔作为传统本体论哲学的集大成者，认为宇宙万物都由"绝对精神"派生而来。

但是，西方传统本体论在追求最高统一性原则的途中也遇有叛离者。例如康德就认为，在理论上，追求关于世界统一整体的那种思维意味着重蹈传统形而上学的覆辙。虽然在其所处的时代人类理性仍要求认识和综合终极的、无条件的、绝对的世界整体，但康德认为理性的这种要求永远达不到目的，因为人类理性只能认识现象界而不能认识本体界。

法国哲学家、实证主义的创始人奥古斯特·孔德在这一问题上，与康德得出了类似的结论。孔德认为形而上学统一性意味着一个矛盾的结构，人类理性本然地望向统一性，却又在达到统一性时毁掉理性。人类对于获得统一性的努力和追求，只能是一种"非分之想"。

如果说，康德和孔德主要论证了人类由于认识能力所限而无法达到对世界统一性的追求，当代的反基础主义、反本质主义或反逻各斯中心主义哲学则进一步从认识论和元哲学的立场上，对人类追求统一性的倾向进行了批判。

二、颠覆本体论之路

尽管本体论一直是西方传统哲学的主导思想和本源性理论，但是反本体论思想如影随形，早在哲学产生之初就已见端倪，表现为反本质主义、反基础主义和反逻各斯中心主义。这种带有怀疑主义和非理性主义的哲学倾向由来已久，最终形成了一种非基础主义、非本体论的哲学现象。但是，在后现代主义哲学①产生以前，这种怀疑思潮还只限于认识论领域，认为人的理性能力无法超越现象界而把握最高的本体统一。

而后现代主义时期，这种批评本体论的思想臻于顶峰，它进一步从认识论和元哲学的立场上，对人类追求统一性的倾向进行了反思，对本体论哲学所诉诸理性原则、确定性、统一性和普遍性原则进行了批判。叔本华批判理性主义而开启了非理性主义的先河；尼采宣布"上帝死了"欲将整个理性主义的基础移除；杜威强烈反对传统哲学认识论所奉行的"旁观者"姿态；海德格尔在"天地神人"四重整体中追寻存有之真理；维特根斯坦宣布哲学即"形而上学病"，正确的哲学方法将纯粹是去病的方法；德里达则要解构在场的形而上学，解构标示着存在不变的根本原则或逻各斯中心主义；哈贝马斯以交往行为理论在传统形而上学的理性和启蒙理性之间做了缝合；罗蒂借以对基础主义、本质主义、表象主义的批判而宣布传统哲学的死亡。

总之，发生在 20 世纪的拒斥形而上学、反对本体论的思潮，致力于从哲学的根基处消除那种本体论式基础，即作为"第一实体""第一根据""第一原则""始基""本原"等传统哲学观念正在被反思和受到全面质疑、讨伐和驱逐。

三、无法消解的"巴别塔"情结：颠覆者复被颠覆的困境

后现代主义拒斥形而上学、反对本体论，宣称其"作为对吞噬一切统一性的批判和反驳而出现"，"反对任何方式及任何领域上的统一化的回声"，"我们生活在一个多元化的文化间际性中"，"多元比单一及它自身无法表现的自然法则更具有原创性"②。然而，这种反形而上学、反本

① 后现代主义（Postmodernism）是 20 世纪后半叶西方发达国家进入后工业时代后出现并逐步影响到全球的各个领域的一种世界性文化思潮。它以批判现代主流文化的理论基础、思维方式、价值取向为基本特征，强调多元、崇尚差异、主张开放、重视平等、推崇创造、否定中心和等级、去掉本质和必然。后现代最主要的特征有三个方面：反思现代性、多元化思维和否定性思维。

② R·A. 马尔：现代、后现代与文化的多元性［J］，毛怡红译，国外社会科学，1995（2），第 36、38 页。

体论和反统一性的批判同样引来了众多质疑和反驳，这其中既有对传统本体论哲学超越境界的追求和对"根"的统一性诉求的眷念，亦有对怀疑主义、相对主义和实用主义颠覆本体论和摧毁"根"的统一性后所表现出的特征的担忧和反感，同时还有对本体论批判自身所蕴含的矛盾和难题的忧虑。后现代主义反对本体论的形而上境界，反对"根"的意识，反对统一性的诉求，其实质是反对深度和整体、反对层次和等级，追求自由和碎片化生存。但是，事实上在一个社会中，每种情感都有自己的精神品格和追求，有自己的价值尺度和标准，一个真正的民族、国家和社会，一个真正的具有内在精神世界和内在意义追求的人，必须有自己的形而上空间和超越性境界。一个健康、有发展潜力的审美情感和挚诚的精神诉求总是表现为不同层次的深度，其最高层次就是精神超越性，是形而上之境，从这个意义上讲，精神诉求与审美情感是人类的精神家园，是人的安身立命之根。这就是说，人类不可能没有形上思维，不可能没有世界观，不可能没有终极关怀，不可能没有超验的、尚未的他乡。哲学仍然需要有形而上学，需要有本体论，需要有对世界本原的追问，否则哲学就没有根基，人类可能就会没有信念，找不到精神家园并处于无根状态。

大体来说，反本体论有以下几方面的难题与启示意义：

第一，对本体论的拒斥和批判，破除了形而上学所追求的统一性、本根性和在场性，它更多地强调差异性、经验性、碎片性和不在场性。这样，形而上学赖以安身立命的"本根"和"基础之基础"，在缺失了同一性、先验性、在场性的特征后就不再是"本体""本根"和"基础"了，哲学处于无处安身的漂浮状态中。因此，拒斥形而上学、反基础主义的后现代主义也意味着一种思想的战乱。

第二，反本体论者主张消解一切基础和统一，进一步瓦解人类心灵的精神家园，使人的生命情感体验走向碎片化和虚无，结果却衍生出种种危机：第一，人生意义虚无，人失去了终极意义和归宿感。第二，人性异化倾向严重，人沦为科技的奴隶。第三，人性价值准则迷失。

第三，拒斥本体论思潮对本体论的批判，也遵循着某种它反对的原则：它拒斥传统本体论的本体和基础却又以自身形式确立新的本体、基础和中心。

为什么会出现这种困境和悖论呢？

根本性的原因或许是，拒斥本体论和对本体论的否定出于对本体论的简单化理解，没有意识到本体论作为人的内在生存方式的深层原因和依据，在反本体论者看来似乎传统本体论哲学仅仅致力于发现终极基础，哲学家对真理的追求只是一种主观行为和意识形式。后现代主义拒斥本体论，崇尚人的不在场和碎片化生存，这种相对论的思想使人寻找能够为之坚定地献身的终极价值的希望破灭了，但关于人存在的意义的追寻正是因此才显得空前迫切：不管是拒斥本体论的哲学，还是本体论哲学，哲学作为人类文化和精神之精华，它意味着对人的历史性存在的分裂状态和基本矛盾的审问、反思和解决方案的求索，也体现着人的存在对形而上统一性和本根性的追求。这种情况下，拒斥本体论，也就意味消解人存在的内在性，无视人存在的超越性追求旨趣。

因此，哲学本体论对最高统一性原则的不懈追求就既非人单纯的认识论动机，也非人类理性误入歧途之举，它本身是对分裂、对立和矛盾的现实本身的审慎、反思和求解出路的体现，它立足于人悖谬性的存在之根。

因此，可以说任何消解本体论和形而上统一性的企图都是徒劳，人的生存结构和生存特性决定了只要人想获得存在的安身立命之所，他就会无止境地追求新的形而上的巴别塔和新的形而上的统一性。正如维特根斯坦说过："如果你想怀疑一切，你就什么也不能怀疑。怀疑这种游戏本身就预先假定了确实性。"[①]

这意味着，挑战本体论的反本体论思想本身在当代西方也受到了挑战，反对者将挑战本体论的特征视为人类精神的匮乏，一种"耗尽"自身之后的价值迷茫，这意味着，致力于追问意义、价值、信仰、境界和依托的本体论哲学，对于我们这个时代的人（包括反本体论者本身）仍旧无法回避。

---

① 维特根斯坦：论确实性［M］，张金言译，桂林：广西师范大学出版社，2001年版，第21页。

诚然，颠覆本体论者对本体的拒斥和解构使得一切都变得随意和碎片化。当我们深入到哲学本性之中，深入到本体论内容本身，我们立刻发现拒斥本体论者所拒斥的只是本体论的形式，本体论作为形而上学的一部分，它所诉求的本根性、超越性、理想性和境界性仍然是人挥之不去的形而上本性，仍然是人类最深沉的渴望之一。所以，反本体论者拒斥了传统本体论形式，却又以"本体论承诺"的形式承诺出更多样的本体论，它就是要在反现代性的胁迫之中，守持着人的形而上追求与渴望，呵护着人追求超拔和崇高的内在之秉性，使人时刻保持反思现在、超越现存、创造未来的勇气和意志。

这就是说，虽然后现代西方哲学拒斥本体论，取消元哲学之声的态势甚嚣尘上，但重建本体论也成为一种潜在之势，尤其是在今天这个人类缺少家园感、归属感的"浮躁化"时代，情形更是如此。当代人类社会迫切需要以有别于传统、具有人本化意义的"本体论"追求一种新的安置精神的异乡。所以，一些哲学家在对"拒斥本体论"的思想进行深刻反思时，认为传统本体论僵化的思维方式和理性独断主义的理论路向应该遭到彻底的拒斥，但不能因噎废食地彻底废除本体论，拒斥元哲学。康德说得好："人类精神一劳永逸地放弃形而上学研究，这是一种因噎废食的办法，这种办法是不能采取的。世界上无论什么时候都要有形而上学；不仅如此，每人，尤其是每个善于思考的人，都要有形而上学，而且由于缺少一个公认的标准，每人都要随心所欲地塑造他自己类型的形而上学。至今被叫做形而上学的东西并不能满足任何一个善于思考的人的要求；然而完全放弃它又办不到。"① 所以，胡塞尔的"生活世界"、海德格尔的"基础存在论"、奎因的"本体论承诺"等理论，都内在地探寻着一种新的本体式观照和意义。正是在对哲学本体与人的生存相统一的深刻理解上，马克思哲学开启了现代哲学在生存本体论历程上的新方向。

---

① 康德：未来形而上学导论 [M]，庞景仁译，北京：商务印书馆，1997 年版，第 163 页。

四、马克思开辟了新的通向"巴别塔"之路

马克思哲学在终结传统形而上学的呼声中诞生了，它以人的感性实践活动的生成向度消解和超越了传统本体论，进而完成了其哲学变革，真正实现了从"解释世界"到改造世界的历史性飞跃，开辟了本体论哲学的新形态——生存本体论。马克思在《关于费尔巴哈的提纲》第一条中指出了这种变革——"对对象、现实、感性"诉诸人的实践活动的理解，彰显了感性实践活动的生存本体论意蕴：它作为人的对象性活动，体现和构成了人、自然和社会的内在关联；人的感性实践活动把人、自然和社会有机地联系在一起，它既使人处于与自然的统一关联中，又使人处于与他人的关联中，三者共同构成人在世存在的生存本体论结构。正是在这种意义上，实践构成了"自然—人—社会"这一体系生成、演变、分裂和统一的基础、桥梁和纽带，实践也因此而具有丰富的本体论内涵。在马克思看来，这种统一，不是把整个世界还原为某种"基质""实体"，而是人类世界二元对立的真正统一。传统本体论哲学追寻统一性，往往是把分裂的人类世界中的一方看作另一方的表现、现象和派生物等。马克思实践哲学承认人之存在的历史性的基本矛盾，寻求分裂和矛盾在现实世界中的统一性和和解方式。

马克思所开辟的哲学的生存本体论转向以理性主义、资本社会化的制度和人类生存的异化状况为反思源地。西方哲学自柏拉图开始，就明确地踏上了"形而上学"即超验哲学之途，它为人的理性攀上神圣境地开启了形而上学道路，它以非现实的理性僭越既肯定又否定了人在世存在的价值和意义。近代以来，哲学形而上学原理的神性实体为理性主体所置换，理性及其知识于是成为人类社会生活的"第一推动者"，但是这种理性主义哲学又极大地助长了人的自我中心主义自身危机和工具理性主义的人的外部危机。

马克思基于人自身的"生存"的历史性，将人的实践活动作为现实性、历史性和本质性的总体过程，一种展示和创造生存的意义和价值的过程，因而又实现了对近代理性主义哲学的超越。也正是在这个意义上，马克思哲学显现为建立在生存论基础之上的本体论哲学。

第二节　哈特曼①自然本体论是否可能

一、问题的提出

何为"自然本体论"？顾名思义，自然本体论指以自然界为逻辑起点和世界本原的学说，它从自然界视角对宇宙始源、本质规律、总体图景是什么的问题进行发问和追索。

古希腊哲学家们对本体的追溯，主要以经验直观形式按照时间溯因和逻辑规定两个方向来追溯万物的起源和规律，如泰勒斯的"水"、赫拉克利特的"火"等，从而力求从总体上和根本上把握世界。古希腊哲学家通常在无人关涉的素朴实在论观念基础上谈论本体，"古代哲学注重的是人同自然存在的同源、同性关系即同一性关系"②，这样"把人所特有的本质对象化为自然存在，这就不仅使人的本质变成非人的存在，而且成为实体化的存在"③，这就是说，这种"宇宙哲学的本体论"或"自然哲学的本体论"所谈论的世界的本原基本上是一种感性直观的本体意义。

当文艺复兴进入历史进程，哲学本体论探索的重心开始由外部世界

---

① 尼古拉·哈特曼（1882—1950），德国哲学家，批判本体论的创始人，1882年2月出生于拉脱维亚的里加。早年求学于彼得堡、马堡等地，师从新康德主义者H. 柯亨和P. 纳托尔普。先后任马堡大学、克隆大学、柏林大学、哥廷根大学教授。他原属于新康德主义中的马堡学派，后脱离该派，在康德、黑格尔哲学和胡塞尔的现象学的影响下形成自己的哲学思想。主要著作有：《精神存在问题》（1933年），《论存在学的奠基》（1935年），《可能性和现实性》（1938年），《实在世界的结构》（1940年），后三部著作构成他的批判本体论的三部曲，第四部《自然哲学》写于1940年，发表于1950年。卢卡奇评价哈特曼为一位正常的、有威望的德国哲学教授，他从马堡学派"王子"的地位崛起，曾是现象学的活跃分子，后成为一位现实的寻求者，又逐渐成为现实的发现者，从哲学上谈论和回答本体论问题；从颇受尊敬到少为理解，又到被人所知（参见卢卡奇：《关于社会存在的本体论》上卷［M］，白锡堃、张西平、李秋零译，重庆：重庆出版社，1993年版，第479页）。

② 高清海：哲学的憧憬［M］，长春：吉林大学出版社，1995年版，第130页。

③ 高清海：哲学的憧憬［M］，长春：吉林大学出版社，1995年版，第130页。

向人自身转移，其实这种转移早在苏格拉底提出"认识你自己"时期就已见端倪。"自文艺复兴开始，对外部世界的诘问转变成对人的自我反思，哲学本体论的重心开始向主体转移。如果说古代希腊哲学是从自然对象入手直接地探讨世界本原问题，那么，近代哲学则是从主客体关系入手间接地寻求世界本原问题。"① 从这种转变开始直至西方传统本体论哲学的终结，自然本体论都不再占据本体论探讨的重心和主流。

在哲学史上，马克思哲学的革命性变革以人实践的历史性为重要契机，主要以批判黑格尔为代表的西方传统本体论哲学来使之彻底瓦解（当然也包括直观唯物主义的自然本体论哲学）为内在目标。诚然如此，这并不意味着马克思哲学完全摒弃了本体论作为研究对象存在的合理性，而只能说，它"抛弃了传统本体论所代表的哲学思维方式，并努力通过新原则的确立赋予本体论以新的内涵，以实现本体论的当代重建。"② 马克思将现实的人的感性活动作为其研究的历史和逻辑的出发点，对"对象、现实、感性"的即由人的感性活动构成的自然、社会和历史的现实总体结构加以综合考察，实现了哲学思维方式的重大转换与变革，为整个现代哲学的转向提出了时代性主题，即从对普遍规律的寻求转向对人类自身存在的关切。"马克思哲学在哲学史上所造成的革命变革是从本体论层面上发动并展开的。这一变革的实质就在于，它使哲学发生了'生存论转向'，即使哲学关注的焦点从超验世界转向'感性世界'，从宇宙本体转向人的生存状态，从'寻求最高原因'转向探究人的生存实践活动。对于马克思哲学来说，'全部问题都在于使现存世界革命化'，消除人的生存的异化状态，从而'把人的世界和人的关系还给人自己'（马克思语），这样，马克思哲学便终结了'形而上学'，使西方哲学从知识论形态转向生存论形态，从而展开了一个新的思想地平线。"③

在马克思哲学终结了西方传统本体论（包括自然本体论），开启现

① 旷三平主编：唯物史观前沿问题研究［M］，北京：中国社会科学出版社，2004 年版，第 27 页。

② 旷三平主编：唯物史观前沿问题研究［M］，北京：中国社会科学出版社，2004 年版，第 29 - 30 页。

③ 杨耕：马克思哲学与"生存论转向"［J］，哲学研究，2001（12），第 11 页。

代本体论新思路的背景下，哈特曼建构自然本体论是否可能呢？

二、哈特曼的自然本体论

正如施太格缪勒所说的："对哈特曼的本体论，只能从它是古代、中世纪形而上学和现代批判哲学的中介者这个作用方面去理解。"① 也就是说，哈特曼的本体论综合了前人的研究成果，又融入了康德以来的批判哲学的眼光，这使他站在一个较高的起点上。一方面，他把新康德主义和新实证主义的单纯认识论的视野作为窗口，另一方面，他又从现象学的主观主义的范式寻向现实生活的基础。在这个意义上，他依据自然界级次之间的差异及相互关系来考虑自然。卢卡奇评价：这是在尝试建立一种自然本体论。

（一）开辟本体论的新道路

自古代希腊哲学开始就在以哲学作为基础来为其他知识寻求奠基之源，并试图依据此基础建立起可靠确定的理论体系。虽然寻求奠基之源的尝试从未停歇，但哲学的一再追问亦始终不能最后解决问题，形而上学于是在这种矛盾中形成了自身的发展和演变史。这期间，作为哲学形式之一的不同类型的批判哲学始终都在活跃。前述所提及的哈特曼即显示了批判哲学家的身份，他认为传统形而上学犯了许多过错，而且是以双重方式。第一，传统哲学总是认为它面临根本性的选择，即要么承认存在绝对可以认识，要么假定存在完全不可认识。第二，哈特曼指认了范畴越界现象：在世界统一性的要求下，把某一领域的范畴任意地转用、套用和移用到一个与之不同性质的领域去。他认为世界的统一，不可能通过这种还原论原则得到，"对他说来，世界的统一原型不可能在某一个最高原理、某一个根本原因或终极目的中找到，而只能在本身是复合的范畴关系统一体中找到，追问这个统一体背后的东西是没有意义的。"②

---

① 施太格缪勒：当代哲学主流（上卷）[M]，王炳文、燕宏远、张金言等译，北京：商务印书馆，2000 年版，第 282 页。

② 施太格缪勒：当代哲学主流（上卷）[M]，王炳文、燕宏远、张金言等译，北京：商务印书馆，2000 年版，第 294 页。

在对传统形而上学错误的批判性分析与克服方面，哈特曼开辟并走上了一条本体论的新道路，也称为"新存在学"①，其实也就是新本体论。

这种新本体论的特征主要体现在批判和范畴分析上。首先，哈特曼以批判审视的眼光对待传统本体论，指出其不足和谬误；其次，他以范畴分析的道路建构起新本体论学说。"概括起来说，寻找一种明白易懂的哲学方法，描述整个实在世界的结构，以及世界中不同领域不同层次之间的关系，这就是哈特曼全部哲学的基本关注点。"②

哈特曼的研究几乎囊括一切哲学研究领域，如卢卡奇所说他是一位广泛涉及存在领域的研究者，他的研究延伸到世界和知识的全部领地。其中，对本体论和有机自然界的分析尤其全面。例如，他通过对常识和传统的分析批判，将实在世界设定为非单纯"现象"的独立存在，通过现象学的方法不再将实在世界归结为单纯的意识结构，而是看作认识得以奠基的基础。这就是说，哈特曼的全部哲学所关切的是发现存在着的实在世界，"因为哈特曼的本体论恰恰是从'下面'建立起来的"③。

哈特曼的自然本体论就是在这种新本体论的基本结构中建立起来的。

（二）哈特曼自然本体论勾勒

正如学者所言：哈特曼对20世纪哲学的存在学之奠基意义重大。其思想统摄了包括一切领域在内的整个实在世界的结构以及不同领域之间的关联并使之显而易见。这种对哈特曼及其新本体论的定位是不错的，至少在卢卡奇和施太格缪勒看来是如此。

本体论或存在学的两个重点：关于现实存在的问题与关于一般存在的问题。对本体论所牵涉的这两个方面内容的不同界定直接关系着哲学家本体论的立场和性质。

---

① 庞学铨：尼古拉·哈特曼的新存在学（上）[J]，同济大学学报（社会科学版），2007（1），第11页。

② 庞学铨：尼古拉·哈特曼的新存在学（上）[J]，同济大学学报（社会科学版），2007（1），第12页。

③ 卢卡奇：关于社会存在的本体论（上卷）[M]，白锡堃、张西平、李秋零译，重庆：重庆出版社，1993年版，第482页。

对于现实世界，在哈特曼看来，它的独立性和自足性是超越一切而存在的，是不依赖于主体和意识的客观性存在。这是一种实在论的设定。

传统本体论主要从空间意义上以具备空间特征的事物和有机体来界定事物的实在性。据此，精神或心灵的实事被归入抽象的本质领域，从而排除在实在世界之外，作为表象背后的抽象的本质，它的"实在性"意味着一种没有个体性、没有变化的永恒的本质性存在。与此不同，哈特曼认为这是直观唯物论或主观主义的范式和观点。实际上，"所有实在的东西都在运动，处于不断的产生与消亡之中。运动与生成恰好构成了实在世界一般的存在方式，事物、生物和人无一例外。"① 这样看来，生成是实在世界的一种存在方式，它表现为时间性，因而时间也是实在世界的一种存在方式。所以说，实在性的真实特征并不取决于空间性和物质性，而是取决于时间性和生成性，"在时间中一切都是实在的，而在空间中则只有部分东西才是实在的。人们可以这样说，仅仅是实在世界的一半，即其较低的形态具有空间性。"② 因此，在哈特曼看来，现实存在不能排除作为实在世界的一部分的观念的、精神层次的东西。

对于一般存在的问题，哈特曼从经验立场出发去追问和探究，而放弃了先验地寻找"世界统一性"的传统模式，即对世界统一性寻求终极认知的形而上学理路。

哈特曼根据时间性意味着实在性，而空间性并不必然表征着实在性，它只意味着较低存在物的实在性的观点，阐释了世界存在的层级结构问题。他以有无空间性为标准将世界分为两大存在领域。而有空间性的存在领域还可以分为事物与物理过程的层级和生命活动的层级；对于无空间性的存在领域，哈特曼认为这是一个意识的内在性领域，它本身又可以划分为意识和精神两个层级。这样，我们的存在世界内部便具有了物质的、有机的、意识的和精神的四个基本层次之分，而且这是一个由带

---

① 转引自庞学铨：尼古拉·哈特曼的新存在学（上）[J]，同济大学学报（社科版），2007（1），第17页。

② 转引自庞学铨：尼古拉·哈特曼的新存在学（上）[J]，同济大学学报（社科版），2007（1），第17页。

等级差别、有高低之分的多样性特征的存在层次组成的世界整体。

这个具有层次级别之分的整体世界按照一定规律将不同层次结构有机地统一起来。具体说来：每个层次在自身独立性中对别的层次保持依赖关系，但是低级层次不依赖高级层次，而高级范畴及存在层次对低级范畴和存在层次具有依赖性。较高层次以较低层次为基础又在内容与特征上独立于较低层次，显现了依赖中的独立性。

按照范畴及存在层次的这种依赖中保有独立性，独立性中存在依赖性的独特性规律，人优先于其他事物是因为人是有精神的存在者，但人并不因此脱离世界而存在，人仍以这世界的存在为前提的，没有实在世界，人便不可能生存。精神作为高级存在层次，虽然超越于有机生命，具有自己特殊的内容和特征，但仍然以有机生命为基础，靠有机生命的力量去存在。由于有机生命属于物质世界，因而精神也间接由物质世界所承载。

哈特曼因此而提出了理解世界统一性的新方法："既然世界是一个层次结构，所以其统一性在于其层次的联结状态而不在于别的什么。如果成功地找出了层次联系的规律性，世界因这种规律而具有稳定性，那么世界的统一性就只能作这样的理解了。用这种方法很可能成功地在将层次彼此区分开来的深刻差别中揭示出它们不间断的联系。"① 在此，范畴分析的方法和经验的方法作为追问世界的统一性方法系于对事物考察的层次。

哈特曼对本体论这两个方面内容的阐释，基本上规定了其本体论的格调——自然本体论。当然，在这里对哈特曼的自然本体论只能从总体上粗略地提及。

三、哈特曼自然本体论之不足

正如施太格缪勒所言："对哈特曼的哲学进行全面的评价是不可能的。因为没有统一的形而上学理念居于支配地位，而他的成果又是建立

① 转引自庞学铨：尼古拉·哈特曼的新存在学（上）[J]，同济大学学报（社科学版），2007（1），第20页。

在相互独立的个别分析之上的，所以一切批判性的剖析总是只能就哈特曼对完全确定的问题所采取的态度来进行。"① 因此，尝试指出哈特曼自然本体论中可能存在的不足便成为对其进行研究的一种相对合适的方式。

通过对哈特曼自然本体论的粗略考察，我们看到，哈特曼的自然本体论始终坚持立足现实生活世界，从人的日常生活中提升出来，走一条由下而上的发展道路。同时将时间性作为判断自然存在是否具有实在性的准则，将"生成"作为自然界存在的方式，认为自然世界由此而被划分为高低不等的范畴和层次结构，世界的统一性存在于不等层次结构的彼此关联之中。哈特曼对自然存在的这种分析达到了很高的水平，卢卡奇评价道："自然本体论是他的研究中最有力、最有独创性和最合乎逻辑的部分。"② 以致卢卡奇认为在哈特曼的哲学及其影响中看到某种与费尔巴哈相类似的东西。

然而，卢卡奇却又评价道："哈特曼思想的最优秀的方面同时也就是最糟糕的方面"③。按照卢卡奇的意思，哈特曼的自然本体论不仅是其最优秀的方面，也是其最糟糕的方面。卢卡奇何以得出如此评价呢？

这主要体现在哈特曼虽然强调人在世界层次结构中的优越性地位，但他最终把人归结为自然，他甚至很少研究社会存在问题。正如卢卡奇所说："有机存在建立在无机自然存在之上；而社会存在则以前两者为必不可少的前提。"这是本体论从一种存在形式过渡到另一种存在形式的方法，"尽管有这种普遍正确的观点，哈特曼还是很少研究它。"④ 不仅如此，"由于哈特曼把日常生活的社会—历史的存在特性放入了'括弧'

---

① 施太格缪勒：当代哲学主流（上卷）［M］，北京：商务印书馆，2000 年版，第 307 页。

② 卢卡奇：关于社会存在的本体论（上卷）［M］，白锡堃、张西平、李秋零译，重庆：重庆出版社，1993 年版，第 492－493 页。

③ 卢卡奇：关于社会存在的本体论（上卷）［M］，白锡堃、张西平、李秋零译，重庆：重庆出版社，1993 年版，第 492 页。

④ 卢卡奇：关于社会存在的本体论（上卷）［M］，白锡堃、张西平、李秋零译，重庆：重庆出版社，1993 年版，第 497 页。

并对被具体现实人为地隔绝的现象实行一种'本质的直观'"①，所以，卢卡奇才遗憾地评价说：哈特曼这位通常对现象学方法进行尖锐和公正批判的哲学家，此时却又陷入这个流派之中了，"在他大量的对日常生活个别因素的叙述中劳动也只是附带进行的一页半的讨论……"②。可以说，这是哈特曼自然本体论最致命的缺陷，在这一点上哈特曼就体现出了与费尔巴哈的相似性，即过多地强调自然，而过少地强调现实的劳动和社会。而费尔巴哈的自然本体论是早在 19 世纪中期就已被超越了的。

不管哈特曼的自然本体论思想在当时具有怎样的影响，对今后有怎样的启示和意义，它都没有超越马克思所实现的哲学革命性变革的话语背景，甚至是倒退到费尔巴哈那里去了。

第三节　自然美学境界的提升和审美的人的历史性生成

截止到"自然的美学境界的提升和审美的人的历史性生成"这一节之前，对于"自然"这一范畴，笔者都是在将其作为"客观的外部世界、客观事物的集合体"等物质层面的意义上进行理解和阐述的。那么，马克思的自然范畴，是否具有超越物质层面的意义和价值，是否具有精神价值和美学境界呢？

对马克思自然范畴诉诸生存本体论解读，也即是对其进行形而上角度的阐释，而哲学的"形而上"视域本身就蕴含一种追本溯源式的意向性追求，一种指向无限性的终极关怀，为人类自身的存在寻找精神依托和理想国度；为人类的现实生活和精神世界提供安身立命之本或最高的支撑点的旨趣；生存本体论之"生存"，也具有超越理性、超越现实、超越物质性、以感性实践活动为基础又超越实践活动的本体论性质。那么，在生存本体论层面解读马克思的自然范畴，它理应具有超越物质性

---

① 卢卡奇：关于社会存在的本体论（上卷）[M]，白锡堃、张西平、李秋零译，重庆：重庆出版社，1993 年版，第 500－501 页。

② 卢卡奇：关于社会存在的本体论（上卷）[M]，白锡堃、张西平、李秋零译，重庆：重庆出版社，1993 年版，第 502－503 页。

的审美价值和精神价值。

一、自然的审美境界

"自然"，在中国传统中，除了具有"形而下者谓之器"的物质器具属性，还具有形而上的"道"的境界，它是最高的审美理想。自然的形而上属性源于道家的自然思想，老子提出了道法自然的审美理想，追求虚静恬淡的自然人格，"体道"即对天地和谐境界的淡然无极、返璞归真感性心理体验和回归自然的境界追求，一种在本体论上提倡自然，自然之美表现为整体的浑然天成的理论思绪。在中国传统文化中，自然常表现为最高的艺术品位，"景与意会""境与神会"是诗文最难达到的境界；自然，具有无意识、随意性、非功利等自然而然、不假做作的特征。正如有学者对中国传统文化中"自然"范畴的总结性概括："'自然'作为哲学范畴，其核心内涵是'无为'；作为文艺美学范畴，其核心内涵也是'无为'，即自然而然，不假造作。但自然的美学内涵又有其特殊性，根据古代文艺家的论述，可以概括为三项：无意、无法、无工。"①就是说，"无意、无法、无工"是中国传统文化中自然范畴的最高审美境界。

马克思自然范畴的最高境界犹如中国美学强调传统文化中自然之境界那样，它"决不是主体与客体的分裂与对抗，而是主体与客体的和谐统一，是主体化入客体大自然的伟大与豪迈"②，体现了一种主体化入客体—客体融入主体、主体与客体的和谐统一，即天人合一、人道主义与自然主义相等同的哲学观念，即人与自然在感性实践活动中双向塑造与生成之时，产生的那种雄浑之美，那种交融境界。马克思就描述了在共产主义社会这种审美境界的实现：人按照美的规律来构造自身、自然和社会，"作为完成了的人道主义，等于自然主义，它是人和自然界之间、

---

① 蔡钟翔、曹顺庆：自然·雄浑［M］，北京：中国人民大学出版社，1996年版，第90页。

② 蔡钟翔、曹顺庆：自然·雄浑［M］，北京：中国人民大学出版社，1996年版，第375页。

人和人之间的矛盾的真正解决，是存在和本质、对象化和自我确证、自由和必然、个体和类之间的斗争的真正解决。"① 也就是说，人道主义与自然主义融通的审美之境，它不使人以超拔之势置身于事物之外，亦不将自然界视为一种完全异己的、有无限威力的和不可制服的力量与人对立，而是使人与自然界融为一体。而在共产主义社会中，马克思同样构造了如此之"自然"和"意境"，"在共产主义社会里，任何人都没有特殊的活动范围，而是都可以在任何部门内发展，社会调节着整个生产，因而使我有可能随自己的兴趣今天干这事，明天干那事，上午打猎，下午捕鱼，傍晚从事畜牧，晚饭后从事批判，这样就不会使我老是一个猎人、渔夫、牧人或批判者。"② 这就是一个自然而然、不假造作、无约束和限制的社会，一个人与自然交融一体的总体自由的审美之境。

中国传统文化中的确不乏对"自然"之意境的向往，而马克思自然观中同样具有自然的如此之境界，因此可以以中国传统文化中诸多对自然境界的论述比附和揭示马克思自然范畴的超越物质层面的审美之蕴。除此之外二者并不具有其他的相似之处。而且，中国传统文化中对"自然"之境的向往和回归，常伴随的是内心受到压抑后的无奈，虽然在老庄思想中，反复申言遵从自然，崇尚无为，但人要真正回归自然获得自由是要付出代价的，即要逃离社会，背弃社会之要求，最终成为一个被社会边缘化的人。所以，在中国传统文化中，我们在感受"采菊东篱下，悠然见南山"的恬适，沉入"枯藤、老树、昏鸦，小桥、流水、人家，古道西风瘦马"的意境之时，常感喟人生天地间和谐与美背后生命的漂泊无依。因而它与马克思所倡导的在共产主义社会中自由而全面发展的人按照美的规律来"无意、无法、无工"地生活的生存方式存在本质的不同。

二、审美的人的历史性生成

马克思的自然范畴具有超越物质层面的意为自然而然、不假造作、

---

① 马克思恩格斯文集（第1卷）［M］，北京：人民出版社，2009年版，第185页。
② 马克思恩格斯文集（第1卷）［M］，北京：人民出版社，2009年版，第537页。

无约束、无限制的自由与审美境界，但是自然之审美境界存在的前提却是不容忽视的。马克思曾申言：只有音乐才能激起音乐感；对于不辨音律的耳朵说来，最美的音乐也毫无意义，音乐对它来说不是对象。这就是说，在审美活动中，一方面对象要有审美特性，即对象要有美的信息和特质；另一方面主体要有与对象美的性质相应的审美需要和审美能力，否则，审美活动就不能进行，审美境界就不能提升。换言之，在审美视野中，既要承认自然的美，也要承认人的美，提升人的审美能力，二者同时存在，缺一便不可构成审美，这也便是马克思"非对象性存在物是非存在物"的具体运用，审美不存在于人与自然关系之外，而是存在于二者之对象性关系之中。

关于自然界具有客观美的特质，马克思是给予肯定的。他曾明确表述过这样的观念：大自然具有天然的美学属性，矿物也具有美的特性。当主体只专注于自然界之物用性或商业价值时，大自然的这种美便被忽视和遮蔽了，就如同"贩卖矿物的商人只看到矿物的商业价值，而看不到矿物的美和特性"，"对于不辨音律的耳朵说来，最美的音乐也毫无意义"。这样看来，具有审美需求和审美能力的人或真正的人的生成，对于审美活动而言是至关重要的。

在整个世界历史中，即人通过自己的劳动而诞生的过程中，或自然向人生成的过程中，人的多样性在丰富，能力在增长。当然，正如马克思所说："一方面为了使人的感觉成为人的，另一方面为了创造同人的本质和自然界的本质的全部丰富性相适应的人的感觉，无论从理论方面还是从实践方面来说，人的本质的对象化都是必要的。"[①] 这就是说，无论是从质上改造人的感觉，还是从量上丰富人的感觉，都需要把人的本质力量对象化，这不仅是一个理论的过程，更是一个实践的过程。从根本上说，人是实践的，实践是人的本质生成的基础和根本动力。而实践也是多种多样的，不同的生活内容和生活方式，从不同的方面表现出人的本质，彼此既相互影响、渗透，又相互区别。因此，一个现实具体的人，是一个经济的人、政治的人、道德的人、宗教的人或科学的人等等，当

① 马克思恩格斯文集（第1卷）[M]，北京：人民出版社，2009年版，第192页。

然，在一定程度上也是一个审美的人，人的审美能力也是在实践过程中，在自然向人的生成过程中提升出来的。然而，在自然向人生成的漫长历史进程中，人的本质在每个个体身上，并非全面地发展的。在马克思看来，只有到共产主义社会，每个人的本质才能得到全面而自由的发展，成为"真正的人"。作为全面发展的真正的人，丰富的审美生活应是其生存活动的重要组成部分。这就是说，真正的人，作为全面发展的人，也是一个审美的人。

什么是审美的人呢？审美的人"必须是能以审美态度对待世界的人，必须是具有一定的审美能力，能够感受和表现美的人，还必须是一个具有美的理想并热情追求这理想的人。这样的人，既富于感性的生命活力，又富于理性的生命秩序；既能在感性上与周围世界的感性形式相感应，又能通过对形式的感知而领悟世界的深秘意蕴；既能在同'自然向人生成'的运动节律的感应中享受自己的本质，又能在这感应中追求人的本质的更高生成。"① 从人的本质的具体结构看，审美的人是全面自由发展的真正的人的一个必不可少的重要秉质。从人的本质的生成来看，审美的人也是生成为人的一个必不可少的重要环节或阶梯。在理想的自由王国，这一点得到了真正的实现，马克思把这称作人的感觉和特性的彻底解放，感受音乐的耳朵，感受形式美的眼睛，简而言之，那些能感受人的快乐和确证自己是属人的本质力量的感觉，才真正地发展起来，真正地产生出来。在这种情况下，人们对物的需要和享受就失去了利己主义性质，而自然界本身也失去了自己的赤裸裸的物用性，于是，人类的审美能力普遍地发育成熟，美成为人类普遍的、不可或缺的本质要求。

总之，共产主义社会作为一个自然而然的自由王国乃是一个美学天地，具有美学的本质属性，这种美学性质为人类社会的发展提供了一个终极的理想境界。在本体论上，人类历史性发展的世界历史境界象征着自由王国的美学境界，它意味着人类精神的意向性追求，一种人安身立命的形而上之所的终极诉求。

――――――――――

① 曾永成：感应与生成 [M]，成都：成都科技大学出版社，1991 年版，第291－292 页。

三、马克思自然审美境界的现实显现——生态审美观的确立

自然审美境界的提升与审美人的生成表达了马克思关于美的本质内涵，在他看来，尽管自然本身具有美的价值，美既不是单指自然的美，也不是纯粹主体的感受，真正的美是在主体和客体的交融之中，人按照美的规律来塑造——实践之一种样态或人的一种存在方式——审美，这种审美活动或生存方式将自然本身的美与主体的美的感受粘连起来。马克思这种主体以审美的方式审视自然本身之美的理论在当代定位为生态审美观。

所谓生态审美观，可以说，它是生态学与审美学交叉而成的一种思想，是美学的分支，或者说是生态学的分支，是美学或生态学进入新时代的表征；是一门探索审美人生和审美生存环境在耦合并进中展开审美结构整体化和系统化，构建、发展与提升生态审美境界的科学。有学者认为，它"是以生态观念为价值取向而形成的审美意识，它体现了人对自然的依存和人与自然的生命关联。生态审美反映了主体内在与外在自然的和谐统一性。生态审美意识不仅是对自身生命价值的体认，也不只是对外在自然美的发现，而且是生命的共感与欢歌。在这里，审美不是主体情感的外化或投射，而是审美主体的心灵与审美对象生命价值的融合。它超越了审美主体对自身生命的关爱，也超越了役使自然而为我所用的价值取向的狭隘，从而使审美主体将自身生命与对象的生命世界和谐交融。"① 可以看出，生态审美观的理论与现实旨趣便是主张和追求审美化生存，强调与凸显生态和谐，趋向与发展生态审美文明，从而形成生态审美共鸣。

诚然，"生态审美观是 20 世纪 70 年代以后出现的一种崭新形态的审美观念"，但生态审美的思想与观念，却久已有之。马克思作为当代人类精神的导师和伟大理论家，以其深邃的洞察力和敏锐的眼光对人与自然的生态审美关系已有分析和预见，这主要隐含在马克思《1844 年经济学哲学手稿》中，马克思以系统整体的观点把审美活动当作人的一种特殊

---

① 徐恒醇：生态美学［M］，西安：陕西人民教育出版社，2000 年版，第 9 页。

生存方式来看待，为我们展示了审美关系的系统构成；马克思论述了实践作为自然人化的根源如何使审美关系得以生成，又以其对自然向人生成规律的论述展示了对审美价值进行衡量的根本标准，这是马克思审美思想中带有根本意义的内容；再者，马克思生态审美思想揭示了人直接是自然存在物，人懂得以美的规律，按美的方式来与自然进行物质交换，自然是人的他在，人与自然的对象性和谐关系超越了任何主客二元对立的思维模式，表现出了高超的生态美学智慧。

马克思的生态审美思想，指导人们在现实的日常生活中及生产实践中实现审美生存的理想，实现生存的审美体验，追求生存的审美超越与升华，形成生态审美的事实，使人们的生态审美趋向生态艺术审美的平台，从而达到一种"随心所欲不逾矩"、诗意地栖居的生态审美境界。人作为一种社会存在和精神存在，需要有丰富的精神世界和作为安身立命之所的精神家园。人与社会的关系，将通过人与自然的关系为中介而展开。人的心性和物性的和谐，使人在与自然的交流与和谐中体味出生命的价值和意义。具体说来生态审美的意义和价值还体现在：

其一，彰显自然界的生态维度与审美价值。生态审美观彰显了审美活动中自然存在的生态维度和价值，在本体论层面上使得自然和审美得以历史地统一。

其二，重筑主客交融关系。生态审美作为一种超越传统主客二分的思维模式，在哲理层面上反思人与现实自然的审美关系，力图在生态视域下重塑审美，建构一种人与他者交融共生的新型审美关系。

其三，召唤人类回归到对自然的精神依托中。生态审美是在生存视域下体现出的对人的生存智慧、生存理想及生命存在方式的一种把握形式，它在更深层面上是对一种诗意家园回归路径的彰显。因此，生态审美可以作为生命自由显现的表现形式，在人向自然的归家途中，实现人在本真状态下的诗意生存。具体说来，生态审美作为生命自由显现的意义体现在：

1. 牵引现代生态环境理论的发展。马克思自然范畴的生态审美意蕴体现了对生态中心论和人类中心论的整合，他关于自然的认识既非绝对的生态中心主义，亦非绝对的人类中心主义，而是处于二者的边界上。

他不仅看到了人的能动性和主体性，也充分注意到了人的受动性及自然的客观性。人作为一种双重性存在，首先必须能动地建构自然，自身才能生存，社会才能发展；但从发生学意义上而言，人是自然界的产物，是自然界的一部分，因而无法绝对地超越自然本性，而必然受自然的限制。人的这种双重本性，决定了任何片面地宣扬抑或限制人的主体性的理论，都无法真正为环境理论的发展寻得正途。

2. 重置人与自然的本体和谐关系。人的对象性活动或感性实践活动作为人与自然存在的确证及其原初关联的场所，作为人与自然互为生成的过程，充分显示出人、自然和社会是在人的感性活动中生成的一个互为渗透和交融的整体性存在，这一有机的生态系统为生态危机的缓解构造了现实的依据。生态危机的实质是人与自然因疏离而产生关系的扭曲和错置，以致造成人的非人化和自然物化的一种不合理的存在状态。那么，只有将疏离、扭曲和错置的关系加以整合，重置人与自然的关系于人的感性活动的本真状态中，生态危机才有可能缓解。

3. 构建马克思主义的生态审美观。关于人类懂得按照任何一个种的尺度"再生产自然界"的思想，揭示了人的感性活动方式之多样性，意味着人类除以科学分析和科技控制之手段对待自然外，亦可辅以审美方式处之。而现代环境问题，与人类片面地以科技理性为指导而盲目追求自然之物用性以至于遗忘其审美价值不无关系。人按美的规律生存就需要懂得从审美生存的视野挖掘和阐发人与自然共同的肯定性的自由力量，从生态整体的高度重新思考人与周围世界的有限性自由；在对自然万物的审美价值中灌注实践的平等理念，亦即马克思所说的真正"按照美的规律来构造"。

总之，美意味着人的合规律性与合目的性的统一、受动性与能动性的统一。相应地，生态审美作为人的一种理想式的存在方式，生态美作为一种人生境界，反映了人与内在自然和外在自然的和谐状态，它为人的个性发展提供了导向。

结论和启示　在实践中人与自然走向和解

在标志新世界观正式创立的文献《德意志意识形态》中，马克思主义创始人将"共产主义"规定为"实践的唯物主义"的同一性事业，明确其内在属性，"对实践的唯物主义者即共产主义者来说，全部问题都在于使现存世界革命化，实际地反对并改变现存的事物。"① 共产主义和实践唯物主义的内在同一性被规制为"实践—革命"，实践唯物主义的革命性指涉了这两个原则："使现存世界革命化"，"反对并改变现存事物"。那么，现存世界革命化的终极限度何在？现存事物的范围领域仅仅指向资本主义体系吗？进而，资本主义的终结是否即意味着无产阶级革命任务的终结和人类的全面解放？这里还留存着一系列需要深入探究的议题。

实践的唯物主义将社会事物和人类生产方式确定为历史的、具体的、暂时的、过程的，不仅揭示了资本主义社会及其生产方式在实践中的历史属性和发展趋向，还明确了通过实践无产阶级获得自身解放及未来社会的发展目标。然而，实践的唯物主义从来都不只是将人或人类单方面确立为最终的中心或终极关怀对象，哪怕是特定的、具体的阶级群体——无产阶级，也没有被设立为未来世界新的"统治者""剥夺者"，而是被看作对人自身、社会和自然——全部世界和历史的"解放者"或一种全面和谐秩序的"守护者"。故此，在更宽泛的意义上，自然或自然界被马克思视作用以确证人及其社会存在的对象性范畴，其本体论地位和价值可见一斑。

正是在此意义上，马克思直指未来社会是"人同自然界的完成了的

---

① 马克思恩格斯文集（第1卷）[M]，北京：人民出版社，2009年版，第527页。

本质的统一"①，是"人的实现了的自然主义和自然界的实现了的人道主义"②，是"人和自然界之间、人和人之间的矛盾的真正解决"③，这也是马克思自然观中"人与自然和解"的核心理念和目标旨归。

在马克思那里，人和自然的和解和统一，绝不是黑格尔思想之"形而上学地改了装的、脱离自然的精神"和"形而上学地改了装的、脱离人的自然"两个因素抽象的统一，而是通过人的感性的主体的意向性活动来实现的具体的、历史的统一。社会实践是人与自然和解的根本依据、实现形式和价值原则，而在实践直观下的人与自然，既脱离了朴素机械唯物论的僵化性，也脱离了唯心论的抽象思辨性，展现为人自然化和自然人化的双向交互过程，人与自然的和解或和谐共生共存是此活动过程的一种可能性状态和价值目标。

马克思《1844年经济学哲学手稿》中的"人同自然界的本质的统一""人的自然主义"等于"自然界的人道主义""人和自然界之间的矛盾的真正解决"此类观点，已为我们所熟知。这是马克思在对资本主义私有制社会中人与自然异化的现实进行批判的基础上，阐释并指明的未来理想社会中人与自然应然的和谐状态。实则，马克思对异化的扬弃、对无产阶级的解放、对人与自然的和解、对未来理想社会"自由人的联合体"的科学判断和价值诉求，还溢于其成熟期著作《德意志意识形态》《共产党宣言》及中期著作《资本论》中，甚至见于其晚年著作《历史学笔记》。可以说，对消灭资本主义私有制体系和异化状态的扬弃进行科学思考，寻求无产阶级的革命和全人类解放——人与自身、社会和自然之间矛盾的和解，为人的自由而全面的发展等人类应然状态的生活世界而谋划、奋斗和探寻出路，是马克思终生的工作、事业和使命，也是科学的社会主义、实践唯物主义及共产主义的核心论题。

在《1844年经济学哲学手稿》中，马克思首次明确提出了"人与自然和解"的思想命题。从语境来看，这是历史发展中人与自然关系的最

①　马克思恩格斯文集（第1卷）[M]，北京：人民出版社，2009年版，第187页。
②　马克思恩格斯文集（第1卷）[M]，北京：人民出版社，2009年版，第187页。
③　马克思恩格斯文集（第1卷）[M]，北京：人民出版社，2009年版，第185页。

终价值取向，是一种过程，也是一种目标。据此，我们就要问：人与自然何以能达到这种和解状态？其前提依据、实现路径和价值原则是什么？和解下的人与自然，其样态和性质是怎样的？该如何理解这种真正的和解关系？

一、实践：人与自然和解的原初向度、实现形式和价值原则

在整个西方哲学发展史上，马克思将哲学研究的视角从抽象的思辨和逻辑概念体系转置向尘世的物质现实和生活世界，实现了哲学的革命性变革。变革的鲜明宣言就是"天才提纲"（即《关于费尔巴哈的提纲》）第一条中的马克思批判从前的一切唯物主义（包括费尔巴哈的唯物主义）和唯心主义的主要缺点的标志性原则和依据——对对象、现实、感性，不仅要从客体的方面，而且要从主体的方面去理解，要把它们当作人的感性活动，当作实践去理解。即把对象、现实、感性、观念、范畴、体系等，一切客观的和主观的存在事物都纳入到实践的平台或基底去认识和理解。这一对事物认识构架和基底的转换，使得马克思哲学完成了双重的超越——不仅超越了直观或机械唯物主义的缺陷，也克服了抽象唯心主义或唯灵论的不足，实现了本体论的重新置换，开辟了现代哲学的新路向。

在批判地继承和改造从亚里士多德到康德、黑格尔的实践思想的基础上，马克思形成和发展出了独特的"历史—革命—解放"的实践观点，其含义和意蕴都非常丰富和广泛。"实践"作为标志马克思哲学本质特质的核心范畴，马克思不仅将实践的发生领域从亚里士多德所理解的道德和政治行为的范围拓展至生产、艺术、审美和科学实验等活动领域，还着重将与理论和思辨活动相对应的物质生产劳动作为实践最基础性的概念和方式，这也是马克思对实践概念革命性的发展和创新之所在。因此，马克思才会在不同的论著中指出"理论的对立本身的解决，只有通过实践方式，只有借助于人的实践力量，才是可能的"[①]，"人的思维是否具有客观的［gegenständliche］真理性，这不是一个理论的问题，而

①　马克思恩格斯文集（第1卷）［M］，北京：人民出版社，2009年版，第192页。

是一个实践的问题"①，"哲学家们只是用不同的方式解释世界，问题在于改变世界"②。与此同时，马克思将"实践"理解为自由自觉的生命活动、感性的劳动、人的能动的对象性的活动、物质生产劳动、社会交往活动等多种形式。但是，在马克思对实践范畴的多种称谓和广泛的应用范围中，其实际所体现的语词内涵和效用却是不同的，在某些语境具有本体论意蕴，在某些时候具有认识论和方法论的功能，而在某些特例中又具有审美的价值效用。那么，在实践的不同的内涵和效用中，人与自然的关系是如何达致和解状态的呢？

（一）实践的本体论处位：人与自然和解的原初向度

从本体的角度看，人与自然的矛盾体现为这样一种现象：人作为自然的产物，在利用自然既有条件的前提下，反过来对自然进行占有、剥夺、摆布和奴役，将其设定为无限满足人类需要的被剥夺对象和人类实存的附属条件，而不再是一种构成事物的原始基础及颁布和谐秩序的生命母本；尤其当资本主义生产方式降临时，这种短视和贪婪的剥夺开始深层次造成人与自然之间常态的持久的异化关系，人成了与自然对立的异自然之物，相应地，自然也成了人的异己之物；而资本主义体系本身却无法克服这种本体性的异化和矛盾。

马克思哲学的革命性变革，将实践视作思维与真理、解释世界与改造世界、历史存在与尚未存在界域分殊但内在统一的本体方式，作为判断真理、价值和存在意义的最高根据和基石，即将实践作为理论发生的基点和现实生活的前提。

对此命题，马克思出于存在论或本体论层面的实践解释，最早见于我们熟知的《1844年经济学哲学手稿》和《关于费尔巴哈的提纲》，其科学的历史唯物主义表述则普遍见于《德意志意识形态》。"我们开始要谈的前提……是一些现实的个人，是他们的活动和他们的物质生活条件"③，即

---

① 马克思恩格斯文集（第1卷）[M]，北京：人民出版社，2009年版，第500页。
② 马克思恩格斯文集（第1卷）[M]，北京：人民出版社，2009年版，第502页。
③ 马克思恩格斯文集（第1卷）[M]，北京：人民出版社，2009年版，第516、519页。

"全部人类历史的第一个前提无疑是有生命的个人的存在"①，而"人们的存在就是他们的现实生活过程"②，是他们的实践活动。

某种意义上，马克思把"现实的个人""他们的活动""他们的物质生活条件"看作是三项同一的因素和过程。"现实的个人"首先是自然前提下具有生命的人，这一点在发生学上取决于自然秩序而不是人类社会因素，即社会并不是人的生命的发生学条件，人在原初意义上源自自然，并在以自然作为基础境域的社会环境中存在；"他们的活动"也是在"人类史"依托"自然史"的前提下进行的；至于"他们的物质生活条件"，则绝不能离开自然的物质先决条件来谈社会的物质生活条件。这就说明，在马克思看来，自然是人的存在及其活动的发生学基础和历史前提。

在此意义上，实践具有本体论的意蕴。本体论维度的实践，原初地确证着人与自然的存在及二者之间的共属一体性关系。

关于人与自然的存在问题，马克思认为是一个关于"自然界的和人的通过自身的存在"而存在，即人对人来说作为自然界的存在以及自然界对人来说作为人的存在，已然成为实际的、可以通过感性实践活动直观的问题，也就是说，人与自然的关系体现为人在感性实践活动中去改造、谋划和操持自身的存在；反而观之，又恰体现了人作为自然界自身的存在者之存在的本体的属性和特征。正因此，"整个所谓世界历史不外是人通过人的劳动而诞生的过程，是自然界对人来说的生成过程"③。

关于人与自然的关系问题，马克思在《1844 年经济学哲学手稿》时期主要通过对象性的活动或对象性的关系来论述。所谓对象性，意味着在一个存在物之外，还有一个现实的他者，这个他者作为该存在物的对立面存在且表现和确证该存在物的本质力量。在现实世界中，任何一种存在物都是对象性的存在物，一个存在物如果在自身之外没有对象，就

---

① 马克思恩格斯文集（第 1 卷）［M］，北京：人民出版社，2009 年版，第 519 页。
② 马克思恩格斯文集（第 1 卷）［M］，北京：人民出版社，2009 年版，第 525 页。
③ 马克思恩格斯文集（第 1 卷）［M］，北京：人民出版社，2009 年版，第 196 页。

不是对象性的存在物。"非对象性的存在物是非存在物"①，是只能在抽象的思辨中存在而在现实中不存在的存在物。而作为全部人类历史的第一个前提——有生命的、现实的个人的存在，他的第一个对象——人——就是自然界，是另一个对他来说感性地存在着且确证和表现着他的本质力量的他者。对人而言，"说人是肉体的、有自然力的、有生命的、现实的、感性的、对象性的存在物，这就等于说，人有现实的、感性的对象作为自己本质的即自己生命表现的对象；或者说，人只有凭借现实的、感性的对象才能表现自己的生命。"② 对自然界而言，"一个存在物如果在自身之外没有自己的自然界，就不是自然存在物，就不能参加自然界的生活。"③ 可以明确地说，人和自然界就是本然的对象性关系，彼此确证着对方的存在和表现着对方的本质力量与内在特性。

仅仅指陈人是对象性的存在物、人与自然处于对象性的关系之中还是不够的，这并没有深入到马克思哲学历史变革的深处，还需将人与自然之间的对象性的关系"置入"对象性的活动或当作实践去考量。

这里用"置入"一词来描述马克思所指涉的人与自然的存在及其对象性关系与感性实践活动之间的联系，意在突显在此问题上，马克思相较前驱者费尔巴哈来说的超越之处。实则，经验历史并不存在也不可能存在任何仅仅基于主观性的举措来将人与自然及其对象性关系注入到感性实践活动之中的特例，相反，人与自然及其对象性关系的感性实践法则乃是本体性的。因为人类历史的第一个前提，感性的、有生命的个人的存在，本然地就是将自然界作为自身的他者、作为对象性活动关系的存在物，甚至他本身就是对象性活动，是他的现实生活和实践过程。在一定意义上，不妨说"人—实践—自然界"三方世界搭建成马克思哲学的本体构架，人与自然处于本然的、原初的、和谐共生共存的一体状态。对比中国传统哲学的"天人合一"和西方现代哲学家海德格尔的"天地

---

① 马克思恩格斯文集（第1卷）[M]，北京：人民出版社，2009年版，第210页。
② 马克思恩格斯文集（第1卷）[M]，北京：人民出版社，2009年版，第209-210页。
③ 马克思恩格斯文集（第1卷）[M]，北京：人民出版社，2009年版，第210页。

神人"四方世界所展露的人与自然关系的思想结构，"人—实践—自然界"本体论结构中的"实践"因素，不但剔除了某些田园诗般的浪漫主义因素和抽象神秘色彩，也指明了人与自然和解与和谐关系的现实性和变易性特征。

（二）实践的认识论和方法论向度：人与自然和解的可能性选择

马克思在《1844 年经济学哲学手稿》中写道，"没有自然界，没有感性的外部世界，工人什么也不能创造。自然界是工人的劳动得以实现、工人的劳动在其中活动、工人的劳动从中生产出和借以生产出自己的产品的材料。"① 这一论述不仅道出了自然界作为工人劳动生产和创造活动的对象的先决性和基础性，更深层次揭示了作为基础实践形式的劳动是之于人与自然界之间进行物质交换借以满足人的生存和发展需要的手段和媒介的属性。可以说，这种实践思想贯穿于马克思思想的始终。如在《关于费尔巴哈的提纲》中，马克思指出，"环境的改变和人的活动或自我改变的一致，只能被看做是并合理地理解为革命的实践"②；在《德意志意识形态》中论及人类周围的"感性世界决不是某种开天辟地以来就直接存在的、始终如一的东西，而是工业和社会状况的产物，是历史的产物，是世世代代活动的结果"③；而在《资本论》中，马克思不仅指出生产劳动"首先是人和自然之间的过程，是人以自身的活动来中介、调整和控制人和自然之间的物质变换的过程"④，而且更加具体、详细而形象地描述了加工、改造和赋义对象的实践活动的目的性特征，指出"最蹩脚的建筑师从一开始就比最灵巧的蜜蜂高明的地方，是他在用蜂蜡建筑蜂房以前，已经在自己的头脑中把它建成了。劳动过程结束时得到的结果，在这个过程开始时就已经在劳动者的表象中存在着，即已经观念地存在着。他不仅使自然物发生形式变化，同时他还在自然物中实现自己的目的，这个目的是他所知道的，是作为规律决定着他的活动的方式

---

① 马克思恩格斯文集（第 1 卷）[M]，北京：人民出版社，2009 年版，第 158 页。
② 马克思恩格斯文集（第 1 卷）[M]，北京：人民出版社，2009 年版，第 500 页。
③ 马克思恩格斯文集（第 1 卷）[M]，北京：人民出版社，2009 年版，第 528 页。
④ 马克思恩格斯文集（第 5 卷）[M]，北京：人民出版社，2009 年版，第 207 - 208 页。

和方法的，他必须使他的意志服从这个目的。"①

那么，我们应当怎样读解马克思这里"实践"的意涵呢？

基于马克思文本论述所展示的实践的认识论含义和价值属性，许多研究者就从这个维度去为实践下定义。比较代表性的概念有："所谓实践，就是人类有意识地进行的能动的改造和探索现实世界的一切社会性的客观物质活动。"② "所谓实践，就是人类为了自己的生存和发展所进行的一切社会性的客观物质活动。"③ 所谓实践，就是人们"以一定手段有目的地改造客观世界的物质活动"④。所谓实践，"是指人能动地改造物质世界的对象性活动。"⑤ 归结起来，上述定义都围绕着一个视域，即认识论视域。这种从认识论角度对实践进行定义的做法，见于我国早期的马克思主义哲学教科书，亦在某种程度上体现于现今的马克思主义基本原理教材，将实践理解为人的有目的的主观见之于客观的、改造物质世界的活动，譬如，"人的实践活动，是以改造客观世界为目的、主体与客体之间通过一定的中介发生相互作用的客观过程。"⑥ 这些定义，虽然都在一定程度上揭示了实践的内涵和本质，但如果不同时期的教科书或教材对实践的界定仅止于认识论范围，那么，这种界定就可能存在过于简单而不能涵盖和体现马克思主义哲学实践概念多维深刻含义和丰富内容之嫌。

故此，本书建策一种首先从本体论维度读解实践的内涵和意义，从认识论向度对实践内涵加以考量，进而在价值论层面对实践进行审美向

---

① 马克思恩格斯文集（第5卷）[M]，北京：人民出版社，2009年版，第208页。

② 肖前主编，黄楠森、陈晏清副主编：马克思主义哲学原理（下册）[M]，北京：中国人民大学出版社，1994年版，第516－517页。

③ 李秀林、王于、李淮春主编：辩证唯物主义和历史唯物主义原理[M]，北京：中国人民大学出版社，1990年版，第231页。

④ 赵光武、芮盛楷编著：辩证唯物主义历史唯物主义[M]，北京：北京大学出版社，1992年版，第261页。

⑤ 陈先达主编：马克思主义哲学原理[M]，北京：中国人民大学出版社，2003年版，第88页。

⑥ 《马克思主义基本原理概论》编写组编：马克思主义基本原理概论[M]，北京：高等教育出版社，2015年修订版，第59页。

度的升华和价值取向的追问，在此基础上再对人与自然的关系和解进行研究。

在认识论角度，实践作为物质生产或劳动，作为人与自然物质能量交换的过程，体现为人认识、加工和改造自然环境和自然物使之发生形态变化以满足人类非直接的需求的活动和手段，表征着人的意向性的现实客体化行为，表征着人与世界或人与自然界的构造性关系。在这种活动和行为方式中，人满足自己吃穿住行的生理需求和科学、艺术、审美的精神诉求，这种需求和愿景构成其生活和生产内在的动力。人作为实践活动的发起者、手段的使用者、方式的承担者，体现为具有意向性、开拓性和反思性的对象性存在者。自然界作为被施予意向性行为的受动者，体现为客体化的对象性存在者。实践是承接和关联人与自然界之间共属一体性的对象性活动和方式，呈现为对客体对象变形、重组、加工以创造成符合主体目的的具有直接现实性的另一种他物的方式和手段。

简单地说，人、实践和自然界构成了认识世界和改造世界的共属整体，只要发生认识活动和劳动活动，三者就处于一体关联中，人与自然的疏离异化矛盾从此种原初关联中肇始，二者和谐共生共存的和解状态亦要从此导源。

对于从事认识、劳动和生产的现实的人而言，直接现实性的结果构成其实践活动的目的性内容；但实践的或劳动的结果并不始终或必然地符合和满足人的目的性。因此，人的新的或无止境的欲求驱动和支配控制下的劳动或生产也不必然具有合规律性。那么，人与自然界的和谐共生的关系就有可能在原初合理的劳动和生产中被历史性地打破和瓦解，使二者处于分裂和异化的状态。

在人类社会发展史上，从整体结果来审视，渔猎采摘和农耕文明时期，人与其外在的自然界不管是从过程还是从结果看，都处于和谐统一和共生共存的状态。而当工业文明发展到一定时期，人与自然的整体和谐境态从结果上产生了分化和割裂，二者在实践活动中开始处于一种过程统一而结果分离异化的状态。在此意义上，马克思揭示和批判了资本主义生产方式造成的劳动与工人异化的非人道状态，以及人与自然的阶段性分裂矛盾，恩格斯则提醒告诫人们，过度地开发、控制和利用自然，必将招致自然界对人的报复。

人与自然的异化和分裂是历史的，具有处于发展过程中的暂时性特征，它在特定的历史时期或文明阶段生发，也会随着实践的历史发展和人类价值趋向的改变而消失和扬弃，所以马克思讲随着私有制的消除和对资本逻辑的超越，异化随之消亡。

（三）实践的审美向度：人与自然和解的价值趋向

从人类生存和发展的角度，在实践的生产劳动中，传统的文明思维和法则将人类设定为汲取者，自然界则被规制为供给者，这就使得双方处于一种人类发展和需求的无限性和自然资源的有限性与不可再生性之间的张力或博弈中。因此，二者可能和谐共处，也可能产生冲突、分裂和矛盾。

由于渔猎采集和农耕时期人类生产力水平、科技能力和内在欲求的有限性，人类开发和利用自然的规模和程度受动性地压制在自然系统的自我运行和修复规则内，而随着社会的发展、科技的进步、生产手段和工具的更新、人类主体性及其需求的膨胀，人类利用和改造自然的能力和程度也极大提高，在某种意义或程度上可能超出自然界承受和自我修复的规则和限度，导致自然环境的破坏和恶化，引发生态危机，造成人与自然共属一体关系的分裂、瓦解和崩塌，人类亦不时承受着自然环境的恶化或生态危机带来的生存和发展困境。

反思人类与自然的关系现状，不少研究者认为，那种单方面宣扬人的价值和主体性并声称人类价值高于一切的思维，那种主张征服自然，人类技术将所向披靡并理所应当享有无限满足自身需要的权利的人类中心主义是造成此类问题的罪魁祸首。在人类中心主义的价值趋向下，人类忽略自然自身存在规律和内在秩序而只着眼于其物用性，向自然无限制地索取、控制，犹如对其他事物或人类加诸奴役一般，即使问题已被广泛提出，但对于自然环境和生态秩序的恶化并未形成总体的、科学的、有效的应对方案，甚而某些论者想当然地认为随着科技的发展此类问题会自行解决。此种发展理念和方式，引发了广泛的对"科技至上"或"唯科学主义"及对"生态伦理""科学发展"的讨论，但就目前实际来说，情况依然十分严峻，人与自然的异化疏离问题并未得到实质性的解决。

对导致人与自然关系恶化和分裂的人类中心主义、科技万能论的批判和反思，说到底是对人类社会实践所引发的问题的批判和反思。据此，我们诉求一种符合历史必然发展趋势、有助于人和自然和谐共生、非异化的活动和方式，一种具有马克思主义精神禀质的——科学的、革命的、解放的价值论判断和认知形式的人类实践活动。

马克思的实践概念包含许多维度，其中最重要的能体现其人道精神、人文情怀和人本旨趣的便是价值维度。马克思主义的价值维度的实践具有原则性、反思性、批判性和革命性等特征，它是主张朝着人的解放、人与自然的和解和自由人的联合体发展的实践活动，这也符合了一种通常所说的合规律性和合目的性有机统一的实践活动。

在《1844年经济学哲学手稿》中，马克思基于批判异化劳动和私有财产的特定语境，直观而明确地提出和阐述了人类的生产实践活动所具有的区别于动物本能活动的审美特性和积极品质，揭示了生产实践劳动与美和内在尺度的关系，"动物只是按照它所属的那个种的尺度和需要来构造，而人却懂得按照任何一个种的尺度来进行生产，并且懂得处处都把固有的尺度运用于对象；因此，人也按照美的规律来构造。"① 对马克思实践观的价值论解释框架及审美内涵，有研究者称其为"合理实践—不合理实践"的框架，并梳理了它的文本生成逻辑和过程。"'合理实践—不合理实践'框架是马克思实践观的一个重要的深层框架。""马克思实践观的'合理实践对不合理实践'框架，经历了从萌芽到基本成熟再到发展完善的过程。简单地说，就是从《1844年经济学—哲学手稿》开始初步提出社会主义实践代替资本主义异化劳动实践的重要历史意义，到1845年《德意志意识形态》基本确立生产力实践的发展必然引发不合理社会关系实践的改变，再到1848年《共产党宣言》对无产阶级实践和资产阶级实践两者历史合理性转换的具体分析，最后到1857年以后《资本论》创作时期对社会基本矛盾运动过程中合理实践代替不合理实践这一理论的完整表述以及对资本主义实践合理性的历史暂时性的'经济学

---

① 马克思恩格斯文集（第1卷）[M]，北京：人民出版社，2009年版，第163页。

—哲学'分析。"①

这种"合理实践—不合理实践"的简单化二元分析模式自有其理，但亦不可取，因为判断一种实践合理与不合理，其尺度本身即难以界定，或者说判定者各有衡量标准。故，从直接的实践效应出发，此处将之重新划分为两端性的概念：一端为造成人与自然关系秩序异化失衡的实践，另一端为构成人与自然关系和谐共生秩序的实践，人的实践并不限于这种两端性，或必属其一，更多状况下是兼而有之或曰居于中道。在作出这种界定之后，以下进一步对人与自然之间关系的问题进行论议。

对造成异化失衡的生产劳动和生存方式的批判，对"按照美的规律来构造"及和谐共生秩序的肯定，可以说是马克思对人类劳动或生产实践活动所具有的生存旨趣、审美特质和价值属性的最直接、最充分的判断，它使人类从本能的、单一物用性的生存活动中超拔出来，复原人的自由自觉的生命活动的本体性和超越性，揭示了"按照美的规律来构造"乃是一种内在于人类劳动或生产实践活动的本性，提示我们修复人与自然的关系，"按照美的规律来构造"乃是人类生产劳动和生存方式的内在法则和历史属性，实践（人类劳动或生产实践活动）本身即包含着某种本体性、历史性的生存旨趣、审美特质和价值属性。

这种法则和属性，恰是马克思所揭示的现今人类在思考和化解社会生产实践中可能滋生的问题和矛盾可资借鉴和运用的思想资源，更是人与自然走向新的和谐统一与和解共生的根本路径。

如果说在生存和发展到一定时期后，人类创造对象世界、改造自然界以满足自身目的和需求的过程，也是其陷入某种程度的褊狭、盲目、贪婪无度的过程，它将人的内在尺度凌驾于或超越于其他物种尺度和存在规律之上，导致和加深了人与自然关系的分裂和恶化。那么，经过人类审慎的反思，就必须改变现存生存发展方式。新的时期，人类的生存逻辑，必须重新诠释和重置人与自然之间的关系，其中就应包括遵循美的规律的原则，统一人的内在尺度和其他物种尺度的双重尺度。在按照

---

① 刘敬鲁："合理实践—不合理实践"：马克思实践观的深层框架及其意义 [J]，学术月刊，2006（3），第61、61-62页。

人自身的目的、需要和意志改造和变易自然界之时，就不应忽视或僭越自然界的客观规律；就不能仅仅把自然界看作人进行加工以便享用和消化的肉体生活的资料，更应该把自然界作为满足人的生存和发展的精神母源和人的无机的身体或另一个存在的自我。如此，那种对自然任意宰制和奴役，从而片面追求资本扩张和增殖的粗暴方式及发展逻辑才有可能被瓦解和破除，在新的和谐共生实践代替旧的异化失衡实践的渐进过程中，人与自然才有望重新获得一种高阶和解关系。毕竟，任何一种实践形态的必然性及其适用性都是暂时的、历史的，都可能被更高阶段的历史和自然的新形态新秩序所代替和超越，人类及其社会和历史的进步，恰在这一变革历程中展示和涌现出来。

二、实践直观视域中的"人与自然"关系

通过马克思实践观的丰富内涵和多维视角，我们不难理解：人与自然之关系，存在着某种原初本体的和谐境界，亦出现了历史的、暂时的分裂与矛盾，在此情形下，还会出现一种通过实践的批判和反思的和解状况，以及未来社会在非剥夺状态中发展的目标指向。归根结底，人与自然的关系，或和谐或矛盾，与人的实践活动和生存方式及其价值选择密切相关、辩证统一。那么，根植于实践基础走向和解的人与自然，或直接地说，实践直观下的人与自然，其本质属性和应然样态是怎样的，这也是理解人与自然和解和谐命题的重要内容。

马克思实践唯物主义或历史唯物主义区别于整个传统哲学的最大特点在于不再将关注的对象投放在形而上的抽象世界，也不再将视角停驻于与人无关的纯粹的物质世界，而是宣称新唯物主义的出发点是现实的、历史的、生成的个人，新唯物主义的立脚点是人类社会或社会化的人类，新唯物主义的根本问题是建构消除了诸种剥削和奴役关系的生活世界和世界历史，并构建人与外部世界全面解放的体系。

从马克思的理论聚焦点来说，人的问题，作为贯穿历史唯物主义、实践唯物主义、科学社会主义始终的内在因素和线索，其中，人是具体的"现实的个人"，而非大写的抽象的人；是处于社会关系之中从事实践活动的人，而非自然的、孤立的人的个体；是处于"怎样生产，自身

就怎样"生成中的人，而不是僵化的、完成式的人；其本质是社会关系的总和，而非单个人所具有的抽象物。马克思从感性实践的角度，对人的现实性、社会性和生成性的判断，应是相关研究者所达到的普遍共识。因此本书此处不拟重复论述。关于实践直观下的"人与自然"及其关系，将重点着眼于"自然"之特性去展开思考和论述。

可以说，马克思在实践基础上所理解的自然，或实践直观下的自然，至少有相互关联的三个层面的含义。

首先，实践直观下的自然，被标识为客观的、现实的、感性的存在物，这与唯心主义将自然看作神秘的、不可知的、抽象的神秘之物或人的主观精神（思维）的创造物或心智的外化之物的观念有本质区别。关于自然界的客观产生和演化的过程，它不仅是一个自然科学课题，也是一个哲学问题，但世界本身作为物质形态存在实质有着无可辩驳的和实际的明证性。我们已知，恩格斯在《自然辩证法》中依据以星云假说、地质渐变论、能量守恒和转化定律等为代表的自然科学的研究成果，勾画和揭示出了自然界普遍联系、相互转化和永恒发展的辩证物质过程，驳斥了抽象的创世说、宿命论和神秘主义唯心世界观。马克思还从人的感性活动出发，将人与自然理解为处于对象性活动之中，依赖对象性活动而存在的存在物，将人与自然界的关系在本质上理解为对象性实践的关系。如果说"非对象性的存在物是一种非现实的、非感性的、只是思想上的即只是想象出来的存在物"① 的话，那么，处于对象性活动关系中的自然界，就是现实的和感性的存在物，关于它的形成过程，关于它的实在性，已经成为实际的、可以通过感觉直观和实践证明的了。因此马克思所理解的自然界，既不是黑格尔的处于"绝对精神"外化的物质阶段最终又要复归于"绝对精神"的思辨的自然界，也没有停留于费尔巴哈的那种仅处于感性对象性关系之中的自然界，而是把自然理解成一种与人构成对象性实践关系，并具有客观实在性、实践现实性和历史变易性的自然界。

其次，实践直观下的自然，应被理解为涉入社会的、历史的、实践

---

① 马克思恩格斯文集（第 1 卷）[M]，北京：人民出版社，2009 年版，第 211 页。

的存在物，这与直观唯物主义只是从纯粹客体的或直观的形式去理解人与自然的模式和框架有着实质的差异。辩证唯物主义或实践唯物主义与一般唯物主义的本质区别，并不在于是否承认外在自然界的感性物质性和客观实在性，而在于到底该如何去理解人所面对的"对象、现实、感性"或人类所面对的丰富多彩的现实世界，包括自然界，是用纯粹"客观的或直观的形式"去理解还是用感性的实践去解读，这才是二者真正分歧之点。一如恢复唯物主义王座的唯物主义者费尔巴哈，并不否认自然界的先在性和物质本原性，其理论局限在于仅仅从感性直观角度去把握自然界。这样他透视到的自然界就可能在某种意义上止于静态的表象，而不能充分注重其内在关联动态的过程，当他将人也还原于自然界本体的时候，他就更看不到人的自然界了。所以，马克思在批判费尔巴哈将自然界当作与人的活动无关的"先于人类历史而存在"的抽象的自然界时，指出实际上这样的自然界，"对于费尔巴哈来说也是不存在的自然界"[①]。

因此，在马克思那里，对自然界的理解，始终关涉现实的人的实践活动，甚至自然界被直接当作历史的现实的实践活动去理解，否则就很难在彻底的唯物主义原则上超越费尔巴哈的直观的唯物主义。正像《关于费尔巴哈的提纲》第一条所揭示的那样，将自然界纳入实践的话语体系，成为我们认识和把握马克思自然范畴的钥匙，实践唯物主义的自然范畴的独特性及其深层意涵，都能在实践中找到合理的解释。当马克思的"新唯物主义"或"实践的唯物主义"将"对象、现实、感性"诉诸感性实践活动的框架理解时，它就从社会性的和历史性的视角对自然诉诸一种实践直观的理解，从而使得社会性与历史性进入到马克思对自然界的本质特性的解释体系中来了，这也是马克思自然观的超越性之所在。[②]

人的感性实践活动既不是一种纯粹的客观性活动，也不是一种纯粹

---

① 马克思恩格斯文集（第1卷）[M]，北京：人民出版社，2009年版，第530页。
② 西方马克思主义者卢卡奇和施密特声称理解马克思的自然观，关键是要明确其"社会—历史性质"，但这一解释原则本身却是值得商榷的。

的主观性活动，而是以改造客观世界为目的，主体与客体之间进行物质能量、信息交换的对象性活动和过程，是一种将人的本质、思维、意志和目的作用到自然界之上，使自然的外在性转化为人的内在目的性的活动。就像马克思所言，"劳动首先是人和自然之间的过程，是人以自身的活动来中介、调整和控制人和自然之间的物质变换的过程。人自身作为一种自然力与自然物质相对立。为了在对自身生活有用的形式上占有自然物质，人就使他身上的自然力———臂和腿、头和手运动起来。当他通过这种运动作用于他身外的自然并改变自然时，也就同时改变他自身的自然。"① 在这个意义上，被纳入到实践范围，被人触及、认识、加工和改造过的自然界，即被人作用和打上"印记"的自然界，就因着实践而内化为人的自然，作为它自身的内在世界和内在之物。当然，劳动的过程是一个双向的对象化过程，一方面自然界被改造，打上实践的烙印，另一方面人自身的实存属性、能力和境界也会在与自然界的照面性关系实践中被再度改造和提升。

马克思强调，在现实性上人的本质是一切社会关系的总和，社会生活在本质上是实践的。因此，人的实践直观的自然，涉入人的历史属性和社会属性，也就是马克思所指的"人的现实的自然界""真正的、人类学的自然界"，作为经过人及其实践活动"中介"了的自然，是"工业和社会状况的产物，是历史的产物，是世世代代活动的结果"②，而绝非与人无关的本体论意义上的物质本原。现实的自然界不是与人和人的活动彼此分离的自然界，它是对人和人类社会构成先在条件和优先地位的自然界，是在人的感性活动范围内被人的感性活动作用过的社会劳动的对象或产物。

最后，"外部自然界的优先地位仍然会保持着"③。诚然，在马克思看来，感性的世界不是"开天辟地以来就存在的，始终如一的东西"，

① 马克思恩格斯文集（第5卷）[M]，北京：人民出版社，2009年版，第207-208页。
② 马克思恩格斯文集（第1卷）[M]，北京：人民出版社，2009年版，第528页。
③ 马克思恩格斯文集（第1卷）[M]，北京：人民出版社，2009年版，第529页。

而是"工业和社会的产物",它要被了解为人的实践活动建构创制出的人的周围世界。马克思强调指出:"被抽象地理解的、自为的、被确定为与人分隔开来的自然界,对人来说也是无。"① 但是,马克思仍然作出了"外部自然界的优先地位仍然会保持着"的断言,在强调社会要因时充分肯定自然界在时间上的先在性同时,并没有因强调人的实践的创造性和超越性而否认自然界对人的生活世界存在的优先性。

马克思作出这种论断看似矛盾:当马克思说先于人类历史而存在的、被确定为与人分隔开来的自然界,对人来说也是无时,他站在自然的历史性或社会性角度,他认为这种自然界因不具有历史性而不存在,但不是因不具有客观性而不存在;相反,当马克思说自然界仍然保持着优先地位时强调的则是自然界的本体实在性、相对于人类的发展史而言的时间先在性和相对于人的认识能力而言的广袤无限性。

那么,"外部自然界的优先地位仍然会保持着"这一命题的具体内涵又该如何理解呢?它至少包含两层含义:一是先于人类历史而存在的自然界的本体绝对优先地位;二是社会中介过的自然界的历史相对优先地位。

一是,先于人类历史而存在的自然界的本体绝对优先地位。从文本线索来说,"外部自然界的优先地位"这一命题,虽然是马克思在《德意志意识形态》中才明确提出,但是,这一思想在《1844 年经济学哲学手稿》中就有所论及,诸如自然界先于人和人类社会而存在、自然作为感性的客观存在物而不是作为人的意识产物等唯物主义的思想因素已经有所表达,已经发生了与黑格尔绝对精神产生自然界的先在性思想的相悖和差异。

从追本溯源的角度看,实践之外"原始自然界"对于人的生存和发展具有无可置疑的本体优先地位,"没有自然界,没有感性的外部世界,工人什么也不能创造。自然界是工人的劳动得以实现、工人的劳动在其中活动、工人的劳动从中生产出和借以生产出自己的产品的材料。"②

---

① 马克思恩格斯文集(第 1 卷)[M],北京:人民出版社,2009 年版,第 220 页。
② 马克思恩格斯文集(第 1 卷)[M],北京:人民出版社,2009 年版,第 158 页。

"自然界一方面在这样的意义上给劳动提供生活资料……另一方面，也在更狭隘的意义上提供生活资料，即维持工人本身的肉体生存的手段。"①可见，从发生学的意义上讲，马克思强调的"原始自然界"具有相对于人、人的活动及劳动对象上的优先性地位，没有这种优先性，人就无法出现，无法劳动，无法延续至今。即使在《资本论》中，马克思强调人周围的感性世界是工业和社会状况的产物时，仍没有否认"原始自然"作为先决性条件和本体优先地位的存在，没有否认人的劳动尚未触及到的未知自然的存在。

当然，对天然自然或原始自然的优先地位的强调并非马克思自然观革命性变革的实质，并非与一切旧唯物主义在自然观问题上的本质区别，但是不可否认，承认自然界的优先性和客观性是马克思新唯物主义所澄明的理论前提和基础。

二是，实践或社会中介过的自然界的相对优先地位。马克思虽然肯定了人类以前的自然界为人的存在和人的劳动得以展开奠定了基础、提供了前提，但他认为仅承认天然自然作为前提和基础的优先性地位是不够的。人作为自然的产物，作为有生命的存在，必须超越纯粹直观的、仅仅出于本能的生存模式，"但是为了生活，首先就需要吃喝住穿以及其他一些东西。因此第一个历史活动就是生产满足这些需要的资料，即生产物质生活本身"②。人通过这"第一个历史活动"，即人的感性的物质生产劳动，获得满足自身需要的生存资料，使自己与动物区别开来。这一过程，亦是人认识和改造外部自然界以构造自身生活的过程，只有自然界首先成为实践的对象，"通过实践创造对象世界"，"改造无机界"，它才进一步成为人的自然界。"人的劳动实践创造着对象世界，改造着无机界，当这种劳动实践物化、对象化到劳动产品上以后，就成为外部自然界的一个组成部分，对于人们尔后的感性活动，对于下一代人来说，又作为预先存在的外部自然界而出现，又作为他们感性活动的物质前提

---

① 马克思恩格斯文集（第1卷）[M]，北京：人民出版社，2009年版，第158页。
② 马克思恩格斯文集（第1卷）[M]，北京：人民出版社，2009年版，第531页。

而出现，从而具有'优先地位'"①。也就是说：作为人类感性活动中介和改造的结果——现实的自然界，一当它形成之后，就融入外部世界，成为外部自然界的一部分，甚至人的劳动并没有为外部自然界增添什么新的"物质"属性，人只是在一定意义一定范围内通过劳动工具和手段改变原有客观自然对象的形状、组成、结构等，而后对其加以重组、创造、赋形、立义等，从而通过劳动形成了承载着人的目的和主观欲求的人工产品，这种人工产品并不决然和它的"前身"没有一丝联系，就像一朵棉花经过多道加工程序之后，可以成为棉线、棉布，但断然成不了钢丝、金线。因此，被人的劳动加工和重造过的自然界，一方面它在人的无限螺旋上升的劳动过程中又重新作为人类劳动实践的对象和要素，作为人为满足自身需求而再次被改造的前提性基础来出场，体现其作为劳动对象的优先性地位，另一方面又要作为客观的、物质性前提制约着劳动实践的发生和延续。

由此可见，人类社会以前的自然界或尚未被人的实践活动触及的自然界和实践中介了的自然界都属于马克思所言保持"优先地位"的自然界，二者都具有某种程度的优先性或先在性。同时，马克思认识到：自人类产生以后，随着工业的进步，人类社会以前的那个自在自然的范围在退缩，但不会彻底消失，消融于人类的历史之中，成为绝对的"社会范畴"。正如施密特（尽管其对马克思自然概念的解读有待商榷）所意识到的，"从自然的形式、内容、范围以及对象性来看，自然决不可能完全被消融到对它进行占有的历史过程里去。"②

但仍需强调的是，对于先于人类而存在的纯粹自然界、尚未进入人的活动视野的与人无涉的自然界，虽然马克思强调了它们一方面在存在原则上的客观性，另一方面在时间上的先在性，甚至包括最初的意义上对于人的劳动而言的前提性和基础性，但除此之外，对于这样的与人无关的自然界，马克思再无过多议论，否则，如果不是因为它已成为人的

---

① 杨学功：如何理解马克思的自然观［J］，江汉论坛，2002（10），第48页。
② A. 施密特：马克思的自然概念［M］，欧力同、吴仲昉译，北京：商务印书馆，1988年版，第67页。

世界的话，就只能是头脑和想象的产物了。正是在这样的意义上，马克思才明确地指出，被抽象地理解的、孤立的、被确定为与人分隔开来的自然界，对人来说是无。"'无'并未否定它的存在。所谓'无'，一方面是指自在自然未与人发生实在对象性关系，另一方面则意味着我们除了知道它的存在外，除了说它具有自在性或外在性外，再也无法对它作任何规定，一旦我们能够对它作具体规定，它便由自在变为现实。正是在这两种意义上，马克思才说自在自然是无。"①

三、对人与自然"和解"本质的理解

本书最后部分提出"在实践中人与自然走向和解"论题，如果说此部分前两节回答的是"人与自然何以能达到一种和解的状态，和解的前提、途径、价值基础和依据是什么，这种和解状态下的人与自然样态怎样"这些问题的话，那么，如何理解人与自然之"和解"真义，便是接下来的核心问题。

在《1844年经济学哲学手稿》中，马克思揭示了在特定历史时期内，随着分工和私有制的不断发展和扩张，工人自由自觉的劳动日益成为一种谋生的活计，工人与劳动对象的关系也逐渐成为了一种不再确证和不能实现人的真正本质和个性的异己关系，马克思指出这是资本主义生产方式中工人的劳动、工人与劳动对象、工人与外部自然界异化的表现和症候。马克思视此类异化为特定历史阶段的产物，认为异化的产生与扬弃走的是同一条道路。马克思不仅清楚地揭示了工人所身陷的非人的异化困境，也为工人摆脱异化、实现解放指明了道路，认为代替那存在着剥削和异化的旧社会的是每个人都能自由而全面发展的联合体，"它是人向自身、也就是向社会的即合乎人性的人的复归，这种复归是完全的复归，是自觉实现并在以往发展的全部财富的范围内实现的复归"②；这种联合体是"私有财产即人的自我异化的积极扬弃"，"作为完成了的

---

① 李文阁：回归现实生活世界［M］，北京：中国社会科学出版社，2002年版，第248页。

② 马克思恩格斯文集（第1卷）［M］，北京：人民出版社，2009年版，第185页。

自然主义，等于人道主义，而作为完成了的人道主义，等于自然主义，它是人和自然界之间、人和人之间的矛盾的真正解决，是存在和本质、对象化和自我确证、自由和必然、个体和类之间的斗争的真正解决。"① 这就是人们所熟悉的"两个和解"重要命题——"人同自然的和解""人同本身的和解"所提出的背景和目标指向。

据此，我们提出一种对人与自然"和解"本质的理解：

首先，和解，指向人与自然之间"和而不同、共生共存"的和谐状态。从马克思提出人与自然和解命题的原初意图来看，某些论者产生一种联想，认为人与自然的和解，就是指人与自然之间没有矛盾或矛盾彻底解决，二者达到了一种绝对的同质状态，即所谓的自然主义等于人道主义。这种直观的认识不仅没有触及"和解"的真义，也是对马克思的曲解。

马克思恩格斯曾不止一次地表达过这样的思想，人类如果达到矛盾彻底消除的一天，那么"除了袖手一旁惊愕地望着这个已经获得的绝对真理，就再也无事可做了。在哲学认识的领域是如此，在任何其他的认识领域以及在实践行动的领域也是如此。历史同认识一样，永远不会在人类的一种完美的理想状态中最终结束；完美的社会、完美的'国家'是只有在幻想中才能存在的东西；相反，一切依次更替的历史状态都只是人类社会由低级到高级的无穷发展进程中的暂时阶段。每一个阶段都是必然的，因此，对它发生的那个时代和那些条件说来，都有它存在的理由；但是对它自己内部逐渐发展起来的新的、更高的条件来说，它就变成过时的和没有存在的理由了；它不得不让位于更高的阶段，而这个更高的阶段也要走向衰落和灭亡。"② 这意味着，和解绝不是没有矛盾，不是矛盾的彻底消除和终结，否则人与自然也就丧失了运动、发展的动力，成为静止不动的抽象物；和解也不是人与自然之间不存在差别、差异的简单等同，这里的"自然主义等于人道主义"，绝不是字面意义上两种不同事物或属性的相等，而是一种对象性关系上的价值比附。

---

① 马克思恩格斯文集（第 1 卷）[M]，北京：人民出版社，2009 年版，第 185 页。
② 马克思恩格斯文集（第 4 卷）[M]，北京：人民出版社，2009 年版，第 270 页。

又如，马克思还在《哲学的贫困》一书中说："两个相互矛盾方面的共存、斗争以及融合成一个新范畴，就是辩证运动。谁要给自己提出消除坏的方面的问题，就是立即切断了辩证运动。"① 这段话也为我们探究人与自然"和解"的深意提供了启示。和解，是辩证运动发展的新范畴、新事物和新境界，它是人与自然之间共存、斗争和融合的有机统一，它并不以消除人与自然的差异、相对分立及实现简单的同一为目的，而是某种同中见异、异中存同、各适其性、各得其所、和谐共处的状态。所以，和解并不是一方消融或消解于另一方，不是同质性的无差别的一体，而是异质性的和谐共存，不是消除一切矛盾的绝对同一状态。这与孔子的"和而不同"、老子的"万物负阴而抱阳，冲气以为和"、赫拉克利特的"对立和矛盾统一起来乃产生和谐"及黑格尔"和谐在本质上、绝对的意义上是一种差别"的"和谐"理念具有相似的原则效应。这种使事物保持在差异对立而不对抗分裂、共生共存而不相害相悖状态的特质和属性才是和解应有的真义。

在和解状态下，自然对人而言，不再以一种自在的神秘的或异己的形式发挥自身力量而与人相对立；人对自然而言，也绝不像野蛮的征服者统治和奴役异族人那样，站在自然界之外去宰割自然。如前所述，人成为解放者和守护者，在解放自身的历程中也使自然界不再成为人的剥夺和奴役的对象，这就要求人类能够理性地、自觉地将自身的内在尺度与其他物种的尺度结合起来。"合理地调节他们和自然之间的物质变换，把它置于他们的共同控制之下，而不让它作为一种盲目的力量来统治自己；靠消耗最小的力量，在最无愧于和最适合于他们的人类本性的条件下来进行这种物质变换"。②

这种对人与自然之间的物质变换活动和方式的"辩证"审读，体现了马克思主义人与自然和谐共生的新型发展理念，反映了人类久经环境困境考验和理性反思后的觉醒和选择，也是人类智慧和文明跃升的表现，

---

① 马克思恩格斯文集（第1卷）［M］，北京：人民出版社，2009年版，第605页。
② 马克思恩格斯文集（第7卷）［M］，北京：人民出版社，2009年版，第928 - 929页。

是一种新文明精神的体现。人与自然和解的真正本质在于它既不主张自然中心主义，甚至是生态中心主义，也不持守人类中心主义，而是扬弃和超越了任何以单一存在范畴为中心的思想，实现了人、自然、社会在实践基础上的本体论、认识论、价值论和方法论层面的和谐共存，如果一定要用传统"中心论"的思维模式来表达的话，这是一种"去中心"的总体中心论，是"人、社会和自然三位一体"的复合生态中心论。在这一结构中，三者不存在哪一范畴更优越或更优先的问题，三者是一体三面的关系，缺一都无法确证其他二者的存在，主要体现在：第一，人与自然在实践这一对象性的活动中确证了彼此的存在性，社会及其本质在其中得以生成和绽现；第二，社会实践中介了的自然，成为使人社会化和再自然化的人的无机身体和精神原域，是人的无机的和精神的他在，是另外一个总体的自我；第三，自然的人道主义和人道的自然主义完成了本质的统一。人与自然的和解，既不主张将人类文明与生态保护对立起来，也不因经济生产增长而过度开发和利用自然，一如当下中国特色社会主义生态文明建设强调绿色、协调、开放、创新、共享、共建、共治的发展方式、发展理念和治理格局，人与自然的和解在本质上反映的是一种新的世界观、价值观，是一种新的文明形态。

其次，从过程上看，和解是一个动态的发展过程，显现为本真的、现实的、未来的和解之统一，既是新起点上的和解，也是结果、趋势和目标上的和解，总的来说是具有动态性、生成性和目标趋向性的有机统一的过程。综观人类历史发展的进程和实践的演进过程，我们不妨做一种相对简易的处置，将人与自然关系的发展划分为统一、对立、和谐三个阶段以及在这三个阶段中循环往复、螺旋上升、日趋和谐的过程。

在《1844年经济学哲学手稿》中，马克思提出了"两个和解"的重要命题，这是共产主义社会的基本特征，亦体现了在实践基础上的本体论、认识论、价值论和方法论层面的一种高阶的和解。上文已论及，这一社会历史发展和人与自然关系的最终价值取向，不只是一个单纯的静态结果状态，更是一个趋向和解目标的动态过程。这就是说，人与自然的和解，并非终结于共产主义，毕竟马克思所言共产主义乃是批判和消灭现存状况的现实的运动和过程，而不是历史的终结和社会发展的最后阶段，所以在趋向共产主义的途中依然可能出现历史性的人与自然的一定程度和范围的和解境界，恰是在超越现实、趋向和接近价值目标的过程中人与自然才臻于本然状态。"和解"作为动态的发展过程，它是新的人与自然关系的产生和旧的失衡危机状况的消灭，"和而不谐"甚至"对抗、冲突"或许也要被适当了解为走向"和解"的某种环节和过程。当"不谐"达到一定程度就可能形成强烈的"对抗"与"冲突"，在对抗与冲突平息之后会出现某种程度的"和解"，其后可能又是另一种程度和意义的"和而不谐""对抗""冲突"，如此往复。人与自然的关系就是在这样一个辩证历程中持续趋向和达至某种新的和解状态。当然，和解也只是体现为一种相对的和谐共生共存，绝对的和解是一种形而上学的观点。

再次，人与自然的和解，要以人与人的和解和物质生产力高度发展和物质财富极大增长为前提。

实践作为人与自然的对象性活动，在其内在现实和逻辑关系结构中，一方面，人，不管是现实的、社会化的个人还是结合起来的群体，作为生产、劳动等具体实践活动的发起者、从事者、组织者和控制协调者，作为意向性的主体性存在，体现的是人与人之间的关系；另一方面，现实的个人或群体把他们聚集起来的知识、能力、诉求、方案、目标、理想等主体性的精神力量对象化或投射到客观事物之上，使客观事物按人的意志和方向发生变化以满足人的某种预期目标，在这一环节中主体的目标诉求在多大程度上能得以实现，体现出来的就是他们作用于客观事物的能力，即生产力。从对实践内在机制构成的分析可见，从最基本的角度看，实践一方面体现的是人与人的关系，包括人们对自然资源、生产对象、生产资料的所有权及对实践成果或劳动产品的分配所形成和体现的关系；另一方面体现的是人与自然界在物质、能量、信息变换过程中形成的人们改造自然、获得物质能量的能力——生产力。实践的这两个环节，密不可分，相互制约。人与人的关系和谐或冲突，直接促进或制约着主客体间物质交换能力，当人们将利润增长和生产扩大作为终极原则去竞争和计算时，人与自然之间的和谐关系和新陈代谢过程就可能被打破，资本主义生产方式已经向我们提供了现实例证；反过来，物质生产力的高低或发展条件和谐与否，也会促成人与人之间的社会关系的平等、协调与融洽，或造成人与人之间的社会关系的竞争、冲突、混乱，这也能在资本主义生产方式中得到鲜明的印证——它比封建主义显现为进步，而相对社会主义和共产主义来说，又是不完善的、异化的，必将被后者扬弃和超越。

在"人、自然、实践"的三维格局中，三者有机统一，人与人的社会关系及其社会形态，直接制约和影响着人与自然的关系，人与人的社会关系或和谐或对抗，直接影响着人与自然的对抗或和谐。马克思对人类社会发展的"三种社会形式"划分的思想，充分体现了人与人的社会关系和人与自然关系之间的内在联系和相互制约性。马克思在《政治经济学批判（1857—1858 年手稿）》中指出，"人的依赖关系（起初完全是自然发生的），是最初的社会形式，在这种形式下，人的生产能力只是在狭小的范围内和孤立的地点上发展着。以物的依赖性为基础的人的独立性，是第二大形式，在这种形式下，才形成普遍的社会物质交换、全面的关系、多方面的需要以及全面的能力的体系。建立在个人全面发展和他们共同的、社会的生产能力成为从属于他们的社会财富这一基础上的自由个性，是第三个阶段。第二个阶段为第三个阶段创造条件。"① 大体说来，根据马克思的划分和人类社会发展的历史与现实，这三种社会形态中的第一个社会形态是人以本能联合、互为依赖的形式去对抗具有无限威力的自然界的社会形态，在人与自然的关系上体现为人服从自然界；第二个社会形态是相对独立的个人与自然界展开全面的、多方位物质交换关系的社会形态，在人与自然的关系上体现为原子式的个人或"单子"式的个人的结合以不充分的能力体系去开发、争夺和竞争自然界资源；第三个社会形态是自觉地联合起来的人们合理地调节和利用自然界的社会形态，在人与自然的关系上表现人与自然的和谐共生。从马克思三个社会形态划分的根据的思想可以看到，人的发展状况不同所限制和影响的人与自然关系具有不同的特点和表现形式。

① 马克思恩格斯文集（第 8 卷）[M]，北京：人民出版社，2009 年版，第 52 页。

从本体论视角来看，生存与发展是人类社会实践的内在目的和属性，而满足人类生存与发展需求的能力又制约和影响着人与自然的和解程度和进程。正如马克思指出："生产力的这种发展（随着这种发展，人们的世界历史性的而不是地域性的存在同时已经是经验的存在了）之所以是绝对必需的实际前提，还因为如果没有这种发展，那就只会有贫穷、极端贫困的普遍化；而在极端贫困的情况下，必须重新开始争取必需品的斗争，全部陈腐污浊的东西又要死灰复燃。其次，生产力的这种发展之所以是绝对必需的实际前提，还因为：只有随着生产力的这种普遍发展，人们的普遍交往才能建立起来；普遍交往，一方面，可以产生一切民族中同时都存在着'没有财产的'群众这一现象（普遍竞争），使每一个民族都依赖于其他民族的变革；最后，地域性的个人为世界历史性的、经验上普遍的个人所代替。"① 不然，人与自然的和解就只能作为某种地域性的东西而存在，交往的任何扩大，都会有可能破坏、瓦解和消灭这种地域性的和解。

最后，在现存的资本逻辑主导的生产和发展模式下，人与自然的和解，要以批判、控制和超越资本为出路。

马克思曾经对资本的本质、资本的来源、资本的"金钱"原则及其对自然内在价值的蔑视和贬低作出明确的论述，认为："资本不是物，而是一定的、社会的、属于一定历史社会形态的生产关系"②。"金钱贬低了人所崇奉的一切神，并把一切神都变成商品。金钱是一切事物的普遍的、独立自在的价值。因此它剥夺了整个世界——人的世界和自然界——固有的价值。"③ 金钱也不是一般的物，不是一般的货币，而是与资本具有等价的特性，"资本不是物，正像货币不是物一样。在资本中也像在货币中一样，人们的一定的社会生产关系表现为物对人的关系，或者说，一定的社会关系表现为物的天然的社会属性。当个人作为自由人彼此对立的时候，没有雇佣劳动就没有剩余价值生产，没有剩余价值生产

---

① 马克思恩格斯文集（第1卷）[M]，北京：人民出版社，2009年版，第538页。
② 马克思恩格斯文集（第7卷）[M]，北京：人民出版社，2009年版，第922页。
③ 马克思恩格斯文集（第1卷）[M]，北京：人民出版社，2009年版，第52页。

也就没有资本主义生产，从而也没有资本，没有资本家！资本和雇佣劳动（我们这样称呼出卖自己本身劳动能力的工人的劳动）只表现为同一关系的两个因素。"① "在私有财产和金钱的统治下形成的自然观，是对自然界的真正的蔑视和实际的贬低。"② 马克思在《政治经济学批判（1857—1858年手稿）》中的一段话，更详细地揭示了资本以"有用性"为原则的属性及其对自然界所产生的"普遍占有"关系："如果说以资本为基础的生产，一方面创造出普遍的产业，即剩余劳动，创造价值的劳动，那么，另一方面也创造出一个普遍利用自然属性和人的属性的体系，创造出一个普遍有用性的体系，甚至科学也同一切物质的和精神的属性一样，表现为这个普遍有用性体系的体现者，而在这个社会生产和交换的范围之外，再也没有什么东西表现为自在的更高的东西，表现为自为的合理的东西。因此，只有资本才创造出资产阶级社会，并创造出社会成员对自然界和社会联系本身的普遍占有。由此产生了资本的伟大的文明作用；它创造了这样一个社会阶段，与这个社会阶段相比，一切以前的社会阶段都只表现为人类的地方性发展和对自然的崇拜。只有在资本主义制度下自然界才真正是人的对象，真正是有用物；它不再被认为是自为的力量；而对自然界的独立规律的理论认识本身不过表现为狡猾，其目的是使自然界（不管是作为消费品，还是作为生产资料）服从于人的需要。资本按照自己的这种趋势，既要克服把自然神化的现象，克服流传下来的、在一定界限内闭关自守地满足于现有需要和重复旧生活方式的状况，又要克服民族界限和民族偏见。资本破坏这一切并使之不断革命化，摧毁一切阻碍发展生产力、扩大需要、使生产多样化、利用和交换自然力量和精神力量的限制。"③ 资本主导的生产方式造成了劳动的异化、人自身的异化以及人与自然关系的严重异化。在资本逻辑下，自然界的一切领域都服从于生产，服从于人的需要，服从于资本的增殖

① 马克思恩格斯文集（第8卷）[M]，北京：人民出版社，2009年版，第485页。
② 马克思恩格斯文集（第1卷）[M]，北京：人民出版社，2009年版，第52页。
③ 马克思恩格斯文集（第8卷）[M]，北京：人民出版社，2009年版，第90－91页。

和有用性原则。资本的本性在于最大限度地追求利润和增殖，正像马克思在《资本论》里说："资本害怕没有利润或利润太少，就像自然界害怕真空一样。一旦有适当的利润，资本就胆大起来。如果有 10% 的利润，它就保证到处被使用；有 20% 的利润，它就活跃起来；有 50% 的利润，它就铤而走险；为了 100% 的利润，它就敢践踏一切人间法律；有 300% 的利润，它就敢犯任何罪行，甚至冒绞首的危险。"① 如此，自然界也同样在人眼中失去了神奇的、感性的光辉而被降到了买卖价值或工具价值的水平了。为了刺激人的全面的物质欲望来达到自身增殖的目的，资本"第一，要求在量上扩大现有的消费；第二，要求把现有的消费推广到更大的范围来造成新的需要；第三，要求生产出新的需要，发现和创造出新的使用价值。"② 资本的这种无限的增殖本性和扩张性，对自然界的工具性、剥夺性的占有和利用，既缺乏合理限度又永无止境，其固有的弊病之一便是造成自然环境恶化或引发生态危机，导致人与自然关系秩序的失衡。

马克思批判和揭示了早期资本主义制度下的生产方式和生产逻辑以及由此导致的自然异化的现象。当今世界历史或全球化客观趋势下，由资本主导的生产模式和价值原则引发的异化问题在世界范围内持续蔓延，并在人与自然关系的领域引发全球性环境问题和生态危机，即使是与资本主义制度相对立的社会主义国家也未必能不受其渗透和危害。当我们仍处于资本逻辑在一种制度内仍有其存在的余力、尚无法被完全克服和超越的特定历史阶段，在反省资本增殖本性、批判资本单一性价值原则、规避资本本身局限性的基础上去合理地运用资本及其生产机制，或许是筹划人与自然和谐共处的现实起点和可能的路径。

四、可能的建策和启示

从某种意义来说，人与自然的和解是一个资本主义时代才提出的论题，其解决需要从资本主义体系的发生及其生产方式着手，但只有越过

---

① 马克思恩格斯文集（第 5 卷）[M]，北京：人民出版社，2009 年版，第 871 页。
② 马克思恩格斯文集（第 8 卷）[M]，北京：人民出版社，2009 年版，第 89 页。

资本主义本身，进入社会主义和共产主义阶段，问题才可能得到全面解决。因而，此处不拟做那种具象的描绘，也无法给出一种非历史的图景。

故而，基于前述分析，对于从实践中人与自然走向和解的论题，我们归结出一些可能的建策和启示：

首先，在辨明自然界自身的客观特性和独立的规律性基础上顺应自然。人类史，度过原始人的物我不分状态，历经神话、哲学、宗教、科学各个认识形式和阶段。近代资本主义生产方式前所未有地创造了人类宰制自然的条件和手段，资本主义和人类中心主义进入了同一个驿道，人与自然的疏离异化突显为一个现实的全球性问题，乃至全人类的生存危机，其教训是深刻的。资本主义生产方式凭借某种局部的规律和片面的价值原则，对自然进行剥夺和宰制，在资本获利和增殖的同时，也埋下了遗祸和危机，这就要求我们从总体的全面的角度来重新认识并顺应自然及其规律，构建人与自然的新型共生关系，本质上来说就是要超越资本主义私有制及其生产方式。

其次，在认清人在自然界中存在的合理位置的基础上尊重自然。近代以降，历经文艺复兴、启蒙运动、工业革命、科技革命，高扬人的力量和价值，人对自然的认识日益深化和明确，科技与资本互为驱动条件，人类开始以新的方式构造自身与自然界的关系，资本主义社会的全部生产实践都依赖这两种条件及其结合，这开始形成人与自然之间的一种关系反转，人对自然失去了敬畏之心，自然在科技与资本的双重宰制下转变为一个日渐被驯服的角色，被剥夺和被奴役成为一种常态。然而，马克思的自然思想早就对我们提出告诫：人对自然的剥夺和奴役本质上是对人自身未来历史的剥夺和奴役，人的解放，绝不仅仅是通过人自身就能实现的，必须把人自身所处的社会和自然作为一个整体的世界体系，从而它自身的解放本质上必须解放这整个体系。

再次，在明晰人、实践、自然共属一体关系基础上保护自然。马克思认为，在实践活动中，人与自然展现为对象性关系，自然是人的他在，是另一个存在着的自我，对于这样的他在和自我，人理应加以保护，与之和谐相处。

最后，认真对待和挖掘马克思自然观的丰富内涵，开显其深刻而系统的生态文明思想，构建其建设美丽中国的思想依据和理论引领之地位。

前述，已经对人与自然何以能达到和解状态，对其前提依据、实现路径和价值原则、和解下的人与自然及其样态和性质做了讨论，解析了"实践"作为人与自然和解的原初向度、实现形式和价值原则，以及实践直观视域中的"人与自然"关系，从"人同自然的和解"和"人同本身的和解"的两个层次对人与自然"和解"的本质做了解析。

从现实角度来说，事情的实质很明显，人与自然的疏离异化肇始自人的实践活动，而问题最终的解决仍然要经此方法和道路。按照马克思和恩格斯的分析理念，人类史进入资本主义阶段，诸种异化倒错现象必然全面突显，而资本主义本身却无法克服它们，只有无产阶级形式的社会主义和共产主义的实践—革命，才能最终扬弃资本主义生产方式造成的诸种问题和危机，人与自然关系的疏离异化及其走向和解和谐乃是所涉实事其中之一。

参考文献

一、主要著作类

1. 马克思恩格斯全集（第 1 卷）［M］，北京：人民出版社，1995 年版

2. 马克思恩格斯全集（第 2 卷）［M］，北京：人民出版社，1957 年版

3. 马克思恩格斯文集（第 1—10 卷）［M］，北京：人民出版社，2009 年版

4. ［德］康德：未来形而上学导论［M］，庞景仁译，北京：商务印书馆，1997 年版

5. ［德］黑格尔：小逻辑［M］，贺麟译，北京：商务印书馆，2010 年版

6. ［德］黑格尔：自然哲学［M］，梁志学、薛华、钱广华、沈真译，北京：商务印书馆，1986 年版

7. ［德］黑格尔：历史哲学［M］，王造时译，上海：上海书店出版社，1999 年版

8. ［德］黑格尔：美学（第 1 卷）［M］，朱光潜译，北京：商务印书馆，1996 年版

9. ［德］费尔巴哈：关于哲学改造的临时纲要［M］，洪潜译，北京：生活·读书·新知三联书店，1958 年版

10. ［德］费尔巴哈：未来哲学原理［M］，洪谦译，北京：生活·读书·新知三联书店，1955 年版

11. ［德］费尔巴哈哲学著作选集（上卷）［M］，荣震华、李金山

等译，北京：商务印书馆，1984 年版

12. ［德］费尔巴哈哲学著作选集（下卷）［M］，荣震华、王太庆、刘磊译，北京：商务印书馆，1984 年版

13. ［联邦德国］A. 施密特：马克思的自然概念［M］，欧力同、吴仲昉译，北京：商务印书馆，1988 年版

14. ［英］柯林伍德：自然的观念［M］，吴国胜、柯映红译，北京：华夏出版社，1999 年版

15. ［英］柯林伍德：历史的观念［M］，何兆武、张文杰译，北京：商务印书馆，1997 年版

16. ［法］奥古斯特·科尔纽：马克思恩格斯传（第 1 卷·1818—1844）［M］，刘丕坤、王以铸、杨静远译，北京：生活·读书·新知三联书店，1963 年版

17. ［德］海德格尔：存在与时间［M］，陈嘉映、王庆节译，北京：生活·读书·新知三联书店，2006 年版

18. ［匈］卢卡奇：关于社会存在的本体论（上卷）［M］，白锡堃、张西平、李秋零译，重庆：重庆出版社，1993 年版

19. ［匈］卢卡奇：历史与阶级意识［M］，杜章智、任立、燕宏远译，北京：商务印书馆，2004 年版

20. ［美］梯利、［美］伍德：西方哲学史［M］，葛力译，北京：商务印书馆，2004 年版

21. 曹卫东编选：霍克海默集［M］，渠东、付德根译，上海：上海远东出版社，2004 年版

22. ［美］马尔库塞：理性与革命［M］，程志民等译，重庆：重庆出版社，1993 年版

23. ［德］哈贝马斯：认识与兴趣［M］，郭官义、李黎译，上海：学林出版社，1999 年版

24. ［德］阿多诺：否定的辩证法［M］，张峰译，重庆：重庆出版社，1993 年版

25. ［美］弗洛姆：健全的社会［M］，欧阳谦译，北京：中国文联出版公司，1988 年版

26. ［奥］维特根斯坦：论确实性［M］，张金言译，桂林：广西师范大学出版社，2001 年版

27. ［德］卡西尔：人论［M］，甘阳译，上海：上海译文出版社，1985 年版

28. ［联邦德国］施太格缪勒：当代哲学主流（上卷）［M］，王炳文、燕宏远、张金言等译，北京：商务印书馆，2000 年版

29. ［德］威廉·魏施德：通向哲学的后楼梯［M］，李文潮译，沈阳：辽宁教育出版社，1998 年版

30. ［美］詹姆斯·奥康纳：自然的理由［M］，唐正东、臧佩洪译，南京：南京大学出版社，2003 年版

31. ［美］约翰·贝拉米·福斯特：马克思的生态学：唯物主义与自然［M］，刘仁胜、肖峰译，北京：高等教育出版社，2006 年版

32. ［日］广松涉：物象化论的构图［M］，彭曦、庄倩译，南京：南京大学出版社，2002 年版

33. ［奥］赫尔曼·巴尔：表现主义［M］，徐菲译，北京：生活·读书·新知三联书店，1989 年版

34. 袁可嘉等编选：现代主义文学研究（上）［M］，北京：中国社会科学出版社，1989 年版

35. 辞海［M］，上海：上海辞书出版社，1980 年版

36. 哲学大词典［M］，上海：上海辞书出版社，1992 年版

37. 韩水法：康德物自身学说研究［M］，北京：商务印书馆，2007 年版

38. 刘晓竹：康德《纯粹理性批判》评析［M］，北京：中国妇女出版社，2002 年版

39. 李泽厚：批判哲学的批判——康德述评［M］，天津：天津社会科学院出版社，2003 年版

40. 梁志学：论黑格尔的自然哲学［M］，上海：上海人民出版社，1986 年版

41. 俞宣孟：本体论研究［M］，上海：上海人民出版社，1999 年版

42. 宋继杰主编：Being 与西方哲学传统（上卷）［C］，保定：河北

大学出版社，2002 年版

43．马列文论研究（第八集）［C］，北京：中国人民大学出版社，1987 年版

44．复旦大学哲学系现代西方哲学研究室编译：西方学者论《一八四四年经济学哲学手稿》［C］，上海：复旦大学出版社，1983 年版

45．杨生平：论马克思主义意识形态理论的形成和发展［M］，北京：首都师范大学出版社，1998 年版

46．汤龙发：异化和哲学美学问题——巴黎《手稿》新探［M］，长沙：湖南人民出版社，1988 年版

47．叶汝贤、孙麾主编：马克思与我们同行［C］，北京：中国社会科学出版社，2003 年版

48．高清海：哲学的憧憬［M］，长春：吉林大学出版社，1995 年版

49．高清海、胡海波、贺来：人的"类生命"与"类哲学"——走向未来的当代哲学精神［M］，长春：吉林人民出版社，1998 年版

50．张奎良：时代呼唤的哲学回响［M］，哈尔滨：黑龙江人民出版社，2000 年版

51．张一兵：文本的深度耕犁（第 1 卷）［M］，北京：中国人民大学出版社，2004 年版

52．旷三平主编：唯物史观前沿问题研究［M］，北京：中国社会科学出版社，2004 年版

53．俞吾金：问题域的转换——对马克思和黑格尔关系的当代解读［M］，北京：人民出版社，2007 年版

54．吴晓明、王德峰：马克思的哲学革命及其当代意义——存在论新境域的开启［M］，北京：人民出版社，2005 年版

55．陈晏清、王南湜、李淑梅：马克思主义哲学高级教程［M］，天津：南开大学出版社，2001 年版

56．李文阁：回归现实生活世界［M］，北京：中国社会科学出版社，2002 年版

57．夏之放：异化的扬弃——《1844 年经济学哲学手稿》的当代阐释［M］，广州：花城出版社，2000 年版

58. 丁立群：发展：在哲学人类学的视野内［M］，哈尔滨：黑龙江教育出版社，1995 年版

59. 干成俊：马克思哲学本体论及其当代意义［M］，合肥：安徽人民出版社，2006 年版

60. 张汝伦：思考与批判［M］，上海：上海三联书店，1999 年版

61. 张汝伦：现代西方哲学十五讲［M］，北京：北京大学出版社，2003 年版

62. 陈立新：历史意义的生存论澄明［M］，合肥：安徽人民出版社，2003 年版

63. 蔡钟翔、曹顺庆：自然·雄浑［M］，北京：中国人民大学出版社，1996 年版

64. 曾永成：感应与生成［M］，成都：成都科技大学出版社，1991 年版

65. 徐恒醇：生态美学［M］，西安：陕西人民教育出版社，2000 年版

66. 肖前主编，黄楠森、陈晏清副主编：马克思主义哲学原理（下册）［M］，北京：中国人民大学出版社，1994 年版

67. 李秀林、王于、李淮春主编：辩证唯物主义和历史唯物主义原理［M］，北京：中国人民大学出版社，1990 年版

68. 赵光武、芮盛楷编著：辩证唯物主义历史唯物主义［M］，北京：北京大学出版社，1992 年版

69. 陈先达主编：马克思主义哲学原理［M］，北京：中国人民大学出版社，2003 年版

70. 《马克思主义基本原理概论》编写组编：马克思主义基本原理概论［M］，北京：高等教育出版社，2015 年修订版

71. 黄克剑：人韵：一种对马克思的读解［M］，北京：东方出版社，1996 年版

72. 聂世明：马克思主义实践观新探［M］，北京：当代中国出版社，1994 年版

73. 陈其荣：自然哲学［M］，上海：复旦大学出版社，2004 年版

74. 孙周兴选编：海德格尔选集（上、下卷）［M］，上海：上海三联书店，1996 年版

75. 李泽厚：李泽厚哲学美学文选［M］，长沙：湖南人民出版社，1985 年版

二、主要期刊论文类

1. ［苏］C·Φ. 奥杜耶夫：论黑格尔的自然哲学［J］，宣燕音摘译，哲学译丛，1979（5）

2. 罗长海：试论误用的"人化自然"与虚假的"人的自然化"［J］，哲学动态，1991（4）

3. 郇庆治：人与自然关系是自然观研究的主线［J］，齐鲁学刊，1993（4）

4. 李其庆：法国学者拉比卡谈"生态学社会主义"［J］，国外社会科学信息，1993（7）

5. 王其水："人化自然"新论［J］，求是学刊，1994（1）

6. ［德］R·A. 马尔：现代、后现代与文化的多元性［J］，毛怡红译，国外社会科学，1995（2）

7. 贺来："本体论"究竟是什么［J］，长白学刊，2001（5）

8. 孙正聿："生存论"转向的哲学内涵［J］，哲学研究，2001（12）

9. 杨耕：马克思哲学与"生存论"转向［J］，哲学研究，2001（12）

10. 邹诗鹏：人学及其生存论结构［J］，社会科学辑刊，2002（2）

11. 陈正权：劳动扬弃资本——《1844 年经济学哲学手稿》中的私有制批判［J］，集美大学学报（哲学社会科学版），2002（2）

12. 孙正聿：解放何以可能——马克思的本体论革命［J］，学术月刊，2002（9）

13. 杨学功：如何理解马克思的自然观［J］，江汉论坛，2002（10）

14. 林剑：关于马克思主义哲学"转向"的思考［J］，哲学研究，2003（11）

15. 陈先达：马克思主义世界观科学性的客观依据——论马克思主义哲学本体论及其当代价值［J］，当代国外马克思主义评论，2004（00）

16. 王友珍：论马克思主义自然观及其当代价值［J］，武汉船舶职业技术学院学报，2004（4）

17. 何萍：自然唯物主义的复兴［J］，厦门大学学报（哲学社会科学版），2004（2）

18. 曾繁仁：马克思、恩格斯与生态审美观［J］，陕西师范大学学报（哲学社会科学版），2004（5）

19. 刘敬鲁："合理实践—不合理实践"：马克思实践观的深层框架及其意义［J］，术学月刊，2006（3）

20. 刘兴章：从费尔巴哈到马克思［J］，吉首大学学报（社会科学版），2006（5）

21. 庞学铨：尼古拉·哈特曼的新存在学（上）［J］，同济大学学报（社会科学版），2007（1）

后　记

　　这本著作是在我博士论文原稿基础上几经修订和完善而最终完成的。在此过程中，对行文中的每句话、每段引文和每个注释都重新加以审读、查证和校对。其中，删去了博士论文第四章第四节和附录"马克思自然观研究现状综述"两部分内容。

　　随着我国经济社会的不断发展，人与自然的关系问题愈加被关注和重视，生态文明建设的地位和作用日益突显。党的十八大把生态文明建设纳入中国特色社会主义事业的总布局，党的十九大更是首次提出建设富强民主文明和谐美丽的社会主义现代化强国的目标，为中国的现代化建设增添了人与自然和谐共生的"美丽"色调和维度。生态文明，或许指向的是一种新的文明形态和一种新的世界观体系，在人与自然的关系问题上，指向的是一种全新的共属一体性或生命共同体的关系。一定程度上可以说，人与自然和谐共生、命运共属一体，即人与自然走向全新的和解应是标示生态文明实质之维。倘若不把生态文明仅作为一种宏观的范畴、把生态文明建设作为一种机械操作来执行的政治使命的话，我们或许应该深层地追问：生态文明之核心所指，即人与自然或和谐共生或作为命运共同体或走向和解何以可能？它的症结和出路何在？它的性态如何？基于新发展观模式下生态文明建设的理念和原则及对相关问题的追问，本书为博士论文增添了"结论和启示"部分，对人与自然在实践中走向和解作出探索性思考。

　　新时代，中国经济社会所倡导的生态文明建设，某种程度上体现了马克思主义在合理性实践活动基础上实现人与自然和谐共生的新型发展理念，是中国发展模式和实践经验对马克思之"人与自然在实践中走向和解"思想的一种时代回应和创新发展。生态文明，是一种新型发展形态、理念和模式。人与自然和解的真正本质在于它既不主张自然中心主义，甚至是生态中心主义，也不主张人类中心主义，而是扬弃和超越了以任何单一存在范畴为中心的思想，实现了人、自然、社会在实践基础上的本体论、认识论、价值论和方法论层面的和谐共存。如果一定要用传统"中心论"的思维模式来表达的话，这是一种"去中心"的总体中心论，是"人、社会和自然三位一体"的复合生态中心论。在这一结构中，三者不存在哪一范畴更优越或更优先的问题，三者是一体三面的关系，缺一都无法确证其他二者的存在。人与自然的和解，既不主张将人类文明与生态保护对立起来，也不因经济增长而过度开发和利用自然，它不仅是对现实社会发展中人与自然关系问题的规约、塑造和引导，更在本质上反映了一种新的实践和发展模式，是一种新的世界观、价值观，是一种新的文明形态。如是，可作为我们思考的一种暂时性所得吧。

正所谓白驹过隙、人生可叹，弹指一挥间博士毕业已十多载。回想初入中山大学，在"南越千年事，花落与花开"的城市，在"吾道终何成"的惶惑心境中，谛听恩师旷三平教授的细心教诲和多方扶持的情景，仍感激感动不已；再回味沉浸在思想大师的文本中，虽时常不免迷路疑惑，但仍努力虔诚地去体味他们的语言，触摸那散发着睿智光辉的"炉壁"的景象，仍感触感慨至深。这里必须提到对我至关重要的人物——叶汝贤教授，他是我进入中山大学最先认识的一位导师。从某种意义上，可以说是叶老师给了我与中大一切美好事物相遇的机会，叶老师和蔼可亲，像父亲般爱护着他周围的学生，他的治学精神和人生追求都堪为楷模，使我亲身领略了前辈学者的高尚情怀。叶老师的爱护与引领，于我而言，是学术品格的熏陶与铸炼，也是精神品格的洗礼与塑造，我定铭记终生。

这本著作，从选题立意到框架结构布局，从观点内容撰写到语言表述润色修饰，都得到了导师旷三平教授的全盘规划和指导；同时也得到了我博士后合作导师钟明华教授和华南师范大学马克思主义学院刘卓红教授的学术指引和观点指点；由于我个人哲学功底不深和学术水平局限，离导师的要求和学术前辈的期盼想必尚有距离，但将所思所悟浓缩于斯，我仍兴奋不已。这样的结果，当然也要得益于母校优良的学术氛围及自由精神空间，亦与家人一直给予我学习的动力、经济的支撑和精神的呵护分不开！此外，我的爱人，多年来一直对我爱护有加，为我的成长和学业学术增进付出颇多，他为本书稿的创作和我的日常生活一如既往地尽了无微不至之力，其用心费血之深切、细致和浓厚无以言表，仅此一并深谢！

《马克思自然范畴的本体论解读》能够如期出版，离不开华南农业大学马克思主义学院提供的机会，离不开"广东省马克思主义理论研究文库"的经费资助，离不开广东人民出版社廖智聪编辑及广大同人对全文不辞辛劳的审阅、校对和编排，更离不开我的姐姐全天劳心劳力地为我照顾2岁的幼儿和毫无怨言地操持日常家务，使我才有机会和时间去配合出版社完成书稿校对的相关工作，在此，均表以至深的感谢和祝福：爱相随，希望永在！

由于哲学悟性和学术资质局限，本书有些问题尚有待进一步思考研究，虽多番修改仍不免有失误和不足之处，尚祈读者与专家教正。从某种角度看，文本的著写也许只是一种开始，是思考的开始，文本的结语或后记也只是一种间歇，今后仍须继续努力，感激永存。

郑丽娟

二零二二年六月十八日于华南农业大学